신도 버린 사람들

Untouchables
by Narendhra Jadhav

World copyright © Librairie Arthème Fayard, 2002
Korean translation copyright © 2007 by Gimm-Young Publishers, Inc.
All rights reserved.

This Korean edition is published by arranged with Narendhra Jadhav through Librairie Arthème Fayard.

신도 버린 사람들

나렌드라 자다브 지음 | 강수정 옮김

Untouchables

김영사

신도 버린 사람들

1판 1쇄 발행 2007. 6. 8.
1판 102쇄 발행 2021. 12. 26.

저자 나렌드라 자다브
역자 강수정

발행인 고세규
발행처 김영사
등록 1979년 5월 17일 (제406-2003-036호)
주소 경기도 파주시 문발로 197(문발동) 우편번호 10881
전화 마케팅부 031)955-3100, 편집부 031)955-3200 | 팩스 031)955-3111

이 책의 한국어판 저작권은 Librairie Arthème Fayard를 통한 저자와의
독점 계약에 의해 김영사에 있습니다. 저작권법에 의해 한국 내에서 보호를 받는
저작물이므로 무단전재와 무단복제를 금합니다.

값은 뒤표지에 있습니다. ISBN 978-89-349-2579-8 03840

홈페이지 www.gimmyoung.com 블로그 blog.naver.com/gybook
인스타그램 instagram.com/gimmyoung 이메일 bestbook@gimmyoung.com

좋은 독자가 좋은 책을 만듭니다.
김영사는 독자 여러분의 의견에 항상 귀 기울이고 있습니다.

Untouchables 차례

이야기를 시작하기 전에   9
프롤로그   25

속박의 굴레를 벗고   30
자유를 향해   43
권리를 구걸하지 말고 투쟁하라   195
내 존엄성은 내가 입증한다   290
내 안에 숨어 있는 백조   300
꿈을 그려라 네 인생이 그려질 것이다   316
의지의 사내   326
어머니의 소박한 세상   345

에필로그   354
그리고 손녀가 덧붙이는 말   358

✽ 표지와 본문 사진을 찍은 김종길은 꿈꾸는 사진가다.
그에게는 사진을 찍는다는 것이 단순히 눈에 보이는 것을 기록하는 행위를 의미하지는 않는다.
그것은 마치 사물의 이면 세계를 들여다 보는 또다른 접근법인 것이다. 다르게 들여다본 세계에서
자신이 꿈꾸던 것을 담는 것, 이것이 바로 세상을 바라보는 그의 시선이다.

www.lilystudio.com | openmac@gmail.com

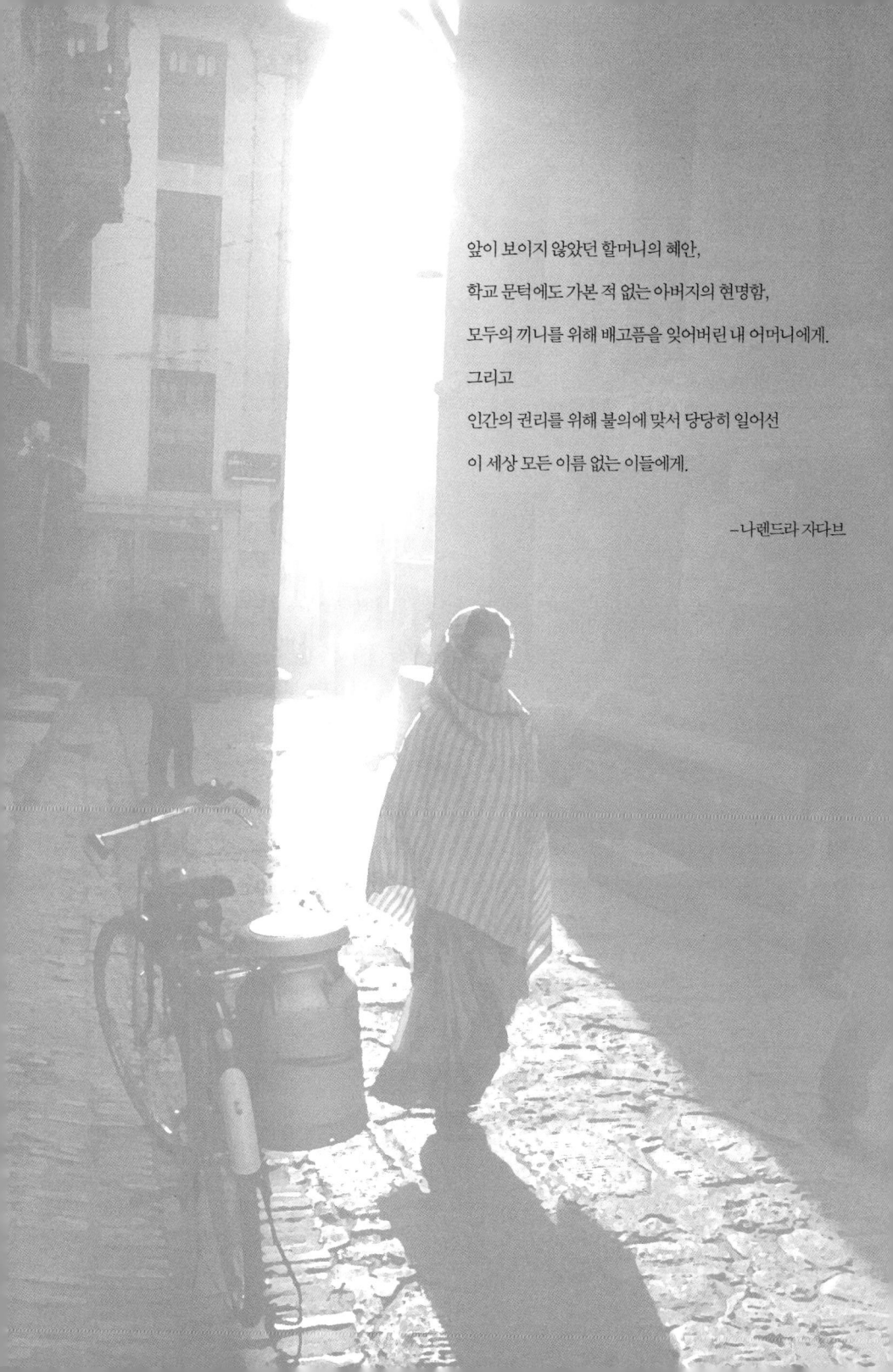

앞이 보이지 않았던 할머니의 혜안,

학교 문턱에도 가본 적 없는 아버지의 현명함,

모두의 끼니를 위해 배고픔을 잊어버린 내 어머니에게.

그리고

인간의 권리를 위해 불의에 맞서 당당히 일어선

이 세상 모든 이름 없는 이들에게.

— 나렌드라 자다브

불가촉천민은 카르마(업, 운명)의 논리에 세뇌되어 살아왔다.
미천한 일을 하는 것은 모두 전생의 악업 때문이라고 믿는 것이다.
나에게는 카르마가 없다. 내 스스로 운명을 선택했고 지금의 내 모습이 그 결과이다.
나는 가장 낮은 곳에서 가장 높은 곳으로 도약했다.
-나렌드라 자다브

| 이야기를 시작하기 전에 |

 오늘날 인도 인구는 세계 인구의 16퍼센트를 차지한다. 지구상에 살고 있는 여섯 사람 중 한 명이 인도인인 셈이다. 그 인구의 16퍼센트, 곧 인도인 여섯 사람 중 한 명인 1억 6500만 명이 불가촉천민이라고 불렸던 달리트(억압받는 사람들)들이다. 3500년이 넘게 카스트 제도로 고통받은 그들은 이즈음 깨어나고 있다. 그들은 교육과 세력화, 민주주의를 바탕으로 카스트의 오랜 차별과 문맹, 가난에 맞서 싸우는 중이다.
 힌두교에서는 신이 카스트 제도를 만들었다고 말한다. 기원전 1000년경에 만들어진 힌두경전《리그베다》는 인간의 계급이 어떻게 탄생되는지 언급하였다. 그에 따르면, 태초에 우주의 본질을 상징하는 거대한 신 푸루샤가 자신을 희생하여 인류를 창조했는데, 푸루샤의 입은 사제인 브라만이 되었고 팔은 군인계층 크샤트리아가 되었다. 허벅지에서는 상인 계급 바이샤가, 두 발에서는

노예인 수드라 계층이 탄생하였다. 이 네 계급은 색깔이라는 의미를 가진 바르나 제도, 곧 사성제라고 불린다. 그리고 사성제에 들지 못하여 '아웃카스트'로 불리는 불가촉천민이 있었다. 그들은 수드라보다 더 낮은 최하층민이었다.

고대의 힌두경전 《마누법전》은 수드라와 불가촉천민은 '개와 당나귀' 이외의 재산을 갖지 못하며 교육을 받을 수 없다고 규정하였다. 다음의 인용문처럼 비천한 신분을 망각하고 고매한 진리에 접근하려는 수드라와 불가촉천민들을 처벌하는 구체적인 규칙도 언급되었다.

> 베다를 들으면 귀에 납물을 부을 것이요,
> 베다를 암송하면 그 혀를 자를 것이며,
> 베다를 기억하면 몸뚱이를 둘로 가를 것이다.

기원전 1000년경에 시작된 인도의 대서사시 《마하바라트》에도 비슷한 일화가 담겨 있다.
어느 날 에칼라비야라는 이름의 소년은 자기 또래의 소년들이 유명한 스승으로 알려진 드로나차리야에게서 수업을 받는 모습을 보게 되었다. 에칼라비야는 소년들과 어울리고 싶었으나, 군인들은 왕자들이 궁술과 격투술을 배우는 근처에 다시 얼씬거리면 목숨을 부지하지 못할 거라고 경고하며 쫓아냈다.

　에칼라비야는 호기심을 참지 못하고 새벽같이 일어나 왕자들이 공부하는 모습을 숨어서 지켜보았다. 그는 수업내용을 놓치지 않으려고 애를 썼다. 밤에는 달빛을 받으며 배운 것을 연습하고 스승의 말을 암송했다. 얼마 지나지 않아 에칼라비야는 궁술을 완벽하게 터득하기에 이르렀다.

　그러던 어느 날 왕자들의 스승인 드로나차리야는 에칼라비야가 번개처럼 빠르게 도망가는 사슴을 활로 쏘아 잡는 광경을 목격하였다. 그는 누더기차림의 어린 소년이 가진 뛰어난 활솜씨에 놀랐다. 에칼라비야를 불러 자초지종을 물은 스승은 어린 그가 사성제에 들지 못하는 최하층 신분 불가촉천민이라는 사실을 알고는 경악하였다.

　인도에는 스승에게 감사의 선물을 바치는 전통이 있었다. 에칼라비야는 그 전통에 따라 스승인 드로나차리야에게 자신을 노예로 바칠 생각이었다. 그러나 스승은 소년의 몸이 아닌 오른손의 엄지를 원했다. 활솜씨는 오른손의 엄지가 가장 중요하다는 걸 잘 알면서도 에칼라비야는 신과 같은 스승의 뜻을 따르려고 피가 뚝뚝 떨어지는 엄지손가락을 스승의 발밑에 바쳤다.

　인도의 어린이들은 스승에게 헌신한 이 신화를 들으며 자란다. 어른들은 "에칼라비야처럼 스승의 말씀을 따르는 훌륭한 제자가 되어야 한다."고 가르친다.

하지만 나는 이 이야기를 다르게 이해한다. 에칼라비야는 고귀한 태생에게 교육의 기회를 박탈당한 불가촉천민이다. 그리고 스승인 드로나차리야는 자신들의 지식과 권력을 지키고 불공평한 사회질서를 고착시키려는 브라만인 것이다.

이 일화가 알려주는 진의는 고귀한 태생이라고 사회와 제도가 인정한 상층 카스트들의 무서운 권력 독점욕이다. 높은 신분의 그들은 불가촉천민이 신분의 굴레를 벗어나지 못하도록 막고 있는 것이다. 사회제도에 갇혀 옴짝달싹 못하는 불가촉천민들은 그런 차별에 저항할 수 없었다. 자신의 능력을 희생할 수밖에 없던 에칼라비야의 희생과 순종은 미화되었다. 말없이 체제에 동조한 그의 행동은 신화가 되어 사회제도로 거세된 아웃카스트들의 복종을 이끌어 내는 수단이 되었다.

3500년이 넘은 계급제도는 아직도 인도에서 생생하게 살아 있다. 도시에서 카스트에 관한 이야기를 꺼내면 아마도 이런 이야기를 들을 것이다. "계급제도는 이젠 시골에서나 볼 수 있는 과거의 유물이지요."라고. 시골에 가면 이렇게 말할지도 모른다. "웬걸요. 다른 마을은 어떤지 모르지만 여기서는 사라진지 오래랍니다." 그럼에도 신문의 가정생활면에는 뿌리 깊은 카스트의 믿음이 맨얼굴을 드러내 사람들을 혼란스럽게 만든다.

1950년 1월 26일, 공화국을 선포하는 인도 헌법은 불가촉천민의 폐지를 선언하였다. 모든 국민은 법 앞에 평등하며 신분과 종교를 근거로 차별받지 않는다고 명문화하였다. 그리하여 불가촉천민들은 그들의 침이 땅을 더럽힌다며 목에 걸고 다니라고 강요받았던 오지그릇을 비로소 내려놓을 수 있었다. 그리고 더러운 자신의 발자국을 지우려고 궁둥이에 매달고 다녔던 빗자루를 떼어낼 수 있게 되었다. 그렇다고 카스트의 차별이 사라진 건 아니었다.
  지금도 인도인들은 처음 만나 인사를 나눈 상대의 이름만으로 그 사람의 카스트를 단박에 알 수 있다. 인도인은 국내에 있건 국외에 있건 의식적, 무의식적으로 카스트를 사람을 판단하는 기준으로 삼는다. 세월이 흐르면서 카스트 제도는 정교하게 바뀌었으나 그 독성은 조금도 줄어들지 않고 있다.

  고대 경전에 언급된 4개 카스트와 그 아래의 아웃카스트들은 오늘날 3000여개의 집단으로 세분화된다. 힌두교도들은 저마다의 운명에 따라 카스트가 정해져서 탄생한다고 믿는다. 카스트는 인생의 행로를 결정짓는 요인으로서 어디서 물을 마시고 누구와 밥을 먹고, 어떤 사람과 결혼할지를 결정한다. 개인이 학자가 될 것인지 거리의 청소부가 될 것인지도 카스트로 결정된다. 타고난 카스트는 평생 바꿀 수가 없다.
  이런 불평등한 계급제도에서 가장 밑바닥에 자리한 아웃카스트들은 오염원으로 차별을 받았다. 4개 카스트에 속한 사람들은 그들과 접촉하는 것만으로도 오염이 된다고 믿었다. 그래서 그들을 접촉할 수 없는 천민들, 곧 불가촉천민이라고 불렀다. 그러나 인분을 나르거나 가축의 시체를 치우는 천한 일을 하여 생계를 유지한 불가촉천민들은 자신들의 사회적 신분을 바꿀 능력이 없었다. 카스트를 거부하고 싸울 근거도 없었다. 인간이 신의 섭리에 도전할 수 없다는 논리였다. 사회적이고 종교적 신성함에 근거한 그러한 주장은 카스트 제도의 영속성을 구축했다.

불가촉천민은 카르마(업, 운명)의 논리에 세뇌되어 살아왔다. 미천한 일을 하는 것은 모두 전생의 악업 때문이라고 믿는 것이다. 천하게 태어나 한평생 변소청소부로 살아가는 그들은 '전생에 내가 저지른 잘못의 대가를 치르고 있는 걸 거야.'라고 생각하고 내세에서 좀 더 나은 삶을 살겠다는 희망을 가지고 현재에 주어진 미천한 일에 최선을 다한다. 그것이 그들의 이승에서의 다르마(의무)였다. 다르마란 한 개인이 가족, 친족, 카스트 구성원으로서 가지는 의무와 책임이다. 즉, 청소부의 다르마는 더 나은 내세를 기대하며 변소청소를 잘 하는 것이다.

힌두교도는 해탈을 인간의 몸으로 태어나 성취할 수 있는 최고의 경지로 여긴다. 이 경지에 이르면 840만 번 환생하는 윤회의 사슬에서 영혼이 해방된다고 믿는다. 카스트가 각 개인에게 부여한 의무에 순종하며 최선을 다해 살면 구원을 받고, 윤회의 길을 계속 따라가면 언젠가는 해탈에 이르게 된다고 여긴다. 불가촉천민도 힌두교도처럼 카르마와 다르마의 논리를 따르며 살아가는 것이다.

카스트 제도에 대한 반대가 전혀 없었던 건 아니었다. 가장 유명한 사례는 기원전 5세기경의 석가모니였다. 카스트 제도에 의문을 품은 그는 카스트 제도를 부정하였다. 석가모니가 창시한 불교는 인도에서 융성했고, 기원전 4세기부터 기원후 6세기까지 중국과 일본, 동남아의 여러 나라로 세력을 넓혀갔다. 하지만 불교는 인도에서 7세기경에 쇠퇴하였고, 10세기에 이슬람이 출현할 무렵에는 살아 있는 종교로서의 입지를 상실하였다. 그 바람에 카스트 제도는 존속되었다.

14세기에서 16세기에 이르는 인도에는 유럽의 종교개혁에 비견될 만한 종교 부흥과 혁신의 싹이 움텄다. 그중 대표적인 움직임이 바크티 운동이었다. 정통파 힌두교에 반기를 들고 신에 대한 헌신적 사랑을 설파한 바크티 운동에는 사회 저변의 여성과 불가촉천민도 참여하여 카스트 제도에 반대하는 경향을 보였다. 운동의 주축은 성자와 시인, 낮은 계급 출신의 철학자였으나 옹기장이와 정원사, 재단사, 이발사, 목수, 불가촉천민 등 낮은 계층이 합세하였다.

바크티 운동은 신 앞에서 만민의 평등을 주장했다. 불가촉천민도 상층 카스트처럼 신의 은총을 똑같이 받는다고 믿었다. 신 앞에서 인간 사회의 구분은 사라졌다. 소금이 바다와 하나가 되듯 불가촉천민은 신과 하나가 될 수 있었다. 그러나 바크티 운동의 포용력은 종교 영역에 국한되었다. 박애적인 성자와 시인들도 사회적 영역에서는 카스트 제도를 지지하였다. 바크티 운동은 각성을 일으키긴 했으나 일상의 사회제도에 도전할 만큼 급진적이진 않았다.

19세기 초, 인도를 통치하는 영국은 교육을 모든 계층에게 개방하였다. 그때까지만 해도 상층 카스트의 전유물이었던 교육이 카스트의 사다리를 타고 내려와 하층 카스트에게까지 다다른 것이다. 교육은 하층 카스트들에게 단순한 지식의 전수를 넘어서 인간으로 인정받고 존중받으려는 욕망을 불러일으켰다. 또한 교육을 받은 불가촉천민들은 차별에 대항하려는 결의도 다졌다.

1873년에는 역사적 사건이 일어났다. 정원사 계층으로 기독교 학교의 교사인 지요티바 풀레(Jyotiba Phule)가 최초로 비(非)브라만을 위한 교육의 대중화에 앞장선 것이다. 그는 각종 종교의식을 주관하는 브라만의 세력을 줄이자는 주장도 내놓았다. 풀레는 아이를 낳지 못한 아내 사비트리를 가르쳐 여성을 위한 학교를 세우게 도왔고, 불가촉천민과 여성을 위해 많은 학교를 세웠다. 소외계층에 대한 풀레의 교육운동은 1870년대 사회변화의 초석이 되었다. 그 여파로 오늘날에도 대부분의 아웃카스트, 달리트들은 교육을 그들이 짊어진 문제를 해결하는 만병통치약으로 여긴다. 실제로 달리트의 문맹률은 다른 계층에 비해 훨씬 빠르게 감소하고 있다.

    1889년 인도를 방문한 영국의 왕세자는 이런 문구를 보았다.
    "당신의 할머니인 빅토리아 여왕한테 가서 말하시오. 우리는 행복한 국민이라고. 그리고 이 말도 잊지 마시오. 1억 9천만 명의 인구는 교육을 받지 못하고 있다는 것을."
    그것은 혁명의 시작이었다.
    마하라슈트라 주의 불가촉천민 중에는 마하르 집단의 수가 가장 많다. 인도 서해안에 위치한 진보적 성향의 지방인 마하라슈트라의 주도는 뭄바이(이전의 봄베이)다. 마하르는 마하라슈트라의 거의 모든 마을에서 인구의 약 10퍼센트를 차지하는 주요한 집단이다. '마하르와다'라고 불린 그들의 거주구역은 다른 불가촉천민의 거주지처럼 모두 마을 밖에 자리 잡고 있다.
    인도를 통치한 영국이 남긴 기록에 따르면, 전통적으로 마하르 집단이 마을에서 수행하는 의무는 '비천한 마을 하인'의 잡무였다. 마하르는 '마을의 야경꾼이자 보조이며 대소사의 살아 있는 알림판'이었다. 마을의 언쟁을 중재하고 마을을 지키면서 부고를 알리고 다른 마을에 서신을 전달하며 화장에 필요한 장작을 나르고 마을의 담장을 손보는 일이 그들의 일이었다. 지주들을 마을회

관으로 불러서 지세를 걷고, 나라의 재물을 운반하는 사람들을 호위하며, 마을의 길을 쓸고, 관리들의 심부름을 하고, 도둑을 쫓고, 가축의 시체를 마을 밖으로 치우는 것도 마하르의 의무였다.

예스카르(yeskar)라고 부르는 이 전통적인 의무는 모든 마하르들이 돌아가며 맡았다. 마하르의 생득권처럼 인식된 이 의무를 수행하는 대가로 마을에 사는 카스트들은 마하르에게 약간의 토지를 불하하고 곡물과 고기, 죽은 가축의 가죽을 얻을 수 있는 일종의 권리를 보장하였다.

마하르가 이 권리를 얻게 된 계기를 알려주는 전설이 있다. 암루트나크라는 잘생긴 마하르 출신의 군인이 베다르 왕국의 술탄을 섬기고 있었는데 술탄의 왕비가 납치되는 사건이 일어났다. 왕비를 구해오겠다고 나선 암루트나크는 아프가니스탄으로 먼 길을 떠나기 전에 술탄에게 작은 상자 하나를 맡기며 보관해 달라고 부탁했다.

수많은 모험과 난관을 겪고 왕비를 왕국으로 데려오는데 성공한 그를 기다리는 것은 보상이 아니라 왕의 분노였다. 왕비와 함께 많은 시간을 보낸 그를 의심하는 왕에게 암루트나크는 빙긋이 웃으며 자신이 맡긴 '작은 상자'를 언급하였다. 상자 속에는 그의 충성심을 증명할 증거물이 담겨 있었던 것이다. 스스로를 거세하며 용맹을 입증한 암루트나크는 왕에게 자신의 부족인 마하르에게 52가지 권리를 달라고 요구했다.

　암루트나크의 전설은 충성심과 자기희생의 본보기로서 마하르 정신의 한 줄기가 되었다. 그러나 그 권리는 고작해야 구걸할 권리, 즉 죽은 자의 옷을 가질 권리처럼 하찮은 것에 지나지 않았다.
　마하르들은 요새의 보초를 서거나 군대에 자원함으로써 마을의 전통적인 의무에서 벗어날 길을 모색하였다. 영국의 인도 통치가 강화되면서 마하르들은 군대에 들어갈 수 있게 되었다. 그 과정에서 그들은 자아를 성찰할 계기를 얻었다. 군인은 마하르에게 괜찮은 직업이었다. 영국 군대는 인도인 군인과 그 자녀에게 의무교육을 실시했다. 그때까지 여성과 불가촉천민은 교육을 받을 수 없었으나 군대에서 교육을 받은 마하르들은 자아에 눈을 떴고, 종전까지 모르고 살아온 자존심을 갖게 되었다. 자신들을 옭아맨 것은 벗어날 수 없는 운명이 아니라 브라만이 덧씌운 오욕이라는 사실도 깨달았다. 수치를 느낀 그들은 그 멍에를 떨쳐버리기로 결심했다.

　1891년 인도의 평등혁명을 이끈 사람이 마하르 집단에서 태어났다. 영국 군대에 설치된 마하르를 위한 학교의 교사의 아들로 태어난 그는 바바사헤브라는 이름으로 널리 알려진 빔라오 람지 암베드카르 박사였다.
　암베드카르 박사는 20세기에 달리트들의 운동을 이끈 위대한 지도자였다. 그는 달리트를 일깨우고 통일된 세력으로 조직하여 사회적 평등의 목표를 향한 정치세력으로 만들었다. 암베드카르는 상당한 수준의 교육을 받았다. 미국의 콜롬비아 대학교에서 철학박사(1917)가 된 그는 런던정경대학에서 경제학박사를, 런던 그레이 법학원에서 법학석사(1923)를 받았다. 일반적인 기준으로도 탁월했지만 불가촉천민이라는 사실을 감안하면 경이로울 정도의 고학력자였다.

암베드카르는 경제학과 역사는 물론, 법률, 사회학과 정치학, 비교종교학에 이르는 다양한 분야의 저서를 남겼다. 달리트를 위한 최초의 신문 〈무크나야크〉를 창간한 사람도 그였다. 무크나야크는 '벙어리들의 목소리'라는 뜻을 가졌다. 수많은 항의운동을 주도했으나 힌두교의 카스트 제도를 변화시킬 방법을 찾지 못한 그는 1935년 "힌두교도로 죽지 않겠다."고 선언했다. 그것은 1956년 그가 50만에 가까운 달리트들을 이끌고 불교로 개종한 사건의 시발점이었다. 암베드카르는 달리트를 우대하는 숙박시설과 학교를 설립했다. 그가 만든 달리트들의 정당 '독립노동당'은 마하라슈트라를 넘어 인도 전역의 달리트를 정치세력으로 조직화하는데 성공했다.

암베드카르 박사는 억압받는 계급의 보호를 위한 구체적 방안을 만들었다. 달리트의 근본적인 권리를 선언한 문건에는 달리트에게 동등한 시민의 자격을 부여하고 불가촉 제도를 폐지하며 차별금지를 위한 법적장치를 마련하라는 요구안이 담겼다. 공직에 일정한 비율로 달리트의 고용을 보장하고 이를 집행할 공직위원회의 설치도 요구하였다. 가장 중요한 사항은 의회에 달리트의 의석을 할당하고 분리선거구를 통해 달리트가 자신들의 대표를 직접 선출할 수 있는 권리였다.

암베드카르 박사는 독립운동을 이끈 마하트마 간디와 대립각을 세울 때가 많았다. 그러나 암베드카르가 인도 제헌위원회 의장으로 선출된 것은 간디의 강력한 추천에 의해서였다. 인도 공화국의 헌법을 기초하고 영국에서 독립한 인도 정부의 초대 법무장관을 지낸 암베드카르는 인도의 법률체제를 완성하는데 크게 공헌했다. 그 공로를 인정받은 암베드카르는 사후에 인도 최고의 시민훈장인 '바라트 라트나'를 수여받았다.

1947년 인도가 독립하면서 불가촉 제도는 법적으로 폐지되었다. 카스트에 따른 차별을 금지하는 시행령도 공포되었다. 관직과 교육기관의 일정한 비율을 달리트에게 특별 할당하고, 각 자치단체와 주 의회, 연방 의회에 달리트의 의석을 인구 비례로 할당하여 그들의 위상과 복지를 증진하는 이 정책은 어느 정도 성공을 거두었고, 달리트는 정치와 경제 분야에서 힘을 키워 나가고 있다. 그러나 전국적인 달리트의 정치세력화는 아직 완벽하게 구축되지 못한 상태다.

교육과 할당제를 통해 능력을 갖춘 달리트 출신의 중산층이 출현하고 있으나 아직도 달리트 계층이 가야할 길은 멀다. 과거에 있었던 달리트에 대한 박탈과 차별은 그들의 재산 축적과 고용의 기회에 큰 악영향을 미쳤다. 따라서 오늘날 달리트들의 빈곤과 궁핍은 다른 계층보다 훨씬 심각할 수밖에 없다.

1991년에 불어 닥친 경제위기를 맞아 인도 정부는 자유화, 민영화, 세계화가 주축인 새로운 경제정책을 채택했다. 그 결과 인도는 세계에서 가장 빠르게 성장하는 경제의 주체로 부상했다. 그러나 그 이면에는 일자리가 창출되는 속도의 둔화라는 문제점이 있었고, 이는 다시 할당제의 개선시행령에 대한 논란으로 이어졌다. 달리트들은 지금까지 공공부문에 국한된 달리트에 대한 특별할당제를 보다 규모가 크고 성장속도가 빠른 민간부문까지 확대해 달라고 요구하였다. 기업의 이윤 추구와 배치된다는 비판 속에서 달리트들의 투쟁은 지금도 계속되고 있다.

암베드카르 박사가 선봉에서 이끌던 달리트 운동은 수십 년이 지난 지금도 계속되고 있다. 달리트에게 "교육하고, 단합하고, 궐기하라."고 외쳤던 그의 목소리는 멀리 퍼져 나갔고, 한때 불가촉천민으로 천대받던 달리트들은 자신들의 목소리를 찾아가고 있다. 속도는 느리지만 꾸준하게 혁명을 완성해가고 있는 것이다.

암베드카르 박사는 수백만 달리트의 삶에 큰 감동과 영향을 주었다. 다모다르 룬자지 자다브도 그 가운데 한 명이었다. 다무라는 애칭으로 통한 자다브는 평범한 사람이었으나 결코 평범하지 않은 일을 이루어냈다. 암베드카르 박사의 가르침에 고무된 그는 카스트 제도의 독재에 맞서 일어섰다. 이 책은 아버지 다무와 어머니 소누가 내게 들려준 이야기이다. 그들이 걸어온 삶과 세월 속에는 나와 내 아이들의 이야기도 들어있다.

| 프롤로그 |

    1948년 7월의 어느 날이었다. 다무는 뭄바이에 있는 이름 높은 학교에 아들을 들여보내기로 마음먹고 무작정 학교를 찾아갔다. 초라한 차림의 다무를 본 수위가 그를 막아섰다.
    "무슨 일로 왔소?"
    "아이를 학교에 들여보내려고 왔는데요."
    다무가 대답했다.
    수위는 마땅치 않은 시선으로 위아래를 훑어보더니 이렇게 내뱉었다.
    "여기가 아무 때나 불쑥 찾아오면 다 들어가는 덴 줄 알아요? 바쁜 사람 시간 낭비하지 말고 당장 돌아가요."
    다무는 약이 올랐다. 자신이 좋다고 판단해서 선택한 학교에 아들을 입학시키려는 것은 어느 누구도 막을 수 없었다. 불편한 심기를 애써 감춘 채 다무는 주머니에서 50파이사(파이사는 1루피의

100분의 1)를 꺼내어 수위의 손에 쥐어 주었다. 그러자 그의 태도가 금방 돌변했다. 재빨리 돈을 챙긴 그는 다무를 들여보냈을 뿐만 아니라 교장실이 어디 있는지까지 알려 주었다.

다무는 교장실의 문을 두드렸다. 아무런 반응이 없자 문을 밀고 안을 들여다보았다. 책상에 앉아 뭔가를 쓰는 사람이 보였다. 다무는 헛기침을 한 번 하고는 들어가도 되겠냐고 물었다.

남자가 고개를 들었다.

"누구시죠? 무슨 일이신가요?"

다무가 안으로 들어섰다.

"사헤브(주인, 상관을 일컫는 인도어), 저는 다무라고 합니다. 뭄바이 포트 트러스트 철도에서 일하고 있습니다. 제 아들을 이 학교에 보내고 싶어서 찾아왔습니다."

"지금은 7월이에요. 우리 학교의 입학 신청은 5월에 모두 끝나고, 6월에 새학기가 시작됩니다. 지금은 빈자리가 없어요. 내년 5월에 다시 와서 신청서를 내보세요."

교장이 말했다. 그러고는 다시 고개를 숙이고 글을 썼다. 다무의 가슴이 철렁 내려앉았다. 그러나 그렇게 쉽게 물러나기에는 그곳까지 품고 간 희망이 너무 컸다. 신청이 끝났다느니 새 학기가 어떻다느니 하는 말은 머리만 복잡하게 만들었다. 아들을 좋은 학교에 다니게 하겠다는 생각뿐이었고, 다른 건 아무것도 몰랐다. 그는 다시 한 번 시도해 보았다.

"사헤브, 저는 가난한 사람입니다. 제 아이가 좋은 교육을 받는다면 저처럼 힘들게 노동해서 살지 않아도 될 것 아닙니까. 부탁드립니다, 사헤브. 똑똑한 녀석이랍니다. 뭐든 잘 따라할 겁니다."
교장은 짜증이 났다.
"빈자리가 없다고 하지 않았소. 내가 어떻게 할 수 있는 일이 아니에요. 그만 돌아갔다가 내년에 다시 오라니까요."
다무는 온몸에서 힘이 쭉 빠지는 듯했다. 이런 문제가 생길 줄은 몰랐다. 그냥 원하는 학교로 찾아가서 아들을 입학시키면 된다고 생각했다. 꿈이 저만치 사라지는 느낌이었다. 이렇게 무력하고 속상한 기분은 처음이었다. 자식을 교육시키라고 힘주어 말하던 바바사헤브 암베드카르 박사의 목소리가 귓가에 메아리쳤다. 삶의 존엄성을 성취할 길은 오로지 교육뿐이었다. 그런데 이 남자는 집에 돌아가서 내년에나 다시 오라는 말만 차갑게 내뱉었다. 한없는 무력감이 분노가 되어 솟구쳤다.
다무는 바닥에 드러누웠다.
"여기서 한 발자국도 움직이지 않겠습니다. 경찰을 부르든지 마음대로 하세요. 제 아들을 받아 주겠다고 하실 때까지 여기서 나가지 않을 테니까요. 제 부탁을 들어주실 때까지 밥도 먹지 않겠어요."
뜻밖의 상황에 부딪힌 교장은 다무의 굳은 결의가 당황스럽고 놀라웠다. 그리고 어이없지만 존경스럽기까지 했다.

"일어나서 집에 가세요. 괜한 소란 피울 필요 없어요. 내일 아들을 데리고 오면 어떻게 해보리다."

다무는 미심쩍은 눈으로 쳐다만 볼 뿐, 여전히 움직이지 않았다. 교장은 흥미롭다는 표정이었다.

"어서 일어나라니까요. 최선을 다해 보겠다고 하지 않소. 집에 갔다가 내일 다시 와요. 11루피와 25파이사를 가져오는 것 잊지 말고."

터벅터벅 집으로 걸어가면서도 다무는 교장의 말을 믿어도 될지 확신이 서지 않았다. 자는 둥 마는 둥 밤을 보내고 새벽같이 학교 앞으로 가서 초조하게 기다렸다. 아들을 데리고 벌써 나와 있는 다무를 보고 교장은 깜짝 놀랐다. 교장은 두 사람을 데리고 교장실로 가서 직원을 시켜 입학에 필요한 양식을 가져오게 했다. 직원이 서류를 작성하고 다무가 서명을 했다. 필요한 절차가 모두 끝나자 교장은 직원에게 아이를 교실에 데려다 주라고 했다. 다무는 기어코 교실까지 따라갔다. 아이가 자리에 앉는 걸 보고 나서야 마음이 놓였고 모든 의구심이 사라졌다.

다무는 평생토록 주어지는 환경에 지배되길 거부했으며, 자신의 운명을 스스로 개척하려고 노력했다. 자식들을 끝까지 교육시켰고 성취감을 불어넣었다.

1970년에 은퇴를 한 다다(집에서는 그를 이렇게 불렀다)는 시간이 많아졌다. 글을 간신히 깨쳤고 손재주가 남달랐던 이 우락부락한 노인네는 집 안의 모든 물건을 '수리하는' 일에 재미를 붙였다. 멀쩡히 잘 돌아가는 것도 예외가 아니었다. 식구들은 번거롭게 하지 말라는 뜻에서 회고록을 한번 써보시라고 권했다. 처음에는 손사래를 쳤지만 어느새 글쓰기에 푹 빠졌고, 건강 때문에 그만두어야 할 때까지 손에서 놓지 않았다.

  1989년에 다다가 세상을 떠난 후, 단순한 마라티어로 쓴 아버지의 일기를 모으고 까막눈인 어머니, 많이 배우고 교양 있는 형, 누나, 형수 들이 들려주는 이야기를 정리해서 한 권의 책으로 엮었다. 1993년에 어느 달리트 가족의 회고록으로 출간된 《우리 아버지와 우리들》의 마라티어 원본은 많은 찬사를 이끌어 내면서 베스트셀러가 되었다. 이후 힌두어, 펀자브어, 구자라트어, 타밀어, 그리고 말라얄람어를 비롯한 여러 인도어로 번역되어 나왔다. 그리고 마라티어 원본을 각색한 영어판을 통해 더 넓은 세상의 독자들과 만나게 되었다.

속박의 굴레를 벗고

1930년 3월 1일.

그날 오자르 마을의 오후는 참을 수 없이 더웠다. 신발을 신지 않은 다무는 최대한 빨리 뛰었지만 이글거리는 땅에 닿을 때마다 발바닥이 타들어가는 것 같았다. 맘레다르〔세리(稅吏)〕가 정기 사찰을 위해 마을을 찾아왔고, 다무는 그의 도착 사실을 알려야 했다. 맘레다르가 탄 말보다 더 빨리, 다리가 부서질 지경이 되도록 달렸다. 마을 사람들에게 이 고귀한 분의 도착을 알리기 위해 맘레다르를 칭송하는 노래를 부르며 달렸다. 이것이 그의 예스카르 의무였다.

잠시 후, 다무는 다른 마을에 갈 맘레다르를 수행하기 위해 파틸(마을의 촌장)의 집 앞에서 묵묵히 기다리고 있었다. 안에서는 호탕한 웃음소리가 들려왔다. 그들은 몇 시간이 지나서야 밖으로 나왔다. 맘레다르를 모셔다 드리고 다시 돌아왔을 때는 몹시 허기가 졌다. 뜨거운 차와 바크리(발효시키지 않은 인도의 빵. 둥글고 납작하게 만들어서 팬에 구워 먹는다), 집에서 만든 수수빵을 생각하며 지척지척 걸어가는데 순경이 그를 불렀다.

"어이, 다무 마하르. 너를 찾느라 사방을 돌아다녔잖아. 어딜 그렇게 싸돌아다니는 거야, 이놈의 자식아."

순경은 정신이 없었다. 강어귀 홍수림 옆에 있는 허물어진 샘에 시체가 떠올랐기 때문이다.

"서장님과 조사반이 와서 현장을 검사하고 보고서를 쓸 때까지 시체 옆을 지켜. 샘 근처에는 아무도 얼씬하지 못하게 하고. 시체에 무슨 일이 생기면 네 몸뚱이도 그 신세가 될 줄 알아."

순경이 지시를 내렸다.

다무는 맘레다르의 통가(마차)를 맞으러 나간 아침부터 지금까지 아무것도 먹지 못했으니 잠깐만 집에 다녀오겠다고 했지만 순경은 들은 척도 하지 않았다. 그리고 곤봉을 휘두르며 말했다.

"이거 안 보여? 이걸 네 엉덩이에 쑤셔 박아서 목구멍으로 튀어나오게 해야 말을 들을 거야? 아니면 네 아비 이름이 기억나지 않을 때까지 맞으면 정신을 차릴래?"

다무는 그 즉시 달리기 시작하여 홍수림에 도착해서야 걸음을 멈추었다.

샘 주위는 고요했다. 사방을 둘러보았지만 아무도 보이지 않았고, 귀뚜라미 울음소리 말고는 아무 소리도 들리지 않았다.

있는 용기를 모두 짜내서 주춤거리며 다가간 다무는 샘 안을 들여다보다가 기겁을 하고 물러섰다. 끔찍한 광경이었다. 흰옷을 입은 여자의 몸은 형체를 알아보기 힘들 정도로 부풀어 올랐고, 팔다리에는 물고기 떼가 들러붙어 살점을 뜯어먹고 있었다.

날이 저물고 별이 나오기 시작했다. 아무도 오지 않을 거야, 그는 생각했다. 게다가 이건 시체잖아. 집에 가서 얼른 한 입 먹고 온다고 무슨 일이야 생기겠어? 배가 고프다 못해 속이 메슥거릴 지경이었다. 동틀 녘에 나와 여태껏 집에 들어가지 못했다. 벌써 자정이 가까웠다. 아내가 걱정을 할 것 같아 마음이 편하지 않았다. 하지만 얼마 지나지 않아 자리를 지킨 것을 다행으로 여겼다. 순경이 확인을 하러 왔다.

"다무, 나는 집에 가니까 잘 지켜. 자다가 나한테 들키지 말고! 서장님이 아침에 와서 보고서를 작성할 거야."

"사헤브, 해 뜰 때 나와서 여태 집에 들어가지 못했습니다……. 아내는 제가 어디 있는지 모르면 물 한 모금도 못 먹는 사람이에요."

다무가 공손하게 말했다. 순경의 얼굴에 짜증이 가득했다. 다무는 허둥대며 더듬다가 말이 나오지 않아 입만 벌린 채 그냥 서 있었다.

"그래서 어쩌라는 거야. 네가 없는 동안 내가 가서 네 마누라 밥이라도 먹여 주랴?"

다무는 움찔했다. 하지만 자신도 모르게 목소리가 날카로워졌다는 사실을 깨닫지 못한 채 또 말했다.

"그러면 제 식구들한테 이 시체를 화장할 때까지 집에 못 들어간다는 말이라도 전해 주시겠어요?"

"네 식구들한테 전해 달라고? 이 촌뜨기 녀석, 시건방진 것 좀 보게! 우리가 너네 같은 비천한 아웃카스트 소식이나 전해 주는 사람인 줄 알아? 하룻밤 굶는다고 네 마누라 안 죽어. 그리고 설사 죽은들 그게 뭐가 대수냐?"

얼마 지나지 않아 새벽이 밝았고, 마을 사람들이 몸을 씻으러 나오기 시작했다. 다무는 샘가에 앉아 있어서 누구의 눈에도 띄지 않았다. 사람들이 쑥덕이는 소리가 들렸다. 온갖 소문이 무성했다.

"저 여자는 왜 자살을 했을까?"

"자살인지 어떻게 알아? 누가 샘에 빠뜨렸을 수도 있지."

"상층 카스트의 미망인이 아이를 뱄다면 어떻게 할 것 같아, 응?"

"아이고, 헤픈 여자였지. 이 여자 남편이 3년쯤 전에 결핵으로 죽은 거 몰라? 몸이 바짝 달아서 아무 놈 밑으로나 기어들어갔을 게 뻔해."

왁자하게 웃음이 터졌다.

"죽은 사람 좀 가만히 내버려 둬. 혹시 알아? 이 여자의 영혼이 주변을 어슬렁거리다 한밤중에 자네를 찾아갈지도 모르잖아."

"진실을 누가 알겠나. 죽은 사람은 명복이나 빌어 주자고. 괜한 소리들 지껄이지 말고."

"갑자기 왜 싸고도실까? 그 여자가 특별한 청이라도 들어준 거 아니야?"

"말도 안 되는 소리는 하지도 마. 그리고 아이를 뱄다 해도 왜 이 불쌍한 여자만 탓하는 건가? 그 짓을 한 남자는 왜 그냥 두는 거야. 그건 남자의 책임이기도 하잖아. 그런데도 남자 얘기는 쏙 빼고……."

다무는 왔다 갔다 걸으며 잠을 쫓았다. 물로 허기를 달래고 서장이 오기만을 기다렸다. 경찰이 시체를 끌어내서 보고서를 쓰고 가족에게 시체를 넘길 것이다. 그는 화장을 한 다음에나 집에 갈 수 있을 것이다.

몇 시간이 지나 해가 중천에 떴지만 서장은 나타날 기미를 보이지 않았다. 해를 올려다보는데 머리가 핑 돌았다. 그때 누군가 다가오는 사람이 보였다. 사촌인 나미야가 작은 바구니 하나를 들고 왔다.

"아이고 형. 모두들 걱정했어요. 소누 형수는 한숨도 못 잤고요. 잠깐이라도 들르거나 전갈이라도 주지 그랬어요."

나미야는 소누가 들려 보낸 바크리를 건네면서 말을 이었다.

"저 나무 옆에 앉아서 좀 먹어 봐요."

"아니야, 지금은 먹을 수 없어. 이제 금방 다들 들이닥칠 거야. 뭘 먹다가 들키면 치도곤을 맞을 게 분명해."

두 사람이 이야기를 하고 있는데 과연 순경들이 도착했다. 한 명이 곤봉으로 바닥을 내리쳤다.

"이 자는 지금 여기서 뭐하는 거야?"

또 다른 사람이 바구니를 발견하고는 발로 걷어찼다. 바구니는 다무의 손에서 날아갔고, 바크리가 땅에 뒹굴었다. 나미야는 허겁지겁 바크리를 주워 모았다. 다무는 샘가에 쪼그리고 앉아 화를 삭이며 나미야에게 속삭였다.

"전부 배가 터지게 먹는데 어째서 나만 어제부터 한 끼도 못 먹은 채 이러고 앉아 있어야 하는 거야?"

나미야가 그를 달랬다.

"아이고 다무, 높으신 양반들이잖아요……. 저 사람들이 어떻게 밥을 굶겠어요? 그건 형과 나 같은 사람이나 할 짓이지. 그게 우리 팔자잖아요……. 어쩌겠어요, 받아들이는 수밖에."

그러다 다무가 안쓰러웠는지 나직이 속삭였다.

"내 뒤에 숨어서 얼른 바크리 하나 먹어 봐요. 기분이 나아질 테니."

다무는 무슨 잘못이라도 하는 것처럼 나미야의 뒤에 숨어서 먹고 싶지는 않았다.

"내가 왜 숨어야 해? 내가 저들보다 못한 게 뭔데?"

다무가 나미야에게 물었다.

달그닥 달그닥, 말발굽 소리가 점점 커지자 사람들이 자리에서 일어나 몸가짐을 바로 했다. 서장이 오만하게 채찍을 휘두르며 말을 타고 달려왔다. 말에서 내린 그는 허겁지겁 다가온 순경에게 채찍을 획 내던졌다. 말을 나무에 묶은 순경은 다무를 보고 말에게 먹일 품과 물을 가져오라고 했다.

서장은 샘을 한 바퀴 돌아보고는 멈춰 서서 허물어진 주변을 쳐다보았다. 밑으로 내려가는 계단에 서자 돌 몇 개가 위태롭게 흔들렸다. 더 아래쪽은 이끼에 덮여 초록색을 띠었다.

샘 가장자리에는 잡초와 잔디와 물풀이 돋아났고, 무성한 잎사귀 사이로 스며든 빛에 물이 형광색으로 반짝였다.

샘은 깊었지만 오랫동안 쓰지 않고 방치되어 있었다.

순경과 파틸이 뭔가를 열심히 상의하는 모습을 보고 서장이 다가갔다. 세 사람은 한참 동안 이야기를 주고받았다.

그러더니 순경이 별안간 다무에게 호통을 치며 다가왔다.

"어이, 다무 마하르. 지금 멀뚱히 앉아서 사람들 구경이나 하고 있으면 어쩌자는 거야? 서장님께서 시간이 많아서 네가 시체를 꺼낼 때까지 기다리고 계신 줄 알아?"

다무는 어리둥절한 표정으로 순경을 쳐다보았다.

"어서 서둘러!"

순경이 소리를 쳤다.

"사헤브, 저희는 불쌍한 마하르입니다. 저희의 의무는 죽은 사람 곁을 지키는 것입니다. 그래서 그렇게 했습니다. 제가 어떻게 시체를 꺼낼 수 있습니까. 죽은 사람은 상층 카스트인 걸요. 제가 상층 카스트의 몸에 손을 대면 그건 불경한 짓을 저지르는 겁니다."

다무가 더듬거리며 말했다. 서장이 채찍을 빙빙 돌리며 다가왔다.

"지금 말대꾸를 하는 거냐? 순경이 하는 말 못 들었어? 시간 낭비하지 말고 어서 시체를 꺼내."

"마이-바프(인도에서 존경의 마음을 전하는 표현), 저는 다만 제가 시체에 손을 대면 죽은 분 가족들의 화를 사게 될 거라고 말씀드린 겁니다. 아무도 시체를 거두러 오지 않았다고 해서……."

다무는 몸을 한껏 낮추고 최대한 공손하게 말했다.

"이 개 같은 놈의 새끼, 너 이 채찍 안 보여? 주둥이를 내리쳐서 혀를 뽑아내는 걸 보고 싶으냐? 내가 명령을 했으면 시키는 대로 하란 말이다!"

서장이 성난 목소리를 내질렀다. 서장의 욕이 다무의 심장에 와서 박혔다. 그래도 치솟는 화를 꿀꺽 삼키고 간청했다.

"사르카르(원래는 정부라는 뜻이지만 일반적으로 권위자를 지칭하는 말로 쓰인다), 부디 저를 불쌍히 여겨 주십시오. 가난하고 힘없는 마하르입니다. 명령을 하셨다지만 가신 다음에는 어떻게 합니까. 서장님께서 떠나시면 저는 온 마을의 분노를 사게 될 겁니다."

서장은 그런 이야기를 들어줄 기분이 아니었다. 그가 채찍을 휘둘렀고 다무는 땅에 뒹굴었다. 다무가 고개를 들고 서장을 올려다보았다.

"아니요."

들릴락말락한 목소리로 그가 말했다.

"지금 뭐라고 했어?"

서장이 소리쳤다.

"아니요. 저는 못 합니다."

다무가 또박또박 대답했다.

나미야가 급히 달려와 다무를 진정시키려고 했다. 말을 더 못하게 다무의 입부터 틀어막았다.

"다무, 마음 쓰지 말아요. 우리 마을이 늘 해오던 거잖아요. 서장 사혜브의 말을 들어요. 필요한 걸 전부 마을에 의존하는 처지인데, 사람들이 화를 내고 매질을 하더라도 우리는 순종할 수밖에 없어요."

다무는 나미야의 손을 밀쳐 내고 소리를 질렀다.

"시체를 거두어 갈 사람보고 와서 꺼내든지 말든지 하라고 하십시오. 저는 절대로 못 합니다."

"내 명령을 거역하겠다는 거냐?"

서장은 욕을 하며 또 한 번 채찍을 내리쳤다. 다무는 서장의 채찍을 움켜쥐고 그를 한 대 후려치고 싶은 강렬한 충동을 느꼈다. 하지만 그러는 대신 손바닥을 힘껏 말아 쥐었다.

서장이 또 채찍을 휘둘렀다.

"너희 비천한 것들이 왜 갑자기 눈을 똑바로 치켜뜨고 말대꾸를 하는지, 나는 그 이유를 알고 있지. 전부 그 마하르 암베드카르 때문이야. 그 인간은 책 한두 권 읽었다고 갑자기 마하르에서 브라만이라도 된 줄 아는가 보더군. 그리고 너는 그 인간 말을 듣고 나한테 말대꾸를 해도 된다고 생각하기 시작했고."

다무는 벌떡 일어나 반쯤 치켜 올라갔던 채찍을 움켜잡고 휙 잡아당겼다. 창졸간에 일격을 당한 서장이 앞으로 기우뚱하며 비틀거렸다. 그러다 채찍을 놓치고 균형을 잃더니 땅에 넘어졌다. 구경을 하던 마을 사람 몇 명이 참지 못하고 웃음을 터뜨렸다.

"턱을 날려 버릴 테다."

다무가 으르렁거렸다. 나미야가 입 좀 다물라고 소리를 치며 다무에게 달려들었다.

서장은 화가 머리끝까지 치솟았다. 그는 순경에게 소리를 질렀다.

"야, 이 자식들아, 뭘 보고만 있어? 당장 잡아서 껍데기를 벗겨 버리지 않고."

이 말이 떨어지기 무섭게 한바탕 난리법석이 벌어졌다. 다무는 분노로 속이 찢겨져 나갈 것만 같았다. 머리는 당장 도망치라고 다그쳤지만, 순경들의 매질을 온몸으로 받으며 그대로 버텼다. 땅에 쓰러진 다음에도 몽둥이가 떨어지고 채찍이 날아왔지만, 온몸을 비틀며 경련을 하다가 마지막 남은 힘을 모두 짜내서 그는 이렇게 외쳤다.

"내가 죽는 한이 있어도 네 놈들 앞에 머리를 조아리지는 않겠다. 자, 어서 때려라. 있는 힘껏 때려서 나를 죽여라. 힘없는 마하르가 제 의무를 다하다 맞아 죽었다는 걸 온 세상에 알려라. 봐라, 온 마을이 네 놈들의 잔악한 짓거리를 지켜보고 있다."

당장 매질이 멈추었다. 파틸이 달려 나왔다가 피범벅이 된 다무의 모습을 보고 경악했다. 그는 다무 앞에 버티고 서서 더 때리지 못하게 막고는 서장에게 다무를 용서해 달라고 빌었다.

"다무가 정신이 나간 모양입니다."

파틸은 정신 나간 사람의 헛소리라며 귀에 담을 가치도 없다고 변명을 했다. 그러고는 다무를 보고 말했다.

"이게 무슨 짓인가, 다무? 죽고 싶어 환장했어?"

파틸은 나미야에게 다무를 집에 데려가라고 했다.

"자, 더 늦기 전에 어서 데려가. 시체 꺼내는 일은 내가 알아서 처리할 테니."

나미아가 다무를 부축해서 일으켜 세웠다. 다무는 파틸도 서장에게 화가 났다는 걸 알 수 있었다. 하지만 그에게는 힘이 없었다. 그가 할 수 있는 건 고작 다무에게 집에 가서 상처를 돌보라고 다정하게 말해 주는 것뿐이었다.

다무는 비틀비틀 걸어가면서 죽은 여자의 가족들을 향해 외치는 파틸의 목소리를 들었다.

"무엇이 부끄러워 나서지도 못하는 게요? 벌써 이 불쌍한 여인과의 연을 끊은 게요? 이 여인에게 부디 신의 은총이 내리길."

다무는 밤새도록 고통에 비명을 질렀다. 목이 바짝 말랐지만 물 한 모금 넘기려고 하지 않았다. 아내인 소누는 낡은 천을 꺼내다가 기름에 적셔 채찍에 찢긴 등을 살살 달래 주었다. 사촌들 중에서 제일 나이가 많은 라고지는 역정을 냈다.

"너는 충성심 강한 마하르의 명성에 먹칠을 했어. 큰 도시에 나갔다 오면 그렇게 내키는 대로 해도 되는 줄 알아? 너 때문에 우리 전통이 무너졌잖아. 머리가 있는 놈이야? 제정신이 박힌 인간이면 힘 있는 사람에게 그렇게 대들 리가 없지. 그리고 지금 네 꼬락서니를 봐라. 감히 그를 모욕해서 얻은 대가가 어떤지 보라고."

소누는 울며불며 라고지의 마음을 풀어 보려고 했다.

"아주버님, 남편을 용서해 주세요. 죽을죄를 지었어요. 용서해 주세요, 아주버님. 한 번만 너그러이 봐주세요. 앞으로는 절대로 전통을 어기는 일이 없을 거예요."

아픈 몸으로 간신히 주위를 돌아본 다무는 모두의 눈에 원망과 비난이 어려 있음을 알았다. 그는 소누에게 입 닥치라고 소리쳤다. 이건 남자들 문제야. 여자가 낄 자리가 아니야. 다무는 소리를 질렀다.

"마하르를 개돼지만도 못하게 취급하는 게 뭔 놈의 전통이야? 그런 비인간적인 전통은 개나 물어 가라고 해. 나는 그런 전통 따위는 지키지 않겠어. 나는 존엄성을 지닌 인간이야. 집집마다 돌아다니며 말로만 권리인 발루타(곡물이나 고기, 죽은 가축의 가죽 등을 취할 수 있는 권리)를 구걸하지 않겠다고! 어쩔 건데? 나를 죽이기라도 할 거야?"

사촌들은 경악했다. 라고지가 고함을 쳤다.

"의무를 저버리면 어떻게 되는지 어디 보자. 이제껏 육십 평생을 살았지만 마하르 사람 중에 자기가 맡은 예스카르 의무를 거부하거나 대충 하다가 만 사람의 얘기는 듣도 보도 못했어. 내가 살아 있는 한 그런 일은 없을 거다."

그러고는 소누를 보며 말했다.

"저 녀석 정신 좀 차리게 하소. 채찍질에 머리가 어떻게 된 모양이니. 밤도 깊었으니까 아침에 다시 얘기합시다."

마침내 주위가 조용해지고 다들 잠이 들었다. 남편의 이마를 쓸어내리는 소누의 눈에서 소리 없이 눈물이 흘렀다. 다무는 일어나 앉으려고 애를 썼다. 가까스로 자리에서 일어난 그는 아내의 손을 잡고 오두막을 빠져나왔다. 누가 깰 것이 두려웠던 소누는 소리가 날까 봐 손을 빼지도 못하고, 어디로 가느냐고 묻지도 못했다. 집이 어느 정도 멀어졌을 때에야 소누가 주춤거리며 걸음을 멈추었다.

"여기서 당장 떠날 거야."

다무가 싱난 목소리로 말했다.

"이 오밤중에요? 어디로요?"

"그래, 지금 당장. 일단 나시크로 가서 뭄바이까지 차를 얻어 탈 수 있는지 알아볼 거야."

소누는 망설였다. 남편의 의지가 너무 강해 보여서 뭐라고 대꾸하기가 두려웠다. 그러다 마침내 입을 열고 이렇게 말했다.

"그러면 날이 밝을 때까지 기다렸다가……."

다무는 아내의 손을 놓고 그냥 걸어가기 시작했다. 말도 하지 않았다. 소누는 남편이 자기를 두고 가버리는 줄 알고 가슴이 철렁해서 급히 따라갔다. 다무는 걸음을 뚝 멈추고 뒤를 돌아보았다. 꿰뚫을 것 같은 눈으로 아내를 쳐다보다가 이렇게 물었다.

"나랑 같이 갈 거야?"

"당연하죠! 하지만……."

"그러면 그런 거지, 하지만이 왜 필요해. 어서 가자."

그가 말했다.

소누가 애걸복걸을 한 다음에야 다무는 보리수나무 밑에서 잠깐 기다려 주기로 했다.

집으로 달려가면서도 소누는 겁이 나서 미칠 것만 같았다. 누가 일어나기라도 하면 어쩌지? 나를 붙들고 놓아 주지 않으면 어쩌지? 나무 밑에 있는 남편을 누가 잡아가면 어쩌지? 남편이 나를 두고 혼자서 가버리면 어쩌지?

이런 생각에 골몰한 나머지 물동이에 걸려 비틀거리다가 들통을 걷어차고 말았다. 친척 시누이가 일어나더니 누구냐고 물었다. 소누는 남편이 목이 말라 물을 뜨러 나왔다고 허둥지둥 둘러댔다.

양파 몇 알과 남은 바크리를 되는 대로 챙기고, 사리(여성의 몸을 감싸는 천) 두 벌과 남편의 도티(전통적인 남자의 복장, 하체를 전부 감싸는 천)를 옆구리에 끼고 살금살금 오두막을 빠져나왔다. 심장이 터질 것만 같았다. 소누는 옷 보따리를 안고 숨을 죽인 채 남편이 기다리는 곳으로 달려갔다.

그리고 두 사람은 자유를 향해 함께 걸어가기 시작했다.

자유를 향해

～ 소누 ～

　부드러운 진흙길을 끝없이 걸었다. 고단하고 지쳤지만 내 뜻과는 상관없이 발이 저 혼자 알아서 걸어갔다. 소달구지 방울 소리가 들리면 남편은 얼른 나를 데리고 수풀 사이에 몸을 숨겼다. 태워 달라는 말은 차마 꺼낼 수도 없었다.
　들판을 가로지르고, 개울을 건너고, 커다란 나무들이 양옆으로 늘어서 나뭇가지가 하늘을 뒤덮은 길을 가면서도 내내 두려움에 떨었다. 들짐승이나 도적 떼가 나타나는 상상을 하기도 했다. 달은 구름 속으로 들어가 어둠으로 우리를 감싸 주다가도 어느새 빠져나와 길을 밝혀 주었다.
　마을이 머지않았다는 느낌이 들 때 어디선가 개 짖는 소리가 들렸다. 몇 마리는 한참을 따라오기도 했는데, 쳐다보지도 않고 계속 갔더니 제풀에 지쳐 돌아갔다.

　주저앉고 싶을 만큼 피곤했지만 남편을 보면 불평을 할 수가 없었다. 남편은 걷는 데만도 엄청난 노력이 필요한 상태였다. 한 번씩 신음을 내뱉긴 했지만, 내 쪽은 쳐다보지도 않고 말 한마디 없이 뚜벅뚜벅 걷기만 했다. 처음에는 말도 걸어 보고 어디로 가느냐고 물어보기도 했다. 하지만 돌아오는 건 침묵뿐이었다.

　하긴 팔자에 정해진 길이 따로 있는 마당에 계획은 세워서 뭐하나 싶었다. 나는 뭄바이로 돌아가기가 두려웠다. 예스카르 의무(마하르들에게 부과된 마을의 의무)를 맡으러 남편의 고향인 오자르에 왔던 게 불과 한 달 전의 일이었다. 뭄바이에서는 남편과 사수바이(시어머니) 모두 일 없이 지내고 있었다. 입은 네 개인데 손바닥만 한 집의 월세 낼 돈도 없었고, 음식 살 돈도 금세 바닥이 났다. 운명이 우리에게 역정을 내는 듯했다.

　그런 상황은 다른 쪽에도 영향을 미쳤다. 남편이 그렇게 풀 죽은 모습은 본 적이 없었다. 계속 말을 걸며 기운을 북돋아 주려고 했지만 어떤 노력도 소용이 없었다. 하루하루 더 기가 죽었다. 어떤 날은 몇 푼 벌이도 안 되는 막노동판에서 녹초가 되어 들어왔고, 또 어떤 날은 그 기회조차 얻지 못한 채 온종일 돌아다니기만 했다.

　남편은 늘 지치고 허기지고 속이 상해서 돌아왔다. 저녁을 준비해 놓았지만, 얇은 바크리와 생양파뿐인 초라한 저녁상은 그의 좌절감을 더 자극할 뿐이었다. 엎친 데 덮친 격으로 사수바이까지 그의 속을 긁었다.

　그래도 밤중에 울고 있는 나를 달래 주는 건 남편이었다.

"소누, 무지개가 뜨려면 비와 햇살이 모두 있어야 한다는 걸 잊지 마." 남편은 이렇게 말하곤 했다.

몇 년째 보지 못한 친정엄마도 너무나 그리웠다. 열 살에 결혼해서 5년쯤 살았을 때였다. 도무지 제대로 돌아가는 게 없었다. 오자르에 갈 때만 해도 친정에 며칠 다녀올 수 있을 거라는 희망이 있었다. 내 고향 마을은 고작 세 시간 거리였다. 아무 생각 없이 태평스럽던 불과 몇 년 전의 모습으로 돌아가 엄마의 무릎을 베고 누워 어리광을 피우고 싶었는데……. 어른이 된다는 건 결코 쉽지 않은 모양이다……. 엄마! 뭄바이의 고달팠던 나날이 떠올랐다. 그러자 둑이 터지기라도 한 것처럼 마음 한구석에 밀어 놓았던 온갖 근심 걱정이 활개를 쳤다.

나는 뭄바이에서 무슨 변화가 일어나길 간절히 기도했다. 어떤 변화라도 저녁마다 낙담해서 돌아오는 남편을 보는 것보다는 나을 것 같았다. 머잖아 기도에 응답이 왔다. 남편의 마을에서 예스가르 의무를 맡을 차례라는 연락이 온 것이다.

전통적으로 마하르 사람들은 돌아가면서 석 달씩 이 의무를 맡는다. 마을의 하인이 되면 집집마다 돌아다니며 마을 소식을 알린다. 부고를 전하고 가축의 시체도 치운다. 정부의 관리가 오면 앞서 달리며 칭송의 노래를 불러 도착을 알린다. 이런 일들을 하는 대가로 약간의 곡물을 받고, 집집마다 다니며 남은 음식을 구걸할 수 있다.

자신의 차례가 되었다는 소식을 들었을 때, 남편은 집안 어른들과 사촌들이 아직도 자신이 그런 굴욕적인 일을 할 거라고 생각한다는 사실에 분통을 터뜨렸다.
"어떻게 내가 공디를 받을 거라고 생각할 수 있지?"
예스카르 의무자들에게 주는 검은색 울 담요를 뜻하는 공디와 예스카르가 가지고 다니는 지팡이는 어떤 의식처럼 대대손손 전해진다. 상징적인 뜻이 강하지만 공디는 춥거나 비가 올 때 예스카르 의무를 하는 사람의 몸을 덮어 주고, 지팡이는 숲에서 들짐승을 만났을 때 방어용으로 쓸 수 있다.
예스카르 의무를 맡는 게 그렇게 화를 낼 일인지 나는 이해할 수 없었다. 몇 달 동안 마을에서 살 수 있는 좋은 기회였다. 그뿐 아니라 이 의무는 앞선 수십 세대가 이미 해왔던 일이다. 그런데 그는 왜 그렇게 화를 냈을까?
"소니, 당신은 평생 그렇게 멍청할 거야. 딸랑거리는 막대로 땅바닥을 치면서 집집마다 발루타를 구걸하고 다니는 나를 상상할 수 있어? 발루타랍시고 내준, 반쯤 먹다 남긴 상한 음식을 먹는 당신 모습을 상상할 수 있느냐고?"
남편은 마음을 진정하지 못해서 서성이기 시작했고, 한마디를 할 때마다 목소리가 점점 높아졌다.
"상층 카스트들이 발루타를 내주면서 뭐라고 하는지 알아? 암차 안나 게. 암치 이다 게. 암치 피다 게. 이 음식을 가져가면서 우리 집 불행도 다 가져가라. 자, 가져가라⋯⋯ 버리는 것보다야 네 뱃속에 넣는 게 낫겠지, 우리 집 우환도 가져간다면. 아마 개도 그것보다는 나은 대접을 받을 거야."
남편은 감정이 격해졌고, 목소리까지 파르르 떨렸다.
"우리 민중의 존엄성을 되찾겠다고 바바사헤브운동에 동참하는 사람이 어떻게 이런 비인간적인 전통을 따를 수 있겠어?"

사수바이가 끼어들었다.

"아니 왜 미친놈처럼 애한테 소리를 지르는 거니? 정신 나갔니? 바바사헤브 연설 몇 번 들었다고 네 놈이 똑똑해져서 우리네 전통은 나 몰라라 해도 된다고 생각하는 거냐?"

두 사람 사이에 큰소리가 오갔다. 사수바이는 다무가 맡은 의무를 다해야 한다고 목소리를 높였지만, 남편도 뜻을 굽히지 않았다.

"아이고, 다무. 너는 부끄럽지도 않니? 우리 집 이름에 먹칠을 해야 속이 시원하겠어? 다른 건 다 관두더라도 네 아버지를 생각해 봐라. 지금까지 공디를 거부한 사람은 아무도 없어. 진정한 마하르라면 책임을 회피하느니 차라리 죽는 쪽을 택할 게다."

사수바이가 소리를 쳤다. 그러고는 털썩 주저앉아 대성통곡을 하기 시작했다.

"네가 그렇게 한다면 나한테는 그보다 큰 치욕이 없을 게야. 내가 이 나이에 부끄러워서 고개도 못 들고 다니자고 너를 낳은 게 아니다."

그쯤 되자 더는 발을 뺄 수가 없었다. 결국 고향에 가서 석 달을 살기로 했다. 나는 오자르에 간다는 사실이 너무 기뻤다. 옷가지를 챙기며 남편의 친척들과 함께 사는 걸 상상했다. 남편이 나가면 나는 밭에 나가 일을 하겠지. 이젠 끼니 걱정을 하지 않아도 될 거야.

그가 집집마다 다니며 발루타를 구걸하는 모습을 처음 보았을 때는 너무 속이 상했다. 예스카르 의무에 그렇게 강하게 반발했던 것도 이해가 되었다. 당당하고 자존심 센 사람이 참담하게 오그라

들었다. 두툼하고 검은 공디를 등에 두르자 알아보기도 힘들었다. 지팡이를 짚은 채 몸을 웅숭그리고, 불가촉천민이 지나간다는 걸 알리기 위해 걸을 때마다 지팡이로 땅을 두드려 딸랑딸랑 방울 소리를 울렸다.

상층 카스트 사람들은 음식을 내줄 때도 최대한 멀찍이 거리를 두었다. 마하르나 그의 물건에 몸이 닿지 않도록 여간 조심하지 않았다.

남편은 느지막하게 돌아와 아무 말도 없이 음식을 건네고는 공디와 지팡이를 내던지고 물을 마신 다음 드러누웠다. 몇 번이나 말을 걸고 왜 그러느냐고 물어보기도 했지만 그는 입을 열지 않았다.

그러면 나는 옆에 앉아 손을 주물러 주었다. 한참이 지나면 저녁을 달라고 했다. 바크리를 가져다줄 때면 나도 마음이 놓여 얼굴에 빙긋이 미소가 번졌다.

"더는 못 견디겠어, 소니…… 참을 수가 없어. 우리는 자존심을 가져야 해. 존엄성을 지녀야 한다고. 어떻게 집집마다 다니며 구걸을 하냔 말이야. 발루타가 우리의 권리라고? 맙소사! 그들이 음식을 어떻게 던지는지 본 적 있어? 개처럼 살 권리 따위는 원치 않아. 나는 인간답게 살 권리를 원한다고."

그의 한숨에 땅이 꺼질 것 같았다. 나는 설득을 해보려고 했다.

"진정해요. 그렇게까지 심각하게 생각할 거 없잖아요. 얼마 후면 다 끝나서 뭄바이로 돌아갈 텐데. 지금도 친척 중에 당신을 고깝게 생각하는 분들이 있단 말이에요. 그들을 더 자극하면 안 돼요. 아무튼 여기서는 배는 굶지 않잖아요."

남편은 분노에 몸까지 덜덜 떨었고, 나를 때릴 것처럼 팔을 올리려다가 말았다.

"소니, 당신이 벙어리 노새랑 다른 게 뭐야? 배 채우는 거나 생각하면 우리가 짐승보다 나을 게 뭐냐고?"

나는 상처를 받았고, 그 말을 되씹느라 밤새 잠을 이루지 못했다.

피투성이가 되도록 얻어맞고 열까지 펄펄 끓는 몸으로 사촌의 부축을 받으며 돌아온 남편을 보았을 때는 억장이 무너졌다. 예스카르 의무를 맡은 후로 내내 무력감에 분노하고 좌절하는 남편을 보아 왔지만 이런 일이 벌어질 줄은 몰랐다. 나는 그가 왜 전통을 따르지 않고 거부하는지 이해하지 못했었다. 단지 몇 달간의 문제라고 생각했는데, 그제서야 남편은 자신에게 충실하고 자신의 생각과 믿음을 지켜야 했다는 걸 깨달았다.

이건 몇 달간의 문제가 아니었다. 이건 그의 정체성, 우리의 정체성에 관한 문제였다.

다무

그 일을 몇 번이나 되새겨 보았는지 이제는 숫자도 헤아릴 수 없을 정도가 되었다. 서장을 떠올릴 때마다 혀를 날름거리는 뱀처럼 화가 치솟았다. 한없이 걸어가야 할 길이 있어서 차라리 다행이었다. 길을 걷다 보면 마음속에서 들끓는 이 폭풍을 잠재울 수 있을 것이다.

소누를 데리고 걸어가면서 과연 잘한 일인지 따져 보았다.

서장이 납득하도록 이야기를 해보고, 내키지 않았지만 간청도 했다. 그런데 돌아온 것은 모욕과 우리(불가촉천민)를 설설 기게 만들려는 높은 자들의 폭력적인 권위뿐이었다.

서장에게 반항했던 사람이 과연 진정한 나였을까? 온 마을과 서장과 파틸 앞에서 나는 샘에 내려가 시체를 건져 내길 단호히 거부했다. 있을 수 없는 일이었다.

마하르가 자신들에게 맞설 만용을 가졌으리라고는 상상도 못했을 것이다. 내가 저지른 일의 엄청난 파장이 차츰 실감났다. 하지만 생각을 하면 할수록 충동적인 행동이 아니었음을 알게 되었다. 나는 바바사헤브의 가르침을 충실히 따른 것이다.

아니, 나는 잘못한 게 없다. 오히려 옳은 일을 하기까지 너무 오래 기다렸던 건지도 모른다.

토 마스터를 찾아가 이야기를 나누고 싶은 마음이 간절했다. 바바사헤브 암베드카르가 이끄는 운동에 참여할 것을 권해 준 분이었다. 토 마스터를 처음 만났던 때가 떠올랐다.

뭄바이에서 어영부영 몇 년을 지내다가 1924년에야 처음으로 철도회사라는 어엿한 직장을 갖게 되었다. 아직 어렸을 때였고, 어머니는 토 마스터를 찾아뵈라고 했다.

"가서 토 마스터를 뵙고 와라. 우리 마을에서는 유일하게 많이 배운 마하르고, 우리 집안에서 뭄바이에 와 계신 유일한 어른이다. 새 직장에 나가기 전에 찾아뵙고 좋은 말씀을 듣고 와."

늘 토 마스터가 어렵게만 느껴졌던 나는 마지못해 어머니의 말을 들었다. 당시에는 고등학교만 졸업해도 모두 마스터라고 불렀고, 토 마스터는 시립학교에서 아이들을 가르쳤다. 큰 키에 체구도 좋고 피부색도 흰 그는 귀한 가문의 신사처럼 보였고, 엄격하면서 청결을 꼼꼼히 따지기로 유명했다.

내가 찾아갔던 일요일 아침에도 토 마스터는 집 안을 청소하느라 바빴다. 그리고 황동 촛대를 문질러 닦아서 손이 까맣게 되어 있었다. 그러면서도 빳빳한 흰색 도티와 쿠르타(셔츠) 차림이었고, 그 앞에 앉아 있으려니 내 초라한 옷에 자꾸만 신경이 쓰였다.

집안의 안부를 두루 물어본 후, 그는 나와 눈을 맞추며 이렇게 말했다.

"다무, 잘 지낸다고 들었다. 이제 직장에서 자리를 잡고 결혼도 해야지. 그런데 언제쯤에나 너 말고 다른 것도 생각할래?"

그의 꿰뚫는 듯한 시선에 나는 어찌할 바를 몰랐다. 내가 할 수 있는 일은 무슨 말인지 이해하지 못하겠다는 눈으로 그를 바라보는 것밖에 없었다.

"좀 더 큰 문제를 생각할 때가 되지 않았냐는 거야. 이를테면 우리 공동체를 위해 할 일을 고민한다든지……"

잠시 침묵이 흘렀다. 아무 말도 오가지 않는 시간이 길어질수록 앉은 자리가 더 불편해졌다. 내가 일어설 채비를 하자 토 마스터가 이런 말을 했다.

"우리에게는 다무 너처럼 젊고 힘 있는 사람들이 필요하단다. 내일 저녁에 나레이 공원에서 집회가 있어. 6시에 파렐 역 앞에서 보자."

그러고는 내가 뭐라고 대꾸도 하기 전에 문을 닫아 버렸다.

그날 바바사헤브 암베드카르의 집회에서는 이런 구호가 울려 퍼졌다.

"교육하고, 단합하고, 궐기하라!"

전율이 핏줄기를 타고 온몸 구석구석으로 번졌다. 그날 그 자리에서 나는 바바사헤브에게 온 마음을 빼앗겼다. 우리 불가촉천민을 구원해 줄 지도자가 마침내 등장했음을 알 수 있었고, 나도 모르는 사이에 사회운동의 소용돌이 속으로 휘말려 들어갔다.

나는 1926년 말에 결혼을 했다. 아마 10월쯤이었던 것 같다. 소누는 너무 어렸기 때문에 나 혼자 뭄바이로 돌아갔다. 그 즈음에 있었던 어느 모임에 갔다가 뭄바이 근처의 마하드라는 마을에서 달리트 집회가 열린다는 이야기를 들었다.

오랜 세월 동안 불가촉천민은 상층 카스트들이 사용하는 저수지에서 물을 길어 올 수도, 그 물을 마실 수도 없었다. 1926년에 뭄바이 주에서 그 같은 차별을 폐지하는 결의안을 채택했다. 그 뒤를 이어 마하드 시에서는 가장 큰 저수지인 초다르 호수를 포함한 마을의 모든 곳에서 불가촉천민도 제한 없이 물을 사용할 수 있도록 하는 결의안을 통과시켰다. 하지만 상층 카스트의 적의에 찬 눈초리 앞에서 이런 결의안은 종잇조각에 불과했고, 심지어 무슬림과 기독교도들도 마실 수 있는 물을 같은 힌두의 신을 모시는 불가촉천민만은 한 방울의 물도 마실 수 없었다. 바바사헤브는 마하드에서 집회를 열고 불가촉천민을 한데 모아 다 함께 권리를 행사하기로 결정했다. 반란의 예감에 피가 끓었다.

1927년 3월 19일에 마하드에 도착했다. 내 눈을 믿을 수가 없었다. 수만 명이 운집해 있었다. 늙은 사람, 어린 사람, 대부분 누더기 차림인 사람들이 기대에 부풀어 바크리 보따리를 들고 돌아다녔다.

바바사헤브가 연설을 하자 모두가 귀를 기울였다. 그는 마을의 의무라는 굴욕적이고 예속적인 전통에 반기를 들라고 촉구했다.

"여러분의 권리를 빵 부스러기 한 줌에 판다는 건 더할 수 없는 수치입니다. 우리가 자조의 정신을 배우고 자존심을 되찾고 자각해야만 우리의 지위를 향상시킬 수 있을 것입니다."

무엇보다 감명 깊었던 것은 자식을 키우는 것에 대한 생각이었다.

"자식이 나보다 나은 삶을 살기를 바라지 않는 부모라면 금수와 다를 게 없습니다."

그리고 역사적인 사건이 일어났다. 불가촉천민은 사용하지 못하게 하여 논란이 되었던 초다르 저수지까지 다 함께 행진을 했다. 바바사헤브가 선두에 섰다. 우리는 네 명씩 줄지어 서서 "교육하고, 단합하고, 궐기하라!"는 구호를 외치며 질서정연하게 걸어갔다. 태양이 밝게 빛니고, 그 빛에 물도 반짝였다. 네모나 저수지 주변에는 브라만 소유의 집들이 빙 둘러 있었다. 문과 창문, 테라스에 경악에 찬 표정을 지으며 사람들이 몰려 나와 자신들의 저수지에서 신성한 물을 '오염'시키는, 결의에 찬 대규모의 군중을 속수무책으로 바라보고 있었다. 바바사헤브는 주변을 한번 훑어본 후 단호한 태도로 여섯 개의 계단을 내려갔다. 잠시 멈춰 서서 기대에 찬 수천 명의 추종자들을 바라본 그는 침착하게 몸을 숙여 손바닥으로 물을 떠 마셨다. 군중은 환호성을 지르고 '자이 빔'(자이는 영광이라는 뜻이고, 빔은 바바사헤브의 애칭이다)을 연호한 후,

모두 물을 떠 마시는 상징적인 행위에 동참했다.

반란을 일으킨다는 것에 흥분이 되긴 했지만, 그때만 해도 저수지에서 물을 마시는 것과 우리 공동체의 진보 사이에 어떤 관계가 있다는 건지 이해하지 못했다. 그 물을 마시지 못한다고 해서 죽는 건 아니었다.

잠시 후 바바사헤브는 우리의 행동이 인간의 권리를 주장하기 위한 것임을 분명히 밝혔다. 우리는 역사를 만들어 가고 있었다. 짐승마저 관용으로 대한다고 자랑하는 폭군들의 오만에 반기를 든 것이다.*

"그러나 우리는 해냈습니다!"

이 말에 우레 같은 환호성이 터져 나왔다. 그 순간 깨달음이 머리를 스쳤다. 우리의 행동은 물에 대한 동등한 권리를 요구한 것이다. 우리도 똑같은 인간이다. 그런데 어째서 우리의 손이 닿는다고 물이 오염된다는 것인가? 우리는 손바닥으로 그 물을 떠서 마셨다.

참가자들은 도시 전역으로 삼삼오오 흩어졌다. 짐을 싸느라 분주한 사람도 있고, 마을로 돌아가기 전에 끼니를 때우는 사람도 있었다. 그때 갑자기 대나무 몽둥이를 든 한 무리의 상층 카스트들이 거리를 메웠다. 전혀 예상치 못한 일이었다. 불가촉천민들이 내친 김에 사원까지 난입하려고 한다는 소문이 돌고 있었다. 차분

암베드카르 박사가 마하드에서 불가촉천민의 사회적인 독립을 주장한 것과 인도 국민회의가 주장한 인도의 정치적인 독립 선언은 같은 시기이다.

하고 보수적이던 마을이 들끓었다. 종교가 위협받고 신이 더럽혀졌다고 소리를 높였다. 무뢰한들이 집회 참가자들에게 달려들었다. 그들은 남녀노소를 가리지 않았으며, 먹던 음식을 땅바닥에 내팽개치고 그릇을 짓밟았다. 처음에는 당황해서 어쩔 줄 몰랐지만, 이내 허겁지겁 도망을 치기 시작했다.

바바사헤브가 당할까 봐 걱정이 되었던 나는 그가 있던 곳으로 급히 달려갔다. 많은 사람들이 같은 마음이었고, 수백 명의 젊은이들이 조바심을 치며 바바사헤브의 지시를 기다렸다.

분노의 함성을 지르며 보복의 일념으로 들썩거렸다. 지도자의 말 한마디, 손짓 한 번이면 마하드는 전쟁터로 변할 판이었다. 그런데 놀랍게도, 그리고 실망스럽게도 바바사헤브는 평화와 질서를 호소했다. 우리의 투쟁 목적은 법을 지키게 만들려는 것이지, 그것을 어기려는 것이 아니라고 했다.

뭄바이로 돌아온 다음에야 마하드의 정통파 고위층들이 브라만 사제들에게 '신성이 더럽혀진' 저수지를 '정화'하게 했으며, 신을 찬미하는 노래가 요란스레 울려 퍼지는 가운데 질그릇 항아리 108개에 담긴 우유와 치즈, 소의 똥과 오줌을 부었다는 소식을 들었다.

초다르 저수지까지의 상징적인 행진은 우리 불가촉천민의 마음에 존엄과 자존의 불을 지폈다. 그것은 자각의 시작이었다.

마하드 시에서는 1927년 8월 4일에 불가촉천민에게 저수지 사용을 허락했던 종전의 결의안을 철회했다. 바바사헤브는 이것을 도전으로 받아들였고, 12월에 다시 마하드에서 항의 집회를 개최함으로써 투쟁의 강도를 높이겠다고 선언했다.

이번에는 더 많은 사람이 마하드에 모였고, 그 자리에서 바바사헤브는 힌두교의 모든 경전이 지닌 권위에 도전했다. 고귀한 태생의 사람들이 힌두교도라면 우리도 똑같은 힌두교도라고 말했다.

"당신네 종교가 우리의 종교라고 말한다면, 우리의 권리가 당신들의 권리와 동등해야 한다. 그런데 실정이 그러한가? 그렇지 않다면 무슨 근거로 우리가 힌두교의 울타리 안에 머물러야 한다고 말하는 것인가?"

바바사헤브는 《마누법전》을 비난했다. 1500년 전에 쓰여졌다는 이 경전은 대대로 힌두교도들의 율법과 일상생활을 지배해 왔다. 이른바 상층 카스트 힌두교도들이 떠받드는 이 책에 달리트들은 치를 떨었는데, 베다를 듣거나 읽는 불가촉천민의 귀에 납물을 부어야 한다고 적어 놓은 바로 그 책이기 때문이다. 바바사헤브는 《마누법전》이 상층 카스트 힌두교도에게는 권리장전일지 몰라도 불가촉천민에게는 노예장부라고 생각했다. 그는 그것이 힌두교도 간에 존재하는 억압의 상징이라고 비난한 후, 공개적으로 불태울 것을 주장했다.

그날 저녁 장작더미 위에 《마누법전》을 얹고 화형식을 거행할 때 불가촉천민들은 환호성을 질렀다.

내가 서장의 권위에 반발한 것은 조금도 잘못한 일이 아니었다. 바바사헤브는 당당히 일어나 존엄성을 되찾으라고 촉구했다. 나는 그렇게 했을 뿐이다.

어머니를 떠올렸다. 집안의 명예를 걱정하고 전통을 존중하며 살기를 바라는 어머니도 나름대로는 옳다고 할 수 있을 것이다.

어쩌면 집안의 이름에 먹칠을 하고 다시는 마을에 발을 붙이지 못하게 만들었다며 두고두고 나를 탓할지도 모른다. 이제는 어머니도 마을에 가면 냉대를 받을 것이다.

뭄바이에 가서 어머니를 만날 생각을 하자 마음이 무거웠다. 바바사헤브의 연설 때문이라며 탓을 할 게 분명했다.

애초에 예스카르 의무를 맡으러 오자르 마을로 돌아가는 게 아니었다. 하지만 이제는 돌이킬 수 없었고, 오히려 잘된 일이었다. 나는 온 마을 앞에서 불가촉천민이 주는 대로 받고 그대로 당할 이유가 없다는 것을 증명해 보였다. 우리는 불의에 맞서 싸울 수 있었다.

바바사헤브도 존엄성을 되찾는 것이 우리 손에 달렸다고 말하지 않았던가.

✧ 소누 ✧

옆에서 걸어가는 남편을 바라보았다. 한밤중이라 얼굴은 볼 수 없었다. 하지만 새삼스럽게 그가 다시 보였다. 그리고 이해되기 시작했다. 그의 결연한 의지가 놀랍기도 하고 두렵기도 했다. 이제는 다시 돌아갈 수 없었다. 나는 그와 함께 걸어갈 것이다.

남편을 처음 본 건 결혼식 도중이었다. 거추장스럽기만 한 사리에다 온갖 구슬과 장신구를 치렁치렁 매달고 몇 시간째 가만히 앉아 있느라 지칠 대로 지친 상태였다. 한참 만에 삼촌이 와서 꽃목걸이를 주더니 천막을 친 결혼식 단으로 데려갔다.

커튼처럼 얼굴 높이로 치켜든 천을 안타르파트라고 하는데, 나를 안타르파트 한쪽에 세웠다. 천 반대쪽에는 키가 큰 남자가 꽃목걸이를 들고 서 있었다. 저 사람한테 시집을 가는 거라고 생각하니 심장이 쿵쾅거렸다. 단 위에 서 있는데 손이 덜덜 떨려서 향기로운 재스민 꽃목걸이를 떨어뜨리지 않으려고 꽉 움켜쥐었다.

주례가 만트라(진언, 명상에서 사용하는 주문)를 외운 다음에는 여덟 쌍의 남녀가 축가를 불러 주는 망갈라슈타크 순서였다. 그러더니 갑자기 커튼이 사라지고 그 남자가 나에게 꽃목걸이를 걸어 주었다. 모두가 박수를 치며 행운을 상징하는 쌀알을 우리에게 뿌렸다. 이제 내가 신랑에게 꽃목걸이를 걸어 주어야 할 차례였지만, 그는 너무 크고 나는 너무 작아 팔이 닿지 않았다. 다들 기대에 찬 눈빛으로 우리를 보고 있었다. 무심코 눈을 들었다가 그가 나를 보고 있다는 사실에 소스라치게 놀랐다. 부끄럽고 겁도 났다. 눈물에 앞이 흐려지려는 찰나, 그가 고개를 아래로 숙였다.

그것이 내가 남편을 처음 본 순간이었다. 거대한 벽, 울퉁불퉁한 산맥, 우리 집 뒤에 있는 것처럼 크고 검고 거친 산 같은 느낌이었다.

알지도 못하는 사람이 꽃목걸이를 걸어 달라며 고개를 숙인 모습에 나는 겁이 나서 눈을 내리깔았다. 쳐들다 만 손이 허공에서 얼어붙었다. 눈물 한 방울이 뚝 떨어졌다. 그가 부드럽게 속삭였다. "울지 마." 나는 있는 용기를 모두 짜내서 꽃목걸이를 걸어 주었다.

기다렸다는 듯이 북소리가 둥둥 울렸다. 주의라는 뜻의 사바단, 즉 '조심하시오, 이제 결혼의 서약을 마쳤으니'라는 말이 메아리치는 가운데 그와 내가 부부로 선언되었다. 나는 아내가 되었다. 산처럼 커다란 남자의 아내.

뭄바이에 있는 그의 단칸방은 발 디딜 틈조차 없었고, 나는 결혼이라는 게 뭔지도 몰랐다. 그저 결혼하면 선물과 옷을 많이 받고, 그 다음에는 다른 가족들과 새 집에서 살게 되는 줄로만 알았다. 우리 엄마도 그렇게 하지 않았던가.

뭄바이에 온 첫날, 저녁상을 물린 후에 시어머니는 늘 활짝 열어 두던 문을 닫았다. 그제야 이웃 사람들이 안을 들여다볼 수 없게 되었다.

"이제 잘 시간이다. 아침에 일찍 일어나야 해."

남편의 여동생인 나주카가 짚으로 엮은 자리를 폈다. 한쪽 구석에는 얇고 낡은 천 이불을 덮었다. 그런 다음 시어머니가 창틀과 반대편 벽의 못에 끈을 묶고, 그 위에 낡은 사리를 널어 커튼을 쳤다. 나주카가 시어머니와 한쪽에 누웠다. 이렇게 좁은 데서 어떻게 잘까 걱정하며 나도 시누이 옆에 오그리고 앉았다. 시어머니가 그런 나를 보며 빙긋이 웃었다.

"소누, 너는 이제 내 옆에서 잘 어린아이가 아니야. 이젠 어른이고, 네 남편 옆으로 가야지."

시어머니는 아들을 불렀다.

"다무, 와서 네 마누라 데려가라…… 데려가서 네 옆에 뉘여."

나는 민망해서 몸 둘 바를 몰랐고 눈물이 왈칵 밀려왔다.

"저한테 저기…… 그러니까 저기…… 가서……."

남편을 뭐라고 불러야 할지도 몰랐다. 시어머니가 내 등을 토닥이며 말했다.

"겁낼 것 없다. 다무는 다정한 아이야. 자, 가서 그를 행복하게 해주렴."

그를 행복하게 해준다는 게 무슨 뜻인지도 알 수 없었다. 시어머니는 여기 오기 전에 친정어머니가 뭐라시더냐고 물었다. 나는 남편 말 잘 듣고, 그가 시키는 대로 하랬다고 대답했다.

"그렇지."

시어머니는 이렇게만 말했다. 남편이 커튼 너머에서 나를 불렀다. 쭈뼛거리며 일어나긴 했는데 발이 떨어지지 않았다. 벌써 반쯤 잠이 든 나주카는 얼른 불을 끄라고 투덜댔다. 불을 끄고 더듬더듬 걸어갔다. 남편이 자기 옆에 누우라고 했다. 나는 어찌할 바를 몰라 겁에 질린 채 그냥 서 있었다.

어렸을 때, 그리고 월경을 시작한 후로는 특히 남자들과 몸이 닿지 않도록 주의해야 한다는 말을 귀에 못이 박히도록 들었다. 설사 아버지라도 그 앞에서는 몸가짐을 조심해야 했다. 그런데 지금 이 남자가 나더러 자기 옆에 누우란다. 밤새 서 있거나 차라리 들판에 나가 잠을 잤으면 잤지, 생전 처음 보는 남자 옆에 누우라고? 어림도 없었다!

그는 서너 번쯤 내 마음을 돌려 보려고 했지만, 나는 바닥만 바라보았다. 고개도 들지 않았다. 그런데 어이없게도 그는 금세 곯아떨어져 코까지 골았다. 자기 집에 처음 온 나는 누울 자리조차 없이 서 있는데 태평하게 잠을 자는 모습을 보자 약이 올랐다. 나는 한참을 서 있다가 결국 이것저것 따지기에도 너무 고단해진 나머지 최대한 멀찍이 떨어져 누웠다.

아직 동이 트지도 않았는데 석유램프 켜는 소리가 들렸다. 달그락달그락 그릇 소리, 시어머니가 나직이 혼잣말을 하는 소리도 들렸다. 방문은 열려 있었다.

얼른 일어나려고 했지만 그럴 수가 없었다. 털이 숭숭 난 남편의 까만 팔이 내 몸 위에 턱 얹혀 있었기 때문이다. 화들짝 놀라 밀어 버리고 커튼 저쪽으로 뛰어갔다.

그날 밤에는 남편이 저녁을 먹고 친구들을 만나러 나갔다. 집안일을 끝낸 사수바이와 나주카가 자려고 자리를 폈다. 나도 커튼 뒤로 가서 이불을 까는 수밖에 없었다. 그날 밤 남편이 들어오지 않기만을 바라며 마지못해 했다.

뒤척뒤척, 잠이 오지 않았다. 남편이 돌아올 게 겁났다. 묵직한 팔이 가슴을 짓누르던 아침의 기억이 되살아났다. 그 생각만으로도 얼굴이 달아올랐다. 엄마가 이 일을 알면 정숙한 여인의 바른 몸가짐에 대해 하염없이 설교를 늘어놓을 게 분명했다. 그렇다면 왜 시어머니는 나를 이 남자 옆에서 자라고 밀어냈으며, 가서 자기 아들을 행복하게 해주라는 건 무슨 뜻이었을까?

엄마 생각을 하자 집이 그리웠다. 내 고향 마을에 가고 싶었다. 마을을 흐르던 강과 내가 제일 좋아하던 보리수나무가 떠올랐다. 그 나무 밑에 앉아 잔잔히 흘러가는 강물을 보고 있으면 시간 가는 줄 몰랐다. 내가 잘 아는 익숙한 곳으로 돌아가고 싶었다. 하지만 새 집에 온 지 겨우 이틀째였다. 이런 생각에 설움이 복받쳐 눈물이 나왔다. 소리가 나지 않도록 얼굴을 베개에 묻었다. 하지만 울음을 참을 수가 없어 결국 흐느껴 울기 시작했다. 엄마가 있었으면 다정하게 달래 줄 거라는 생각을 하자 그리움이 더해졌다.

그러는 사이에 남편이 돌아왔다. 내 손을 잡아 다정하게 끌어당기는 걸 느낄 수 있었다. 하지만 나는 있는 힘껏 손을 잡아 빼고는 한쪽에 웅크리고 누웠다. 그가 다가와 내 옆에 누웠다. 시어머니와 나주카가 커튼 저쪽에 있다고 생각하자 부끄러웠다. 크고 검은 산이 내 앞에 떡 버티고 누워 커튼 너머의 시어머니를 향한 내 간절한 시선을 막아 버렸다. 눈물이 멈추지 않았다. 크고 검은 털북숭이 손이 내 등을 부드럽게 쓰다듬고 내 눈물을 닦아 주었다. 왜 그랬는지 모르지만 나는 더 심하게 흐느끼기 시작했다. 그의 다정함이 내 마음속의 뭔가를 건드린 모양이었다.

"괜찮아. 피곤한 것뿐이야. 그만 자. 예쁜 얼굴 망가뜨리지 말고."

그가 말했다. 그는 계속해서 내 등을 쓰다듬었고, 나는 어느새 마음이 풀려 스르르 잠이 들었다. 아침에 눈을 떴을 때는 기다란 다리 하나가 엉덩이를 가로지르고, 팔로는 허리를 감고 있어서 내가 완전히 갇힌 신세임을 알고 깜짝 놀랐다. 그 올가미에서 벗어나려고 안간힘을 쓰는데, 놀랍게도 그가 깨어 있었다.

"내 예쁜 꼬마 신부, 어쩌다 나처럼 우락부락하고 새까만 촌놈한테 시집을 왔누. 당신이 너무 예뻐서 당신 옆에 있고 싶어. 곧…… 머잖아 어머니가 칸도바 신에게 부부로서 첫 기도를 가자고 하실 거야…… 그때에나…… 이렇게 예쁜 당신을 가까이 두고도 이렇게 멀리 하는 게 얼마나 힘든 일인지."

그가 나지막한 소리로 말했다.

나는 흐트러졌던 사리 매무새를 허둥지둥 매만졌다. 사리를 입고 잠을 자는 건 너무나 거추장스러웠다. 나는 서둘러 밖으로 나왔고, 복도에서 들리는 부산스러운 소리에 마음이 놓였다.

앞서 걸어가는 남편을 바라보았다. 나도 그랬지만 남편도 깊은 생각에 빠져 있었다. 내가 있는지 없는지 관심도 없다는 듯이 한 번도 뒤돌아보지 않았다. 나는 잠깐 쉬면서 숨을 가다듬고 싶었지만 차마 입이 떨어지지 않았다. 마음이 내킬 때는 그렇게 다정할 수 없는 사람이지만 어떤 생각에 한번 빠지면 무심하기 짝이 없었다. 그때는 그렇게 이해심이 깊었으면서…… 나를 자기 여자로 만들었던 밤을 떠올리자 슬그머니 미소가 번졌다.

우리는 칸도바 신께 기도를 올리기 위해 제주리라는 곳으로 갔었다. 시어머니와 나주카는 일 년마다 한 번씩 열리는 축제를 구경하겠다고 뒤에 남았다. 그곳에서 돌아온 후 남편은 일을 하러 가고 나만 혼자 집을 지켰다. 한참을 오도카니 앉아 지난 며칠을 돌아보았다. 내키지 않는 마음으로 몸을 일으켜 청소를 하고 음식을 만들었다. 엄마가 그래야 한다고 했기 때문에 설렁설렁 억지로 했다.

이웃에 사는 라크슈미 아주머니가 문을 두드리더니 차를 한 잔 달라고 했다. 친절한 분이었고, 내 고향과 부모님, 그리고 결혼식에 대해 이런저런 것들을 자세히 물었다. 그러고는 당신 고향 이야기를 했고, 어머니 이야기를 하다가는 눈물을 글썽이기도 했다.

아주머니는 내 옆에 앉아 등을 토닥토닥 두드렸다.

"다무한테서 들었는데, 부부의 연을 맺었다고 칸도바 신께 기도를 드리고 왔다며."

아주머니의 얼굴에 얄궂은 미소가 어렸다. 그녀가 말을 이었다.

"소누야, 오늘이 너에게는 아주 중요한 날이야. 음식을 만들어 놓은 다음에 이따가 저녁이 되면 목욕을 하고 깨끗한 사리로 갈아

입거라. 남편이 오거든 차를 내주면서 기분을 좋게 해줘. 그러고는 당신이 나보다 나이도 많고 현명하니 당신의 말에 순종하겠다고 말해. 나를 잘 돌봐 줄 것을 믿고, 또 당신을 행복하게 해주고 싶다고 얘기해."

아주머니는 묘한 표정으로 나를 보더니 덧붙였다.

"내 말 알아들었니?"

나는 보일락말락 고개를 끄덕였다.

"하지만…… 어떻게 해야 그를 행복하게 하는 건지 모르는데요. 남편은 저한테 그런 말을 한 적도 없어요."

"시간이 지나면 저절로 알게 돼. 네 남편 없이 네가 어딜 갈 것이며, 그는 또 너 없이 어딜 가겠니?"

아주머니는 미소를 지으며 말했다. 하지만 나는 여전히 어리둥절했다.

"그건 두 사람을 하나로 합쳐 주는 거야. 네 남편이 너의 신이야. 남편에게 영원히 묶인 것이지. 이제는 죽어야만 그의 옆을 떠나게 되는 거야."

아주머니는 내 등을 토닥이며 말했다. 그리고 차를 한 모금 마신 후 말을 이었다.

"네 남편을 받아들여라. 사리의 파다르(사리에서 어깨 뒤로 늘어뜨려 몸통을 가리는 길게 늘어진 부분)가 길게 너울거리는 이유는 그 때문이야. 그건 남편들의 모든 단점을 감싸 줄 만큼 크고, 이해하는 마음으로 단점을 덮어 줄 만큼 기니까."

그러더니 조용히 흐느끼기 시작했다.

"아휴, 내가 주책이네. 딸이 없어서 그런지 꼭 딸한테 얘기를 하는 것 같아서.”

아주머니는 남은 차를 단숨에 마시고 돌아갔다.

저녁이 되자 라크슈미 아주머니의 말이 머릿속에서 맴돌았다. 무슨 말인지 이해할 수는 없었지만, 집에서 떠나올 때 엄마가 해 준 말과 비슷했다. 남편에게 순종해라, 그에게 따뜻하고 맛있는 식사를 대접해라, 그러면 그가 행복해할 것이다. 이렇게 간단했다.

새로 목욕을 한 후 깨끗한 옷으로 갈아입고 남편을 기다렸다. 그가 오자마자 서둘러 차를 끓였다. 남편은 세면장으로 가더니 말끔해져서 돌아왔다.

“흠…… 차를 끓였나 보네.”

그가 말했다. 차를 내주고 나는 멀찍감치 떨어져 조용히 서 있었다. 무슨 말이나 행동을 하기에는 수줍기도 했고, 어떻게 해야 하는지 확신도 서지 않았다.

“바로 이런 걸 차라고 하는 거지. 차는 이렇게 진하고 향기로워야 해.”

그가 후루룩 소리를 내며 차를 마셨다. 그리고 부엌으로 와서 왜 같이 차를 마시지 않느냐고 물었다. 나는 내 것은 만들지 않았다고 대답했다. 그는 내 손을 잡고 데려가서 자기 옆에 앉히더니 찻잔 받침에 차를 조금 따라서 나에게 주었다. 나는 한 모금 마시다가 얼굴을 찌푸렸다. 설탕을 하나도 안 넣었던 것이다!

눈물이 핑 돌았다. 이게 남편을 행복하게 해준다는 거야? 처음으로 만들어 준 차가 이렇게 쓴데도 그는 불평 한마디 하지 않았다. 우락부락한 내 남편은 마음이 따뜻한 사람인 모양이었다.

그는 내 눈물을 닦아 주고는 바짝 끌어당겨 안아 주었다. 그가 나를 품에 안고 등을 쓸어 줄 때 시간은 천천히 흘러갔다. 이상하게도 마음이 평화로웠다. 거대하고 듬직한 산이 포근히 감싸 주는 것 같았다. 남편이 내 옆에 있는 한 이 세상 어느 누구, 그 무엇도 나를 어떻게 하지 못할 것 같았다.

나는 앉아서 그의 머리를 쓰다듬었다. 그런데 얼마 지나지 않아 그가 나를 끌어당겼다. 나는 훌쩍훌쩍 울기 시작했다. 어느 순간 그가 내 온몸을 쓰다듬기 시작했고, 나를 더 바싹 끌어안았다.

"울지 마, 소누."

그는 내 눈물을 닦아 주며 이 말을 계속했다.

"당신은 나를 너무나 행복하게 해주고 있어."

그의 묵직한 무게가 내 몸 위로 옮겨지는 걸 느꼈고, 그 순간 부끄러워 죽지 않는다면 숨이 막혀 죽겠다는 생각이 들었다. 겁에 질려 온몸이 뻣뻣해졌고, 그렇지 않아도 어두웠지만 눈을 꽉 감았다. 뭔가 끔찍한 일이 일어날 것 같았는데, 그의 무게를 수월하게 받아들일 수 있다는 걸 알고 나 자신도 놀랐다.

나는 그때까지도 흐느끼고 있었지만 그는 아무것도 모르는 눈치였다. 숨만 내쉬고 내 이름만 외쳤다. 그리고 이 말을 하고 또 했다.

"아, 소누, 당신은 너무 예뻐. 우리가 결혼했을 때부터 이 순간을 얼마나 기다려 왔는지 몰라."

나는 집안의 이름에 먹칠을 했다는 생각만 자꾸 들었다. 입 있는 사람들은 하나같이 남편 말 잘 듣고 그를 행복하게 해주라고 했는데, 이게 그 사람들이 말하던 건가 싶었다.

"자자, 밤이 깊었어."

그는 한참 후에 이렇게 말했고, 기진맥진하고 어리둥절한 채 잠에 빠져드는 내 몸을 이불로 덮어 주었다.

아침에 일어났더니 그와 내 몸이 엉켜 있었다. 나는 조용히 몸을 빼내려고 했다. 그런데 그러는 중에 남편이 잠을 깼다. 전날 밤에 일어났던 일이 떠올라 부끄러운 마음에 황급히 사리 자락을 당겨 얼굴을 가렸다.

남편에게 등을 돌리고 돌아눕는데 그의 팔이 나를 감싸 안았다. 우리는 몸의 온기를 나누며 조용히 누워 있었다. 서둘러 몸을 빼내지 않는 내 모습에 나도 놀랐다. 한참을 그렇게 가만히 누워 있었다. 그리고 이제 어른이 되었다는 걸 깨달았다.

"뭣 때문에 그렇게 싱글벙글이야?"

느닷없이 남편이 물었다. 깜짝 놀라 꿈결에서 빠져나오는데 얼굴이 화끈거렸다. 남편을 흘깃 쳐다보며 내가 무슨 생각을 하는지 모르기만 바랐다. 하지만 그는 내 눈에서 마음을 읽었다. 나는 그의 시선을 피하며, 그가 화제를 바꾸어 주길 간절히 기도했다.

∽ 다무 ∽

어머니가 보일 반응을 상상하면 끔찍했다. 전통을 거역했다며 욕을 퍼부을 게 분명했다. 어머니한테 알아듣도록 설명하기는 쉽지 않을 것이다. 서장의 잔인함을 뻔히 아는 사촌들도 내 반항을 이해하지 못했으니까.

내 행동이 불러올 파장이 고통스러우리만치 또렷해졌다. 뭄바이의 우리 가족들은 마을로부터 완전히 단절될 것이다. 이제는 마을에 돌아갈 수 없을 것이다. 돌아갈 곳도 없다. 인연이 끊어졌다. 오자르에서 보낸 내 어린 시절을 떠올리자, 내 자식들은 시골 생활의 즐거움을 영영 모를지도 모른다는 생각에 가슴이 아렸다.

아버지와 삼촌은 초가를 얹은 흙집에 나란히 살았다. 바닥은 고르지 못했고 가장자리 쪽으로 경사가 졌다. 입구는 너무 작은데다 낮았고, 진흙과 벽돌로 벽을 세웠기 때문에 드나들 때마다 허리를 수그려야 했다. 일어나도 될 만큼 천장이 높은 쪽은 한 군데뿐이었다. 다른 쪽 벽은 120센티미터가 될까 말까 할 정도였다. 비좁은 오두막 안에서 어른들은 몸을 웅숭그리고 다녔다. 문 같은 건 따로 없었다. 아버지가 갈대와 나뭇가지를 얼기설기 엮어서 길 잃은 짐승들이 들어오지 못하게 했다. 우리는 뚜껑 같은 그걸 들어 올리고 다녀야 했다.

오두막 안의 유일한 빛은 조리대 근처에 켜놓은 작은 석유램프뿐이었다. 램프 주변의 흙벽은 까맣게 그을리고 기름때가 묻었으며, 바닥은 기름이 떨어져서 끈적거렸다. 구석에는 짐승의 가죽을 벗기는 데 쓰는 길고 날카로운 칼을 보관했다. 화덕과 맷돌은 높은 벽 근처에 있었다.

농사지을 땅이 조금 있었지만 워낙 조금이어서 우리 가족이 먹기에도 충분하지 않아 배를 곯을 때가 많았다. 운이 좋으면 밀이나 수수 같은 곡식을 얻었다. 그러면 어머니는 신이 나서 노래를 부르며 그걸 가루로 빻았다. 어머니의 어머니가 그랬던 것처럼 노랫말에 우리의 이름을 전부 섞어서 불렀다. 아침에 눈을 뜨면 담요를 뒤집어쓴 채 계속 자는 척을 하며 그 노래를 들었다.

가루를 반죽해서 손바닥으로 납작하고 둥글게 치대어 바크리를 만들었다. 그런 다음 화덕 앞에 쪼그리고 앉아 팬에 구워 냈다. 근처 숲에 가서 나뭇가지와 불쏘시개를 주워 오는 게 내 일이었다.

변변한 세간이라곤 없었다. 한쪽 구석의 제단에는 마하르가 섬기는 마리아이(역병, 특히 수두를 관장하는 여신으로, 전통적으로 마하르가 섬겨 온 신이다)와 칸도바 신의 자그마한 황동상을 모셔 두었다. 대대로 내려온 것들이었다. 매일 아침 몸을 씻은 후 어머니는 푸자(신상에 행하는 일종의 예배. 힌두교에서는 신상에 신이 깃들어 있다고 믿어서 물과 향, 꽃과 등불, 그리고 음식을 바치며 기도를 올린다)를 드렸다. 뭔가 잘 풀리지 않거나 누가 아프기라도 하면 어머니는 신들을 거의 꾸짖다시피 했는데, 참 재미있는 광경이었다.

우기를 제외하면 오두막에서 충분히 비를 피할 수 있었다. 우기에는 구름이 하루 종일 태양을 가려 낮에도 밤 같았다. 그런 날 밤이면 바크리를 먹으면서도 도무지 그칠 기미를 보이지 않는 비 때문에 아버지는 걱정이 이만저만이 아니었다. 어머니는 비를 그치게 해달라고 열심히 빌었지만, 신들은 어머니의 간청이 들리지 않는 모양이었다.

어머니는 화덕의 재에 물을 부어 불을 끄고, 얼마 안 되는 냄비며 프라이팬 같은 것들을 옆으로 밀어 잠 잘 공간을 마련했다. 바닥에 자리를 펴고 우선 낡은 자루로 그 위를 덮었다. 우리는 누더기가 다 된 조각이불을 덮고 옹기종기 누워 온기를 나누었다.

어머니는 잠을 이루지 못했다. 신 앞에 앉아 눈물을 흘렸다. 이럴 때 괜히 말을 잘못 꺼냈다가는 혼쭐이 날 게 분명하기 때문에 조용히 있는 게 상책이었다. 막 잠이 들려는데 비가 쏟아지기 시작했고, 지붕에서 물이 콸콸 쏟아져 모두가 흠뻑 젖었다. 물을 뚝뚝 떨구며 마른자리를 찾았지만, 그곳도 이내 젖고 말았다. 얼마 지나지 않아 집안은 온통 진흙탕이 되었다.

여름 내내 어머니는 아버지에게 지붕에 이엉을 얹으라고 잔소리를 했고, 그게 안 먹히면 소리를 질렀다. 하지만 아버지에게는 집과 가족을 돌볼 시간이 없었다. 계속 다음날로 미루었고, 그 다음날은 끝내 오지 않았다.

어머니와 아버지는 집에 있는 몇 개 안 되는 그릇을 총동원해서 떨어지는 물을 받았다. 몸을 부들부들 떨며 나도 힘을 보탰다. 그릇이 차면 밖에다 비우고, 다시 물이 떨어지는 곳에 받쳐 놓았다. 물을 버리러 밖으로 나갔더니 처마 밑에 매어 놓은 염소들이 애처롭게 울었다. 그 모습이 안쓰러워 안으로 데리고 들어왔다. 추위에 몸을 떨고 있기에 낡은 천을 가져다가 물기를 닦아 주었다. 녀석들은 몸을 바짝 붙이고 그 좁은 오두막에서 나만 졸졸 따라다녔다. 한 녀석이 오줌을 싸기 시작하자 어머니가 욕을 퍼부었다.

어머니는 급기야 신들에게까지 욕을 하기 시작했고, 당장 비를 그치지 않으면 오두막 밖으로 가지고 나가 무릎까지 올라오는 물속에 내던져 버리겠다고 협박했다. 납작 엎드려 간청하다가 그 다음 순간 협박으로 돌변했다!

비는 한참 후에야 멎었다. 신상은 늘 놓여 있던 자리를 그대로 지켰다. 어머니는 젖은 천과 자루를 비틀어 물을 짠 후 진흙 화덕 위에 펴서 말렸다. 졸음이 쏟아지고 눈꺼풀이 점점 무거워졌다.

막 잠에 빠져들려는데 아버지에게 이런 말을 하는 어머니의 목소리가 들렸다.

"내일은 무슨 일이 있어도 지붕에……."

우리 마을의 불가촉천민은 마하르, 참바르, 도르, 그리고 망 부족이 대부분을 차지했다.* 어디나 마찬가지지만 우리 마을에도 카스트마다 정해져 내려오는 의무가 있었다. 참바르와 도르 부족은 짐승의 가죽을 무두질해서 신발을 비롯한 각종 물건을 만들었다. 망 부족은 삼을 꽈서 새끼줄을 만들고 바구니를 짰다. 우리 마하르는 마을의 하인 노릇을 했다. 정해진 일이 따로 있는 게 아니라 상층 카스트들의 허드렛일로 연명했다.

불가촉 카스트 내에도 그곳만의 묘한 계층이 있었다. 참바르는 결혼식의 악사인데, 마하르 결혼식에서는 절대로 연주를 하지 않았다. 그럴 수가 없었다. 비천한 마하르보다 자신들의 서열이 높다고 생각했기 때문이다. 이발사 부족도 물소의 털은 기꺼이 밀면서도 마하르의 머리만은 자를 수 없었다.

마하르와다에는 차바디라고 부르는 일종의 마을 회관이 하나씩 있었다. 마하르는 그곳에 모여 소식을 나누고 마을의 대소사를 의논했다. 카스트협의회 모임도 여기서 열렸다.

그 당시 오자르에는 사원이 두 개뿐이었다. 하나는 하누만 사원이었다. 불가촉천민은 사원에 절대로 발을 들일 수 없었다. 심지

마하라슈트라에 거주하는 불가촉 카스트 부족들. 그중 참바르는 대개 갖바치 일을 한다.

어 그림자조차도 사원에 드리울 수 없었고, 멀찍이 떨어져서 기도를 올려야 했다. 또 하나는 우리의 사원, 즉 우리가 섬기는 마리아이 여신의 사원이었다. 역병이 돌 때를 제외하면 다른 카스트에서는 아무도 마리아이를 모시지 않았고, 마리아이 사원은 전통적으로 마하르 거주지인 마하르와다 안에 있었다.

한번은 건기가 오래 지속되었다. 오자르에는 3년 넘게 이렇다 할 우기가 없었다. 기근이 시작되었다. 따로 모아 둔 곡물이 있는 것도 아니고 밭에서 거둘 것도 없었다. 땅콩도 콩도 밀도 없었다. 사람들은 굶주렸고, 오자르에서는 일거리를 찾을 수 없었다. 어른들은 가장 가까운 도시인 나시크로 가서 일자리를 찾아보기로 했다.

부모님과 사촌들은 석회암 채석장에서 일을 구했다. 집에 남은 사람은 늙고 병든 푼자바바 아저씨와 나뿐이었다. 남자나 여자나 큰 돌을 잘게 부수는 똑같은 일을 했지만, 남자들의 일당이 4안나인 반면에 어머니는 고작 2안나였다. 16안나가 1루피니까 두 분이서 사흘을 일해야 1루피가 간신히 넘었다. 곡물과 쌀이 품귀 현상을 보이면서 값이 껑충 뛰었고, 우리에게 먹을 걸 보내고 나면 두 분은 입에 풀칠만 간신히 했다.

이걸로도 부족했는지 흉년의 뒤를 이어 역병이 돌았다. 죽음이 우리 뒤를 쫓아다녔다. 시체를 묻지 않은 집이 없었다. 사람들은 마을의 집을 버려 두고 농장으로 거처를 옮겼다. 짚을 엮어 임시로 집을 지은 뒤 역병이 잦아들기만 기다렸다. 우리도 그렇게 했지만 소용이 없었다. 죽음은 진작부터 우리 집을 노리고 있었다.

나는 성공이란 잠재력을 실현시키는 거라 생각한다.
세상에 쓸모없는 사람이란 없다. 누구나 내면에 엄청난 힘을 지니고 있다.
동화 '미운 오리새끼'처럼 말이다. 하지만 안타깝게도
인도의 계급사회 안에서는 태어날 때부터 죽을 때까지 스스로를
미운 오리새끼라고 생각하고 생을 낭비하는 수백만의 백조가 있다.
-나렌드라 자다브

어느 날 사촌 형 샨카르가 오한이 났다. 열이 펄펄 끓자, 다들 제 어머니와 함께 마을로 돌려보내는 게 좋겠다고 입을 모았다. 하지만 역병이 도는 마을로 모질게 내쫓을 돌심장은 아무도 없었다. 결국 우리와 함께 있었지만 몇 집 건너 오두막에 거처했다. 형은 곧 숨을 거두었고, 다시 20일쯤 지났을 때 그의 어머니도 세상을 떠났다. 우리는 슬픔과 두려움에 휩싸였다. 세상이 끝난 것만 같았다.

샨카르는 집안에서 제일 똑똑하다고 칭찬이 자자하던 형이었다. 언젠가는 마을 재봉사에게서 부서진 재봉틀을 사다가 한참을 뚝딱거리더니 멀쩡하게 고쳐 놓았다. 그걸 이용해서 풀로 몇 겹을 붙인 종이로 내 셔츠를 만들어 주었을 때는 그가 너무 자랑스러웠고 행복했다. 한번은 삼촌이 예스카르 의무를 맡을 차례가 되어 시체를 싸는 흰 천 한 필을 얻어 왔다. 그 진짜 천으로 샨카르가 만들어 준 새 셔츠를 갖게 되었을 때는 날아갈 것만 같았다! 그런 그가 죽자 내 일부가 사라져 버린 느낌이었다.

푼자바바 아저씨는 늙으시 눈이 안보였다. 꼬깅꼬깅하고 다혈질인데다 체격도 거구여서 만나는 사람마다 으름장을 놓던 모습은 어느새 사라졌고, 이제는 아저씨와 함께 있는 것도 예전처럼 무섭지 않았다. 몇 년 전만 해도 거칠 것 없이 당당했던 분이라는 걸 알기 때문에 오히려 늙은 아저씨가 안쓰러웠다.

오두막에는 먹을 게 많지 않았다. 밀 두 자루, 수수 한 자루, 아껴 먹는 야자 자게리(사탕수수의 부산물. 막설탕을 뜻하며 설탕 대신 사용한다) 한 병 반이 전부였다. 그리고 골골대는 수탉 한 마리와 암탉 네다섯 마리, 염소 두 마리가 있었다. 푼자바바 아저씨와 나는 음식과 빨래, 그리고 가축 돌보는 일을 둘이 나누어서 했다.

　푼자바바 아저씨는 앞이 잘 안 보이기 때문에 앉아서 맷돌에 수수나 밀을 갈았다. 나는 그걸로 반죽을 만드는 게 질색이었다. 손에 잔뜩 엉겨 붙고 줄줄 흘렀기 때문이다. 그런데 아저씨는 아주 능숙한 솜씨로 뚝딱 반죽을 만들어 냈다. 그 반죽을 떼서 손바닥에 치대어 바크리를 만들고 그걸 팬에 얹었다. 그러면 내가 노릇노릇하게 구워 묽은 카레와 함께 아저씨에게 드렸다. 그런 다음 나도 얼른 한 장을 구워 아저씨가 카레를 다 먹어 치우기 전에 가서 먹었다.

　집에는 등이 없었다. 양철램프가 하나 있기는 했지만 심지는 다 타고 기름도 바닥났다. 해가 지면 어둠이 모든 걸 삼켜 버렸다. 하루는 푼자바바 아저씨가 팬 위에 바크리를 얹어 놓은 줄 알고 그걸 지지려고 손으로 꾹 눌렀다. 그런데 웬걸, 팬 위에는 아무것도 없었고, 엉뚱한 내 손바닥만 굽고 말았다. 밤이 새도록 그 고통을 못 이겨 소리를 지르고 어머니를 찾으며 울었다. 푼자바바 아저씨가 상처에 기름 몇 방울을 떨어뜨려 살살 문지른 후 낡은 천으로 처매 주었다.

　또 한번은 한밤중에 도둑이 들었다. 우리와 똑같은 마하르였던 도둑들은 밀가루는 전부, 자게리는 거의 다 털어 갔고, 암탉까지 몇 마리 들고 갔다. 한 명이 앞도 못 보는 푼자바바 아저씨의 가슴을 짓누르고 앉아 꼼짝 못하게 붙들고 있는 사이에 또 한 명이 오두막을 뒤졌다. 나는 구석에 웅크리고 앉아 처음부터 다 보았지만 겁에 질린 나머지 꼼짝도 할 수 없었다. 심지어 얼굴도 보았지만 무서워서 아무에게도 말하지 않았다.

며칠이 지난 뒤 우리는 농장을 떠나 마하르와다로 돌아갔다. 그 때는 어머니가 오자르에서 일자리를 구했다. 하루 종일 타마린드 콩깍지를 까는 일이었다. 양에 따라 하루에 2~3안나를 받았다. 푼자바바 아저씨와 나도 일을 해보려고 했지만, 우리를 써주는 사람은 아무도 없었다. 아저씨야 늙어서 그렇다 쳐도, 나는 힘도 세고 쓸 만해 보이는데도 아무도 써주려고 하지 않았다.

밀 4시어(시어는 인도의 무게 단위로 1시어는 약 1킬로그램에 해당된다)가 3안나였고, 수수는 2안나, 자게리가 우리네 소박한 필수품 중에서는 가장 비쌌다. 우기가 이례적으로 좋았던 해에는 장에 물건이 넘쳤다. 그것들을 살 돈이 없었을 뿐이다.

가끔 어머니가 타마린드 콩꼬투리를 가져오면, 우리에게는 잔치나 다름없었다. 4시바라이가 1안나였는데, 우리는 자게리 1시바라이(시바라이는 예전의 화폐 단위로, 1안나의 4분의 1이다)어치를 아끼고 아껴서 이틀을 먹었다. 어머니는 꼬투리의 질긴 부분을 벗겨 내고 자게리에 버무려 주었다. 우리는 그 옆에 붙어 앉아 솥에서 눈을 떼지 못한 채 누가 얼마나 먹게 될까를 따지면서 침을 뚝뚝 흘렸다. 달콤하면서도 시큼한 그 맛에 눈이 저절로 가늘어지고, 몇 주가 지나도록 콩꼬투리 생각만 해도 입에 침이 고였다.

하루는 아버지가 집에 오더니 말없이 바닥에 담요를 깔고 누웠다. 아무것도 먹지 않았다. 얼마 지나지 않아 열이 펄펄 끓었고, 점점 더 뜨거워졌다. 저녁이 되자 고개를 가누지 못하고 헛소리를 했다. 다들 어쩔 줄을 몰랐다. 역병으로 사람들이 죽어 나가는 모습을 지켜봐 왔던 터였다. 그런데 이제 우리 아버지가 그 병마에 옴짝달싹하지 못하고 붙들린 모습을 보려니 마음을 진정시킬 수가 없었다. 무기력과 두려움이 차올랐다. 아버지는 다음날 아침에 돌아가셨다. 온 집안이 슬픔에 잠겨 통곡을 하고 울부짖었다. 마을 사람들이 모두 찾아와 위로의 말을 건넸다. 마을 어른들은 나를 따로 불러서 이제는 네가 이 집의 남자고 가장이라고 했다. 세상이 빙글빙글 도는 것 같았다.

오후에 아버지의 시체를 화장장으로 가져갔다. 관례에 따라 신성한 강에서 떠온 물을 아버지의 입에 부어야 했다. 천을 물에 적시러 수로에 갔다. 수로는 깊고 둑의 경사가 가팔랐다. 미끄러져 내려가 천을 물에 담갔다가 막 올라오려는데 언저리에 떨어진 1안나짜리 동전 하나가 눈에 띄었다. 그건 어떤 신호 같았다. 아버지가 그 동전으로 나를 축복해 주는 것 같았다.

며칠이 지나고 마을에서는 오자르에 새 사원을 짓기로 결정했다. 일꾼들이 채석장을 분주히 오가며 벽돌과 회반죽을 등에 져서 옮겼다. 땅을 파고 기초를 다진 후 틀을 세웠다. 정해진 일꾼이 나오지 않는 날이면 우리가 불려 갔다. 사촌인 마다브가 한쪽 벽에서 일을 하고, 내가 그를 도왔다. 그는 계속해서 이거 해라 저거 해라 시켜 댔고, 내가 채 끝마치기도 전에 다른 일을 하라고 호통을 쳤다. 물을 가져오라고 소리를 치고는 내가 달려오는 속도가 성에 차지 않자 회초리로 때리기 시작했다. 이 모습을 본 어머니가 달려와 나를 끌어안고는 등을 쓰다듬으며 울기 시작했다.

"불쌍한 내 아들, 이게 웬 꼴이냐. 이제 아버지 없는 자식이라고 집안사람들까지 너를 천대하는구나."

어머니는 통곡을 했다.

바로 그 다음날 어머니와 나주카와 나는 외할머니가 사는 아크랄라 마을로 갔다. 나주카는 다섯 살 때 결혼을 했지만, 시댁에 보내기에는 너무 어려서 그냥 우리와 살고 있었다. 우리는 맨발이었다. 태양은 뜨겁게 이글거리고 땅은 벌겋게 달아오른 석탄 위를 걷는 느낌이었다. 나주카가 울음을 터뜨렸다. 어머니는 길가에서 누더기와 천 조각을 찾아와서 우리의 발을 꽁꽁 싸맸다. 우리는 어머니의 손을 한 쪽씩 잡고 어머니가 해주는 왕과 왕비의 이야기를 들으며 아크랄라까지 걸어갔다.

할머니는 우리를 보자 너무나 기뻐했다. 하지만 타들어 간 발을 보고는 눈에 눈물이 그렁그렁 고였다. 하리 외삼촌이 당장 나가서 우리가 신을 슬리퍼를 사왔다. 당시의 슬리퍼 값은 어른 것은 9~10안나, 아이들 것은 3안나 정도였다. 슬리퍼를 신어 본 건 그때가 처음이었다. 너무 좋아서 소를 먹이러 나갈 때도 매일 신고 갔다. 아이들이 부러운 눈으로 한 번만 신어 봐도 되냐고 물어보면 그렇게 행복할 수 없었다. 어머니는 며칠 후에 오자르로 돌아갔고, 나는 아크랄라에 남았다.

아크랄라에서 마을 학교에 다녔다. 학교에 갈 때에는 주머니에 부서진 석판 조각을 넣고 갔다. 학교는 낡은 단칸 오두막으로, 부서진 의자가 유일한 가구였다. 상층 카스트의 아이들과 멀리 떨어진 바닥에 앉아 선생님인 게누 마스터가 오기를 기다렸다. 그는 이웃 마을에 살았다. 선생님이 들어오면 자리에서 벌떡 일어나 장단을 맞추어 "람 람"이라고 인사를 했다.

게누 마스터는 부스럼투성이로 목 위쪽 피부만 멀쩡했다. 그가 없는 곳에서는 다들 도마뱀이라고 불렀다. 우리가 인사를 하면 그는 우렁찬 목소리로 이렇게 외쳤다.

"자기가 똑똑하다고 생각하는 사람 손들어 봐!"

학교에 간 첫날, 나는 영문도 모르고 손을 들었다. 그는 손을 든 아이 몇 명을 불러 놓고 물었다.

"어디 가면 좋은 소똥이 있는지 알지?"

우리가 고개를 끄덕이자, 게누 마스터가 말을 이었다.

"좋은 소똥을 찾아오는 아이는 선생님이 계속해서 귀여워해 줄 거야."

우리는 아침 내내 나무 사이를 헤집고 다니며 마른 소똥을 주웠다. 다들 한 자루씩 가져다 놓은 후에 점심을 먹으러 집에 갔다. 다시 오후 수업이 시작되었을 때 게누 마스터가 말했다.

"자기가 모아 온 걸 하나씩 꺼내 봐."

우리가 모아 온 것을 꺼내면 그는 셔츠를 벗고 의자에 앉아 우리에게 마른 소똥으로 등을 구석구석 문지르게 했다. 다른 아이들은 그걸 구경했다.

그게 학교였다. 이 사실을 안 하리 외삼촌은 나를 학교에 보내지 않았다.

가끔 외삼촌을 따라 콘칸에 갔다. 수레에 건초를 가득 싣고 인근 도시에 내다 팔았다. 건초의 질이 좋으면 15~20루피를 받았다. 외삼촌은 소달구지를 몰고 여러 고장에서 건초를 모아 왔다. 나는 외삼촌을 따라다니며 심부름을 하기 시작했다. 일주일을 버틸 수 있을 만큼 충분한 바크리를 챙겨 갔다. 밤에는 수레에 자루를 깔고 그 위에서 잤다. 가는 길에 사람들을 만나 수레 예닐곱 대가 함께 움직이기도 했다. 외삼촌은 근방에 아는 사람이 많았고, 모두에게서 존경을 받았다. 그리고 외삼촌 덕분에 나도 특별대우를 받았다. 사람들이 나를 깍듯이 대하고 인사를 건네는 게 너무 좋았다.

한번은 밤이 깊었는데 우리 수레가 대열의 맨 끝을 따라가게 되었다. 우리 수레는 소를 잡아맨 멍에 한쪽이 부서진 상태였다. 외삼촌은 앞쪽 수레로 가서 담배를 태우며 이야기를 나누고 있었다. 수레에는 나 혼자뿐이었다. 웬 남자 한 명이 우리 수레 가까이에서 걸어가는 걸 보았지만 대수롭지 않게 여겼다. 그 남자가 수레 밑으로 기어들어가는 것은 보지 못했다.

한참을 더 가서 멈춰 섰다. 소를 풀어 꼴을 먹인 후, 바크리 자루를 찾았는데 아무리 뒤져도 나오질 않았다. 외삼촌은 멍에가 부서지면서 떨어진 모양이라고 했다. 그때 동행 중 한 사람이 웬 남자가 도망치는 걸 보았다는 것이었다. 어떻게 해야 할지 알 수 없었다. 소들은 배불리 꼴을 먹는데 우리 뱃속에서는 천둥이 쳤다. 동행하는 사람들이 조금씩 나누어 준 바크리로 배를 채운 후 자루를 덮어 쓰고 잠을 잤다.

아침이 되어 다시 소를 수레에 맸다. 산언저리로 난 길이 좋았다. 정상에 이르자 날이 저물어서 그날은 그곳에서 쉬기로 하고 소들을 풀어 주었다.

그때는 겨울이었고 노천이라 몸이 으슬으슬 떨렸다. 소똥을 태우면 온기를 얻을 수 있는데 날이 어두워져서 소똥이 보이지 않았다. 그래서 발을 이용했다. 발로 더듬거리면서 소똥처럼 느껴지는 게 있으면 집어 드는 식으로 불을 피울 수 있을 만큼 모았다. 몸이 따뜻해지자 하나 둘씩 꾸벅꾸벅 졸기 시작했다. 나도 곧 깊은 잠에 빠졌다. 해가 막 떠오르기 시작한 이른 새벽에 잠에서 깨어 소를 찾기 시작했다. 그런데 한 마리도 보이지 않았다. 누가 훔쳐 간 건지, 아니면 호랑이가 왔다 간 건지 영문을 알 수 없었다.

수레를 잘 지키라며 나만 남겨 둔 채 다들 소를 찾아 나섰다. 나는 수레 옆에 앉아 얼마 남지 않은 땅콩을 먹었다. 근처 개울에 가서 물도 마셨다. 땅콩은 금세 바닥이 나고, 그러자 먹을 것도 없었다. 목이 마르면 물을 마셨다. 배가 고파도 물을 마셨다. 하루 종일 기다리며 물만 마셨다.

날은 어두워지기 시작하는데 아무도 돌아오지 않았다. 외삼촌이 갔던 방향을 걱정스레 바라보며 무사히 돌아오기만을 기도했다. 어느새 캄캄해졌다. 아무것도 먹지 못했다. 공터에 나 혼자뿐이어서 겁이 났지만, 그렇다고 수레를 두고 떠날 수는 없었다. 산등성이 쪽을 훑어보는데 몇십 미터 앞에서 뭔가 움직이는 게 눈에 들어왔다. 호랑이 한 마리가 어슬렁거리고 있었다. 머리카락이 쭈뼛 섰다. 몸을 덜덜 떨며 건초를 묶은 끈을 풀고 그 안으로 파고들어갔다. 입구를 다시 건초로 메우고 숨을 죽인 채 앉아 있는데, 겁이 나서 몸이 마비될 지경이었다. 어느새 호랑이가 다가왔다. 건초 사이로 호랑이가 보였다. 움직이는 건 고사하고 숨도 쉬지 않았으며, 행여 이가 부딪칠까 봐 턱을 악문 채 밖을 내다보았다. 수레 주변을 두세 바퀴 돌던 호랑이는 근처의 나무 밑으로 가서 앉았다. 호랑이가 가는 걸 못 봤기 때문에 혹시 내가 나오길 기다리고 있는 게 아닌가 걱정이 되었다.
 한참 후에 하리 외삼촌과 사람들이 소를 찾아서 돌아왔다. 그리고 인근 마을에 갔더니 호랑이가 가축을 공격했더라는 소식을 전했다. 이리저리 의논을 하던 외삼촌은 소를 수레에 맸고, 우리는 아크랄라로 돌아갔다.

 석 달쯤 지나자 마음이 들썩이면서 어머니한테 가고 싶어졌다. 나는 매일같이 외삼촌에게 언제 어머니한테 갈 수 있냐고 물었다. 그러면 외삼촌은 빙그레 웃고는 이제 거기가 내 집이라며, 어머니가 보고 싶어 칭얼댈 나이는 지나지 않았냐고 했다. 내가 거기 눌러 살면서 일을 도와주길 원하는 눈치였다. 집에 가려면 뭔가 수를 써야 했다.
 어느 날은 소를 치러 나가다가 허물어진 오두막 옆에서 우물 하나를 보게 되었다. 물이 있나 보려고 다가가는데, 같이 소를 몰고 나가던 아이들이 소리를 질렀다.
 "돌아와, 어서…… 너 정신 나갔어? 여기 귀신들린 집인 거 몰라?"
 나는 아이들을 무시한 채 우물을 향해 걸어갔고, 그러다 눈에 보이지 않는 어떤 유령 같은 존재에게 얻어맞기라도 한 것처럼 갑자기 엉엉 울기 시작했다. 그러고는 아이들에게로 달려가서 땅바닥에 널브러졌다. 아이들의 부축을 받아 집에 간 후에도 나는 힘없이 축 늘어져 가끔 한 번씩 팔다리를 부르르 떨었다. 하리 외삼촌은 얼른 가서 귀신을 본다는 마을 여자 사이바이를 불러왔다.
 일이 엉뚱하게 커져서 계획이 틀어지는 게 아닌가 겁이 났다.

자유를 향해 • 81

사이바이라는 여자가 왔는데, 머리를 풀고 이마에 주홍색 점을 찍은 얼굴이 사나워 보였다. 그 모습을 본 나는 냅다 도망을 쳤고, 사람들이 모두 쫓아왔다. 망고나무 위로 올라간 나는 독수리가 달려드는 걸 간신히 쫓아 보냈다. 그걸 보고 사이바이가 소리를 치기 시작했다.
"저것 봐, 저것 좀 봐. 우리한테 독수리를 날려 보냈어. 귀신에 씐 게야. 저 아이는 액운을 불러올 거야. 어서 보내 버려야 해."
나는 곧 오자르로 돌아갔다.

소누

남편이 웃는 걸 본 지도 오래되었다. 나는 용기를 내서 물었다.
"이제 어떻게 할 거예요? 뭄바이에 가면······."
돌아간다는 생각만 해도 겁이 나서 말꼬리가 흐려졌다.
"뭄바이에 가서 일자리를 구해야지. 자긍심을 가지고 살면서 남 보기에 부끄럽지 않은 방법으로 밥벌이를 할 거야."
남편은 옅은 미소를 띠고 목소리에는 억지로 힘을 주었다.
"우리 팔자는 왜 이렇게 박복한 걸까요?"
남편의 대답에 용기를 얻어 또 물었다.
"운명은 우리가 만드는 거야. 우리 손에 달린 거라고."
남편은 순순하게 대답했다.
평소에는 운명이니 팔자니 하는 말을 듣기도 싫어하던 사람이지만, 내가 얼마나 혼란스럽고 두려워하는지 느낀 모양이었다. 우리는 이야기를 계속했다.

"어떻게 운명을 내가 만든다는 거예요?"

나는 말꼬리를 잡으며 말을 이었다.

"오자르에 갈 때만 해도 친정집에 갈 수 있을 줄 알고 행복했는데…… 당신이 안 가는 걸로 결정해 버렸잖아요."

그것에 대해서 만큼은 아무 할 말이 없었기 때문에 남편도 입을 다물었다.

"당신의 여자가 된 날부터 당신이 내 운명이잖아요."

나는 수줍게 웃으며 말했다.

"내 운명은 바바사헤브의 가르침을 따르고, 우리 공동체의 존엄성을 찾기 위해 싸우는 거야. 그들이 마을에서 우리를 어떻게 취급하는지 봤지? 우리를 이름으로 부르는 게 아니라 불가촉이니 아웃카스트니 하며 아무 쓸모도 없는 천한 사람으로만 보잖아."

남편의 목소리가 높아졌다.

"알았으니 좀 진정해요."

"소니, 당신은 우리가 불가촉천민으로 태어난 건지, 아니면 사회가 그렇게 만드는 건지 생각해 본 적 없어? 남들과 다른 대우를 받는다고 처음 느꼈던 게 언제야? 그래, 늦기는 했어도 분명히 남들과 다르다는 걸 깨달았을 거 아니야."

"당신은 그걸 어떻게 알았어요?"

내가 물었다.

"언젠가 마을 사람들이 아버지를 불러서 장작을 패게 했어. 나도 따라가겠다고 졸랐지. 처음에는 해가 너무 뜨겁다며 안 된다고 했지만 내가 고집을 피웠어. 그래서 결국 데려갔는데, 아마 사람들이 나한테 먹을 거라도 좀 주지 않을까 기대했던 모양이야.

걷다 보니까 괜한 고집을 피웠나 후회되더라고. 강렬한 햇살에 눈이 따끔거리고 목이 바짝바짝 타들어 갔어. 집에 가고 싶었지만 차마 아버지한테 그 말을 할 수는 없었지. 잠시 후에 꽃이 활짝 핀 커다란 나무 한 그루가 나왔는데, 그 밑에는 커다란 물통이 있었어. 물이 어찌나 시원해 보이던지 눈을 뗄 수가 없더라고.

'바바(아버지), 물 마시고 싶어요.'

아버지는 겁에 질린 표정으로 주위를 살피면서 말했어.

'조금만 기다려라. 사람이 곧 올 거야.'

나는 이해할 수 없었어.

'왜요? 왜 기다려야 해요?'

나는 자꾸 칭얼댔지. 그때 웬 남자가 지나갔어.

'조하르, 마이-바프.'

바바는 하층 카스트들이 사용하는 전통적인 존대어로 인사를 했어.

'부탁드립니다. 제 아들 녀석이 목이 말라서 그러니 물 한 모금 먹게 해주시겠습니까?'

'이 더위에 아이를 말려 죽일 작정인가?'

남자가 이죽거렸어.

'저도 모르게 따라왔지 뭡니까. 저는 장작을 패러 가는 길이랍니다.'

바바는 절절 매며 대답을 했어.

남자는 피부가 까맣고 옷도 더러웠어. 물이 있는 곳으로 가더니 옆에 놓인 컵을 집더군. 나무 그늘 속에는 개 한 마리가 앉아 있었는데, 남자는 개를 발로 차서 쫓아 버리고 컵을 물에 담갔어. 나는 기대에 찬 눈으로 남자를 바라보았지만, 남자는 물을 떠서 자기가 마시는 거야. 흘러내린 물에 가슴털이 젖어서 반짝였던 게 기억 나. 얼굴까지 씻더니 진흙이 묻은 도티 끝자락으로 물기를 닦더라. 그 다음에야 물을 뜨고 나를 쳐다보았어.

'어이, 꼬마야. 이리 와. 여기 앉아!'

그가 고함을 쳤어. 나는 땅에 쪼그리고 앉아 컵을 달라고 손을 내밀었어.

'이 새끼 좀 보게! 감히 이걸 만지겠다고? 아니 이걸 나한테서 받아들 수 있다고 생각하는 거야?'

남자가 나한테 호통을 쳤어.

'뭘 몰라서 그러니 부디 용서해 주십시오, 마이-바프. 뭘 알겠습니까, 아직 어린아이인 걸요.'

바바가 남자한테 굽실거렸어. 그리고 나에게 몸을 돌렸어.

'자, 손을 이렇게 오목하게 모아. 손바닥에 받은 물만 마시는 거야.'

바바는 손을 모아 어떻게 하는지 보여 주었고, 나는 다시 주저앉아서 똑같이 따라했어. 남자가 내 손바닥에 물을 부었는데, 당연히 반은 그대로 새나갔지. 나도 모르게 또 손을 치켜들었어.

'내려! 손 내리라니까!'

남자가 다시 소리를 쳤어. 나는 손을 내렸고, 얼굴을 손바닥에 묻고 물을 마셨어. 다시 걸어가기 시작했을 때 물어보았지.

'바바, 그 남자는 물통에서 물을 떠 마시는데 왜 나는 그러면 안 돼요?'

'아이고, 아들아, 우리는 마하르야. 물을 건드릴 수 없어. 그랬다간 물을 더럽혔다고 벌을 받게 된단다…… 그리고 다른 사람들도 전부 거기서 물을 마실 수 없게 되지.'

이해할 수 없었어. 그런데 말이야, 소니. 뒤를 돌아보았더니 아까 그 개가 물통에서 물을 핥고 있는 거야! 그때 처음으로 마하르보다 차라리 개로 태어나는 게 낫겠다는 생각이 들었어."

"우리 마을인 타루 케르다에서 우리도 아웃카스트, 불가촉천민 취급을 받았어요. 어렸을 때 그걸 깨달았죠. 다른 사람들과는 달리 상류 쪽 강물을 사용할 수 없었거든요. 이유는 몰랐어요. 다만 나한테, 그리고 우리 공동체한테 무슨 문제가 있다고 생각했죠.

지주의 집에서 결혼식이라도 열리면 모두 불려가 바닥에 소똥을 깔거나, 불을 피울 나뭇가지를 모아 오거나, 맷돌을 돌리는 것 같은 온갖 허드렛일을 했어요.

그때도 결혼식을 앞두고 일을 시켜 주길 기다리고 있었죠. 그런데 신부네 집안 아이들이 예쁘게 차려 입고 과자가 수북이 담긴 쟁반을 들고 가는 거예요. 나는 아직 아무 일도 하지 않고 있었기 때문에 그걸 도와주어야겠다고 생각했어요. 그래서 과자를 같이 나누어 주려고 쟁반을 집어 들었어요. 손님들한테 막 과자를 나누어 주려는데, 지주의 어머니인 헤라바이가 비명을 지르는 거예요.

'아니, 이 망할 년의 마하린(마하르의 여성)이! 너 지금 뭐 하는 거야?'

'아무 짓도 안 했어요. 하나도 안 먹었어요. 진짜예요.'

간신히 이렇게 대답을 했죠.

'아무 짓도 안 했다고? 신성한 음식을 전부 더럽혀 놓고? 이런 바보 같으니. 이걸 어쩔 거야. 외눈박이 네 아비가 보상할 거야? 불한당들 같으니. 너희 카스트는 평생 그러고 살 거다. 조금만 잘 대해 주면 기어오르려 드니.'

내가 뭘 잘못했다고 그렇게 화를 내는지 알 수가 없었죠. 돌려주겠다는 뜻으로 쟁반을 들어 올렸어요. 그랬더니 완전히 폭발을 하는 거예요.

'이젠 뻔뻔하게 나를 만지려고 들어? 기다려라, 나를 만지면 어떻게 되는지 본때를 보여 줄 테다.'

헤라바이는 중요한 손님들이 있는지 주변을 살핀 다음 내 귀를 틀어잡고 한쪽 구석으로 끌고 갔어요. 너무 아파서 낑낑거리는데 그 할머니가 내가 들고 있던 쟁반을 밀쳐 버렸어요. 쟁반은 요란한 소리를 내며 떨어졌고 과자는 사방으로 흩어졌죠.

'네 그림자가 음식을 더럽혔어. 이걸 어떻게 먹니?'

얼굴에 경멸의 기색이 가득했어요. 나는 꼼짝도 못하고 서서 훌쩍이기만 했죠.

일을 도우러 와 있던 동네 여자 아이들이 전부 달려왔어요. 나는 어쩔 줄 모르고 서 있는데, 그 아이들은 서로 과자를 집겠다고 달려들어 난장판을 쳤어요. 손에 다 쥘 수도 없을 만큼 잔뜩 챙긴 어떤 아이가 오더니 둥그런 과자 하나를 주더군요.

'울지 마. 자, 이거 먹어…… 네 덕분에 우리 모두 과자를 먹게 됐잖아.'

못 먹게 되었다고 내버린 걸 악착같이 달려들어 집는 모습에 헤라바이는 비웃었고, 속이 뒤집어진다는 듯 고개만 저었어요.

하지만 나는 어째서 더럽혀졌다는 건지 도무지 이해할 수 없었어요. 내가 쟁반을 만졌다고, 그렇다고 음식이 더러워졌다는 거예요?

그렇게 정해 놓은 게 누군지는 끝내 알 수 없었어요. 당신처럼 나도 우리 불가촉천민이 짐승보다 못한 게 아닌가 싶을 때가 많았죠. 사람들 말처럼 전생에 죄를 많이 지어서 이생에 아웃카스트로 태어난 모양이에요."

"모르겠어? 높은 신분이라는 사람들이 교묘한 술수를 부리는 거야. 우리가 이런 신세를 군소리 없이 받아들여서 저항하지 못하도록 쭉 그렇게 말해 온 거라고. 하지만 바바사헤브의 말처럼 우리는 한데 뭉쳐 일어서야 해."

남편이 말했다.

조그만 강이 나왔다. 내가 애원하는 눈빛으로 강을 바라보자, 남편은 내가 쉬고 싶어 한다는 걸 알아차렸다. 강둑에 앉아 졸졸 흘러가는 차가운 물에 지친 발을 담갔다. 오랜 침묵 끝에 남편이 입을 열었다.

"있잖아, 소니. 밭에 있던 아줌마들이 아니었다면 나는 벌써 오래 전에 죽었을 거야. 이렇게 당신 옆에…… 당신 남편으로 앉아 있지 못했을 거야."

나는 서둘러 손바닥으로 그의 입을 막아 그런 말은 꺼내지도 못하게 했다.

"그런 말은 하지도 말아요."

"뭐가 어때서? 어떻게 목숨을 구했는지를 말하는 것뿐인데."

그는 이야기를 계속했다.

"어렸을 때 일이야. 어머니는 나를 사리에 둘러업고 밭으로 일을 나갔어. 밭일을 하면서 나한테 밥을 먹일 수 있으니까. 세 살 무렵이었대. 나를 나무 밑에서 놀게 놔두고 어머니는 다른 아줌마들이랑 땅콩을 따러 갔어. 얼마 지나지 않아 심심해진 나는 여기저기 돌아다니기 시작했고, 컵 하나를 주워서 강물을 떠오려고 했어.

강은 너무나 멋져 보였어. 잔물결과 물에 스칠 듯 날아다니는 나비에게 마음을 홀딱 빼앗겼지. 그러다 그만 넘어져서 강물에 빠졌고, 물에 휩쓸려 떠내려간 거야. 숨을 쉬려고 했지만 그러면 그럴수록 코와 입으로 물이 자꾸 들어와서 숨을 쉴 수가 없었어.

울지도 못하고 소리조차 지르지 못했지. 아줌마 몇 명이 내가 떠내려가는 걸 보고 비명을 지르면서 물가로 달려왔어. 그리고 한 명이 강에 뛰어들어 황급히 나를 건져 낸 거야. 물을 얼마나 많이 삼켰는지 몸이 부풀어 올랐더래. 어머니가 달려와서 내 발을 쥐고 거꾸로 든 채 엄청난 속도로 빙빙 돌렸대. 코와 입으로 물이 콸콸 쏟아졌겠지. 나는 여전히 정신을 못 차렸고, 어머니는 나를 천으로 감싸 안고는 펑펑 울며 집으로 달려갔대. 마을로 가 어머니는 도자기 만드는 물레에 나를 붙들어 매고는 빙빙 돌렸다는 거야. 물을 더 뱉어 내다 콜록콜록 기침을 토하면서 마침내 정신이 들었다더군."

뭄바이에서는 이런 이야기를 주고받을 기회가 거의 없었다. 그러면 어른들, 특히 시어머니를 무시하는 걸로 보였을 것이다. 그런데 지금 남편은 나한테 어린 시절 이야기를 들려주고 싶어 하는 것 같았다. 다시 길을 가기 시작한 다음에도 남편의 이야기는 계속되었다.

"있잖아, 어렸을 때 우리는 밤마다 툴시람바바 아저씨네 근처의 커다란 보리수나무 밑에서 옛날이야기를 듣곤 했거든. 그날도 이야기에 푹 빠져 있는데 하늘에서 무시무시한 빛이 번쩍이더니 마하르와다 동네 전체가 다 환해지는 거야. 그래서 고개를 들었더니 불덩어리 하나가 하늘을 가로지르는 게 아니겠어? 다들 겁에 질려 사방으로 도망을 쳤지. 나는 툴시람바바 아저씨네 집으로 들어가서 곡식을 보관하던 빈 항아리에 쏙 들어가 숨었어.

밖으로 달려 나온 아줌마들이 아이들의 이름을 불러 대고 난리가 났지. 어머니가 내 이름을 부르는 소리를 들었지만 나는 너무 무서워서 항아리 밖으로 나갈 수가 없었어.

어디서 부스럭거리는 소리가 나는 걸 들은 툴시람바바 아저씨네 딸이 호롱불을 가져다가 항아리 속을 들여다본 거야. 내 머리를 보고는 머리카락을 틀어쥐고 끌어냈지.

'라히 아줌마, 라히 아줌마. 아줌마네 아들 찾았어요.'

그 여자 아이는 신이 나서 우리 어머니를 불렀어. 나를 잃어버린 줄 알고 가슴을 치던 어머니가 달려와서 나를 끌어안고 집으로 갔어. 그 불덩어리가 유성이라는 건 몇 년이 지난 다음에야 알게 되었지. 재미있는 얘기 또 해줄까……."

터진 이야기 봇물은 막을 길이 없었다.

"내 사촌 형 마다브라고 알지?"

그가 물었다. 나는 고개를 끄덕였다.

"마다브가 결혼을 하게 되었어. 다들 신이 났지. 잔치가 열릴 테니까. 우리는 찢어지게 가난했어도 결혼식만은 용케도 번듯하게 치르곤 했어. 신랑은 길고 흰 튜닉을 입는 게 전통이잖아. 결혼식이 끝난 후에 나는 입을 옷이 없어서 형의 튜닉을 입고 다니기 시작했어.

그날도 튜닉을 입고 농장에 갔는데 집에 오는 길에 날이 저물었어. 가면서 보니까 친구 둘이 오고 있더라고. 나는 화장장 앞의 커다란 돌 위에 앉아 친구들을 기다렸어. 물론 커다란 튜닉으로 온몸을 감싸고 있었지. 친구들이 다가오기에 말을 걸려고 자리에서 일어났어. 그런데 화장장 앞에서 하얀 소복을 입은 물체가 벌떡 일어나는 걸 본 친구들은 혼비백산을 해서 자게리까지 떨어뜨리고 도망을 가는 거야. 그래서 내가 그걸 집어서 흙을 털어 내고 집에 가져왔지.

다음날도 똑같은 옷을 입고 소를 몰러 갔어. 그제야 친구들은 어떻게 된 노릇인지 감을 잡은 거야.

'너 어젯밤에 화장장에 있었니? 우리는 귀신인 줄 알고 도망쳤잖아.'"

"장난꾸러기였군요."

니는 이렇게 대꾸하며 이야기를 더 하게 부추겼다

"그 정도는 아무것도 아니야. 오자르의 우리 집 바로 앞에는 가족이 모두 죽어서 폐가처럼 방치된 집이 있었어. 마을 아이들은 이 집을 굉장히 무서워했어. 그런데 안쪽 나무에 매달린 벌통에는 보기만 해도 침이 고이는 꿀이 가득 차 있었어. 얼마나 먹고 싶었겠어. 그런데도 겁이 나서 가까이 가지 못했지.

하루는 아이들이 전부 모여서 용기를 짜냈어. 누구든지 꿀을 가져오기만 하면 그대로 골목대장이 될 판이었어.

다들 망설이고 있는데, 무슨 마음을 먹었는지 내가 하겠다고 나선 거야. 아이들이 충동질을 하니까 발을 못 빼겠더라고. 꿀통 근처의 그늘진 수풀까지는 아이들이 다 같이 몰려갔어. 어떤 아이는 등을 두드리며 용기를 주고, 어떤 아이는 빈손으로 돌아왔다가는 뼈도 못 추릴 줄 알라고 겁을 주었어.

내 발등 내가 찍은 꼴이었지. 이제 그냥 돌아간다는 건 있을 수 없는 일이었어. 조심조심 나무를 타고 올라가 꿀통을 향해 손을 뻗을 때만 해도 신선한 꿀을 가지고 의기양양하게 돌아갈 꿈에 부풀었지. 그런데 그만 땅에 떨어져 뒹굴고, 성난 벌떼들이 달려들었어. 나는 고함을 지르랴, 손을 내저으랴, 하여간 허겁지겁 도망을 쳤어. 친구들을 보고는 행여 그 아이들한테 맞을까 봐 더 큰 소리로 비명을 지르기 시작했지. 아이들 몇 명이 먼저 달려가서 우리 집에 이 사실을 알렸어. 혼쭐을 내겠다고 벼르던 어머니가 몽둥이를 들고 뛰어나왔지만, 아파서 엉엉 우는 나를 보더니 깜짝 놀라 몽둥이를 내던지고는 나를 부둥켜안았어. 그러고는 얼른 나가서 무슨 풀뿌리랑 이파리를 따다가 고약처럼 만들어서 온몸에 시원하게 발라 주었지. 며칠 만에 훈장도 못 되는 딱지 몇 개만 남기고 부어올랐던 건 다 가라앉았어."

이야기를 하는 남편이 멋있어 보였다. 눈동자가 반짝이고, 이야기에 빠져들수록 손짓에도 생기가 넘쳤다. 그 바람에 나도 조금 과감해졌는지 질문을 던지면서 이야기보따리를 더 풀게 만들었다.

"나이가 어느 정도 든 다음에는 가축을 몰고 풀을 먹이러 나가기 시작했어. 하루는 아이들 몇 명이 모여서 함께 나갔고, 소와 염소가 풀을 뜯는 동안 우리는 신나게 놀았어. 얼마 떨어지지 않은 곳에서 사람들이 새 길을 놓고 있었거든. 그런데 갑자기 우르릉거리는 소리가 들리는 거야. 근처에 있던 사람들이 이렇게 소리를 치더라고. '코끼리다! 코끼리가 나타났다!' 소리가 나는 방향으로 뛰어간 우리는 그 거대한 짐승이 다가오는 모습을 보곤 겁에 질렸지.

그때 마침 마을 아줌마 몇 명이 길을 가고 있었어. 구리 냄비와 구리 쟁반에 레몬을 담아 가는 모습이 기도를 하러 사원에 가는 것 같았어. 아줌마들이 코끼리에게 물을 뿌리고 이마에 신성한 주홍색 물감을 칠해 주는 거야. 우리는 넋을 놓고 구경했지. 이게 신인가? 그 짐승에게서 눈을 뗄 수가 없었어. 아줌마들은 코끼리 앞에 엎드려 이마를 코끼리의 발에 댔다가 일어나서 가던 길을 갔어. 그런데 이상한 건 그 코끼리한테는 발이 없다는 거야. 그 대신 바퀴가 세 개 있고, 코끼리 위쪽 저 높은 곳에는 남자 한 명이 앉아 있었어. 우리는 이 이상한 짐승에 대해 두고두고 이야기를 했지.

나중에 아크랄라에 와 있을 때 어머니하고 나시크로 성지순례를 갔었어. 거기에는 사두(성자, 힌두교의 수행자)들이 굉장히 많이 있어. 그날은 시나스다 파르바니(Sinhastha Parvani)라고 하는 힌두교의 중요한 기념일이었거든. 내가 사두를 본 건 그때가 처음이었어. 긴 수염이며 이마에 찍은 이상한 재 같은 게 무서워서 어머니의 허리춤을 잡고 놓지 않았지. 그런데 어떤 사람이 몸집이 굉장히 크고 코가 기다란 짐승 위에 앉아 있는 거야. 어머니는 그게 코끼리라고 했어. 그게 진짜 코끼리였어! 마을에서 보았던 쇠코끼리 생각에 웃음이 나더군. 세월이 흘러 뭄바이에 가서야 마을에서 본 건 길을 다지는 로드롤러라는 기계라는 걸 알았지 뭐야!"

"우리 집은 늘 먹을 게 부족했어. 해마다 뭔가가 잘 안 풀리곤 했지."

남편의 목소리에서 아쉬움이 묻어났다.

"어느 해에는 비가 너무 많이 내려서 걱정, 또 어느 해에는 너무 안 내려서 걱정, 어느 쪽이든 농사는 망치게 되어 있지. 여섯 살인가 일곱 살 때였는데, 친구들이랑 노느라 정신이 팔려서 우리도 모르는 새에 그만 마하르와다 밖에 있는 시장에 들어서게 되었어. 버터기름에 튀기는 과자 냄새가 코를 찌르더라고.

'이야, 무슨 결혼식 잔치 같다.'

한 친구가 말했어. 우리는 주인이 솥을 밖에 내걸고 기름을 휘저으면서 잘레비(병아리콩 가루로 꽈배기처럼 만들어 시럽에 찍어 먹는 과자) 튀기는 걸 구경했어.

'우리 여기서 놀자. 그러면 틀림없이 남은 걸 좀 줄 거야.'

누군가 제안을 했어.

저녁이 되도록 기다렸지만, 우리에게 먹을 걸 주는 사람은 아무도 없었어. 먹지 않고 남긴 음식을 쓰레기 더미에 내버리면서도 말이야. 맛있는 냄새를 하루 종일 맡았더니 배는 더 극성을 부리고, 지친 몸으로 잔뜩 실망을 해서 집에 돌아갔지. 그런데 더 끔찍한 일이 기다리고 있었어. 걱정이 된 부모님들이 사방으로 우리를 찾아다녔던 거야. 피곤하고 허기져서 들어갔지만 먹을 건 하나도 없었어. 먹을 게 다 뭐야. 호되게 두드려 맞기만 한 걸. 바바가 매질을 멈춘 다음에는 어머니가 몽둥이를 들었어. 보다 못한 바바가 말릴 정도였지. 어머니는 잘못한 벌로 이틀 동안 밥은 없을 줄 알라고 했어. 바바가 볶은 콩을 몰래 가져다주더라. 그걸 잔뜩 먹고 물을 마신 다음 화가 나서 어머니를 흘겨보고는 자루를 챙겨 들고 밖으로 나갔어. 나는 별을 이불 삼아 누워 화를 삭이면서 나중에 내 아이들한테는 절대로 그러지 않겠다고 다짐했어."

남편이 그 어린 나이에 벌써 자식 키울 생각을 했다니, 슬그머니 웃음이 나왔다. 남편은 이야기를 계속했다.

"지금 생각해 보면 어머니가 온갖 신들을 위해 계속해서 금식기도를 한 건 얼마 안 되는 곡식으로 일주일을 버티려고 그랬던 게 아닌가 싶어. 금식을 하는 날이면 어머니는 음식을 하나도 만들지 않았어. 물을 탄 우유로 끼니를 때우고, 어쩌다 삶은 감자를 하나씩 먹었지. 그럴 때면 나는 집을 빠져나와 아이들이랑 강으로 갔어. 한참을 신나게 수영을 하다가 물고기와 가재를 잡았지. 돌 위에 나뭇가지를 얹어서 불이 천천히 타게 하는 데는 나를 따라올 사람이 없었어. 우리는 가재와 물고기를 구워서 배를 두둑하게 채웠어. 그래 놓고도 하루 종일 쫄쫄 굶어서 힘이 하나도 없는 듯한 얼굴로 집에 들어갔어. 그걸 보는 어머니는 억장이 무너졌지. '불쌍한 내 새끼.' 그러고는 고구마를 진뜩 주거나 미리 만들어 두었던 왕바랭이밥을 주었어.

가끔 소나 양이 죽었다는 소식이 들리면 그날은 특별한 날이었어. 모두가 손꼽아 기다리던 소식이었지. 다들 잔뜩 신이 나서 제일 좋은 부위를 차지하려고 달려갔어."

"맞아요. 우리 마을에서도 가축이 죽으면 그 고기로 몇 주를 먹었어요."

내가 말했다.

"당신도 그걸 기억해? 결혼하고 마을을 떠나올 때도 너무 어렸잖아."

"아니에요, 조금은 기억나요."

남편은 신이 나서 목소리를 높였다.

"마을에서 가축이 죽으면 그 소식이 들불처럼 마하르와다 전역에 퍼졌어. 남녀노소 할 것 없이 전부 공터로 달려갔지. 한 명이라도 더 가야 그만큼 양이 늘어났으니까. 이 소식이 들리면 우리도 집안에 있는 온갖 그릇을 몽땅 꺼내 들었어…… 그릇이 없어서 도티나 사리에 고기를 싸가는 사람도 있었어."

"가지고 간 그릇이 다 찼는데 그러는 사람도 있었어요!"

내가 거들었다. 남편이 빙긋 웃으며 이야기를 계속했다.

"난리도 그런 난리가 없었지! 남자 여자 할 것 없이 칼에다가 큰 도끼, 작은 도끼, 낫까지 챙겨 들고 왔잖아. 예스카르 의무를 맡아서 제일 먼저 고기를 잘라 갈 권리가 있는 마하르가 오기만을 조바심치며 기다렸어. 숨도 제대로 못 쉬고, 입에 침은 고이고, 긴장으로 몸이 바짝 굳은 채 그 사람들이 얼른 제 몫을 챙겨 가기만 기다리고 있는 거야. 그들이 뒤로 물러서서 소리를 치면 기다리던 인파가 함성을 지르면서 고기를 향해 몸을 날렸지.

사람들은 소리를 치며 달려가고 아이들은 땅에 떨어진 조각을 집으려고 이리저리 뛰어다녔어. 나 같은 어린아이들은 저만치 떨어져 있으라고 신신당부를 했지. 우리에게는 개들이 다가오지 못하게 돌을 던지는 중요한 임무를 맡겼어.

독수리와 까마귀와 매 들은 나무에 앉아 때를 기다렸어. 깍깍대고 끽끽대는 소리에 이러다간 미쳐 버릴 것 같다는 생각이 들 정도였지! 한 번씩 와락 덮쳐서 그릇에 담긴 고깃점을 낚아채 가기도 했어. 사람들은 칼로 고기를 저미면서도 잔뜩 쌓인 피투성이 보물상자를 눈여겨봐야 했지. 대개는 돌멩이와 막대기만 있으면 개들을 막을 수 있었지만, 아이들의 무기가 다 떨어지면 개들이 다가와서 어른들의 발꿈치에 달려들고 그 난리통에 고기를 물고 가기도 했으니까."

"그렇게 큰 소가 순식간에 뼈대만 남았잖아요. 살점은 모두 발라가서 뼈만 깨끗하게 남았죠."

내 말에 남편이 고개를 끄덕였다.

"살점을 모조리 긁어 갔을 뿐만 아니라 작은 뼈, 큰 뼈의 연골, 도가니와 힘줄 같은 데도 가져갔는데 그것도 얼마나 맛있었다고. 사람들이 손을 놓고 돌아가면 그 다음으로 청소를 맡는 건 짐승들 차례였어.

그리고 마하르와다로 돌아올 때의 그 행렬이라니. 남자, 여자, 아이들 할 것 없이 전부 피범벅이 된 채 싸움의 전리품을 한 아름씩 챙겨 돌아왔으니까. 하지만 싸움도 이런 싸움은 전혀 고되지 않았어. 발걸음은 가볍고 피로 얼룩진 얼굴은 미소로 환했지. 잔치를 벌일 생각에 마음이 얼마나 들떴었는지 몰라. 사람들은 묵직한 양동이와 여물통과 냄비를 이고 지고 걸어갔어. 한 손에는 들통을 들고, 다른 손으로는 끈질기게 따라붙는 새들을 연신 쫓으면서 말이야.

음식을 기다리기란 정말 힘들었지. 고기가 익을 때까지 도저히 참고 기다릴 수가 없었어. 커다란 솥이 부글부글 끓는 걸 보면서 앉아 있던 기억이 나. 하지만 좀 들여다보려고 하면 어머니가 손을 휘휘 저으며 쫓아내곤 했어. 심지어 아버지도 문간에 앉아 이제나저제나 솥을 불에서 내려놓기만 기다렸거든."

남편은 그때 생각에 입맛을 다셨다.

"어머니는 보통 며칠을 두고 먹을 만큼을 끓였어. 아, 행복한 날들이었지. 하지만 또 다른 행복이 남아 있었어. 상하기 전에 다 먹지 못할 만큼 고기가 많을 때면 어머니는 그걸 햇볕에 말렸어. 며칠 말리면 고기가 얇고 바삭해지거든. 차니야(말린 고기, 육포)라고 하는 이게 또 얼마나 맛있는지 몰라. 어머니는 그걸 불에 구워주곤 했는데, 우리는 몇 주가 지나도록 이걸 달라고 어머니를 졸라 댔어. 구운 차니야를 천천히 씹어 먹는 그 맛은 세상 어느 것에도 비길 수 없을 정도야. 생각만 해도 배가 고프네……."

남편은 또다시 어린 시절의 추억에 잠겨 말꼬리를 흐렸다.

다무

우리는 옛 추억에 신이 나서 걸어갔다. 나는 떠오르는 대로 이런저런 이야기를 했다.

"죽은 고기를 나누어 갖는 것도 평소와 다를 때가 있었어. 그때는 먹을 게 하나도 없었어."

"무슨 얘기예요? 고기를 한 점도 얻지 못했다고요?"

소누가 물었다.

"그게 말이야, 유난히 길고 비가 적었던 어느 해 여름에 가축이 죽었어. 파틸의 수소였어. 덩치가 크고 건강하던 녀석이었는데 밤 사이에 갑자기 죽었다는 거야. 꼬마 한 명이 아침 일찍 마하르와

다로 달려와서 '파틸의 소가 죽었다, 파틸의 소가 죽었다!'고 외쳤어.

간밤에 외양간에서 죽었다는 소를 마하르 두 명이 벌써 공터에 끌어다 놓았더라고. 우리가 도착했을 때는 가시나무 아래쪽에 몸이 퉁퉁 부은 시체만 있고, 그걸 가져다 놓은 사람들이 고기를 베어 간 흔적은 찾아볼 수 없었어. 주변의 나무에는 새들이 홰를 쳤고, 어쩌다 까마귀들이 내려와 수소 주변을 맴돌더군. 그런데 개는 한 마리도 보이지 않는 거야. 그건 정말 이상한 노릇이었지. 사람들은 죽은 가축을 몇 걸음 앞두고 주춤주춤 멈춰 섰어.

그리고 묘한 침묵이 감돌았어. 예스카르 의무 덕분에 제일 좋은 부위를 잘라 갈 특권이 있는 사람들은 어딜 간 거지? 이럴 때는 누가 먼저 나서야 하는 걸까?

해는 더 높이 떠오르고, 허기는 속을 긁고, 사람들은 기다리기가 지겨워졌어. 어떻게 해야 하느냐, 얼마나 더 기다려야 하느냐, 도대체 뭐가 잘못된 거냐. 말들이 오갔어…… 여자들은 불평을 하면서도 뭔가 잘못되었다는 낌새를 알아차렸어. 하지만 아이들은 소에게 달려가서 흐리멍덩한 눈과 거품이 말라붙은 입을 쳐다보고, 뻣뻣하게 굳은 꼬리도 만져 보려고 했지. 어른들은 가까이 가지 말라고 소리를 쳤고, 그러다가 몇 명은 호되게 맞기도 했어.

하지만 그 기운이 어디 가나. 처음에 불편했던 마음은 잊어버리고 고기를 좀 더 챙기려고 난리를 치기 시작했어. 얼마 지나지 않아 다들 고기 카레를 한 솥 가득 끓여 먹을 생각에 눈을 반짝였지. 밀치고 싸우는 와중에도 연신 입맛을 다셨어. 소는 순식간에 뼈 무더기로 변했고, 모두들 행복해서 만족스런 한숨을 내쉬었지. 워낙 크고 건강한 소였기 때문에 모두 고기를 잔뜩 챙겨 들고 집으로 갔어."

"그런데 무슨 일이 났어요?"

소누가 물었다.

"기다려 봐. 얘기를 마저 해줄 테니. 그날은 쫓아 버릴 까마귀도 없고 매도 없었어. 우리를 따라오는 새가 아예 없었어. 앞서서 깡충거리며 달려가는 아이들을 보는 어른들의 표정에 근심이 어렸어. 대개는 별 말이 없었지만, 혼잣말을 중얼거리거나 걱정스레 수군거리는 소리가 들리기도 했어. 기분이 가라앉으니 발걸음도 무거울 수밖에. 나이가 든 아이들은 눈치를 챘지만, 내가 무슨 일이냐고 물었더니 어머니는 입 다물고 길이나 잘 보고 걸으라며 타박을 했어.

집에 와서 고기를 내려놓고도 어머니는 그걸 씻을 생각을 하지 않았어. 시간이 얼마나 지났을까. 이웃집 아줌마가 허둥지둥 달려오는 거야. 오두막에 들어서기 무섭게 소리부터 질렀어.

'이 쥐새끼 같은 놈! 지옥에 떨어져 살이 문드러질 놈! 그 고기 먹지 마, 건드리지도 마. 아무짝에도 쓸 데 없는 불한당 같은 녀석들이 무슨 짓을 했는지 알아? 파틸에게 복수를 한다고 글쎄 소한테 독을 먹였대!'

어머니는 손바닥으로 이마를 쳤어.

'세상에, 어떻게 그런 일이! 그럼 이제 뭘 먹지? 아니, 왜 그런 짓을 했대? 그나저나 누가?'

얼마 지나지 않아 칸두라는 남자가 파틸에게 앙갚음을 하려고 여물에 독을 탔다는 소문이 마하르와다에 쫙 퍼졌어. 그 전날 파틸에게 채찍으로 매를 맞았는데 참고 또 참아 왔던 게 그걸 계기로 폭발해 버린 거지. 친구들을 데리고 숲에 가서 독이 든 풀뿌리를 캐다가 갈아서 밀가루하고 섞었대. 그렇게 반죽한 걸 여물에 넣은 거야. 그 독은 효과가 빠르면서도 조용히 퍼진다고 알려져 있었고, 그래서 그 튼튼하던 어린 소가 새벽에 죽어 나자빠진 거였어."

"그 짓을 한 사람들은 잡혔어요?"

소누가 물었다.

"아니, 그 일이 있고 한동안 마을에서 자취를 감추었어. 하지만 고기를 전부 내버린 마하르와다 사람들은 속이 터질 일이었지. 구덩이를 깊이 파고 고기를 던져 넣었어. 행여 어디 한 조각 먹을 만한 데가 있지 않을까, 그러면 하루라도 허기를 면할 수 있지 않을까 하는 마음에 고기를 버리지 않으려는 사람들도 있었어. 그래서 마을 어른들이 집집마다 돌아다니면서 구슬리기도 하고 어르기도 하여 전부 고기를 버리게 했어. 실망이 이만저만이 아니었지. 어른들은 힘이 쭉 빠져서 앉아만 있고, 그 와중에 먹을 걸 달라고 떼를 쓰면 평소보다 더 호되게 얻어맞았어."

이렇게 높은 카스트에게 혹사를 당하고, 모진 대우에다 매까지 맞아 더 이상 견디지 못하게 된 사람들이 귀한 가축을 죽이는 걸로 앙갚음을 할 때도 있었다.

하지만 결과적으로는 그리 좋은 방법이 못 되었는데, 다른 마하르 사람들의 분노와 적개심이 워낙 대단했기 때문이다. 그뿐만 아니라 높은 카스트가 범인을 잡아 가혹한 벌을 주기도 했다. 하지만 도저히 참을 수 없을 정도가 되면 미쳐 버리거나 폭발하는 수

밖에 없었고, 어느 쪽이 될지는 아무도 예측할 수 없었다. 소누와 나는 둘 다 이걸 잘 알았고, 한참을 조용히 걸어갔다.

또 한 가지 엄청나게 신나는 일은 마을에서 열리는 자트라(마을의 축제)였다. 누군가 제물로 잡을 가축을 내놓았고, 사람들이 제일 많이 몰리는 곳은 고기 카레가 있는 곳이었다. 그해는 우리 마을이 자트라를 열 차례였다.

기다리고 기다리던 자트라의 날이 밝았다. 마을 회관인 차바디 근처에 천막을 쳤다. 활짝 핀 금잔화의 환한 색깔과 상서롭고 푸르른 망고 잎사귀가 어우러져서 잔치 분위기가 절로 느껴졌다.

다들 신명이 났다. 그날은 샴카르와 바가바이가 물소를 한 마리씩 바치기로 했다. 샴카르는 작년에 딸이 간질로 고생해서 참회의 의미로 소를 약속했었다. 바가바이는 9년 동안 아이를 갖지 못하다가 마리아이에게 열심히 기도한 끝에 작년에 임신을 했다. 하지만 바가바이의 남편인 비쿠는 소를 바치는 것을 못내 내키지 않아 했다. 상층 카스트인 마을의 사제는 비쿠에게 아기의 이름을 흙이라는 뜻의 카차루라고 지어야 악귀가 범접을 못해서 아기가 무럭무럭 자란다고 했다. 비쿠가 바가바이에게 소를 바치지 못하게 하려고 설득하는 과정에서 격한 말싸움이 벌어졌지만, 바가바이는 끝내 고집을 꺾지 않았다.

힘이 좋은 청년들이 그날 잡을 소를 개울로 끌고 내려가 반들반들 윤기가 날 때까지 검은 털을 문질러 닦았다. 소들은 흙탕물을 떠나기가 싫었는지 청년들이 끌어내리려고 하자 완강하게 저항했다. 다른 마을에서 온 악단들은 시작하기만 기다리고 있었다. 소를 끌고 마하르와다를 지나는 행렬이 둥둥 울려 대는 커다란 북소리에 맞추어 아이 어른 가릴 것 없이 춤을 추었다. 여자들은 구리 주전자에 기름램프를 켜들고 행렬이 자기 집 앞을 지나가길 설레는 마음으로 기다렸다. 소에게 협죽도와 망고 잎사귀로 엮은 목걸이를 걸어 주고, 뿔에는 주홍색 물감을 찍었다. 그러고는 손을 모아 기도하고 소에게 절을 했다.

집집마다 마리아이에게 공물로 올릴 과자를 준비했다. 여자들에게는 제일 좋은 옷을 차려 입을 기회였다. 거의 대부분의 여자들이 이 특별한 날을 맞아 결혼식 때 입었던 사리를 꺼냈다. 그들에게는 가장 값진 보물이었다. 머리를 단정하게 빗고 꽃으로 장식했다. 여신에게 바칠 과자를 가득 담은 단지는 배가 고프다고 칭얼대는 아이들의 게걸스런 눈에 띄지 않는 곳에 꼭꼭 숨겨 두었다. 행렬이 집 앞에 다다르면 모두가 음악과 춤을 곁들여 간절히 여신을 경배했지만, 나는 가만히 기다리고만 있을 수 없어 처음부터 행렬을 따라다녔다. 이 집 저 집 들러서 우리 집 차례가 되자 앞질러 달려가 가족들에게 어서 나오라고 성화를 부렸다. 물소를 잡는 데에는 님바 마하르를 따라갈 사람이 없었다. 님바 마하르는 웃통을 벗어부치고 도티를 가랑이 사이에 낀 채 면도날처럼 날카로운 칼날을 확인하려는 듯이 손으로 슬쩍 문질렀다. 합장을 하고 마리아이 앞에서 절을 한 후, 천둥 같은 목소리로 있는 힘껏 소리쳤다. "마리아이 키 자이!"

모두들 그 말을 따라 외웠다. 님바는 손을 처들었다가 긴 칼을 단번에 목에 찔러 넣었다. 피가 콸콸 솟구치고, 남자들은 그 피를 받으려고 양동이를 들고 달려 나갔다. 불쌍한 짐승이 처절하게 울부짖었다. 그러다 이내 그 소리가 잦아들자 님바는 둥글게 휘어진 낫을 휘둘러 목을 땄다.

머리는 소를 바친 샴카르가 받았다. 밀가루 반죽을 오목하게 빚어 만든 기름램프를 소의 머리 위에 얹고, 그것을 마리아이의 발치에 바치며 찬송의 노래를 불렀다. 그런 다음 여신이 생명을 구해 준 어린 딸 라쿠마를 불러냈다. 피를 줄줄 흘리는 죽은 소의 예리한 눈매를 보고 어린 소녀는 겁에 질렸다. 샴카르는 라쿠마에게 마리아이 앞에서 절을 하게 했다. 그 다음은 바가바이가 공물을 바칠 차례였고, 그 소도 같은 운명에 처했다.

갑자기 마하르 여자 몇 명이 신들린 것처럼 몸을 좌우로 흔들고 빙빙 돌기 시작했다. 눈을 감기는 했는데 몸을 앞뒤로 흔드는 걸 보면 호흡이 완벽했다. 다들 들뜬 마음으로 지켜보며 여자들이 미래를 예언해 주길 기다렸다. 사람들은 여신이 잠깐 동안 이 여자들의 몸에 들어간다고 믿었다.

마을 사람들이 질문을 하기 시작했다. 딸이 언제 적당한 배필을 만나게 될지부터 어디에 우물을 파야 될지에 이르기까지 다양한 고민이 쏟아져 나왔다.

포트라지라고 불리는 마하르들이 있었는데, 마리아이 여신의 하인이라는 뜻이었다. 이 사람들은 행렬을 이끄는 특별한 명예를 누렸다. 포트라지는 여신을 경배하기에 앞서 우선 속죄의 의미로 자신의 몸을 학대했다. 그날 잡은 소의 피를 제일 먼저 받을 수 있는 것도 그들의 특권이었다. 사람들 말로는 이 피를 마시면 아주 튼튼해지고, 말할 수 없이 고통스런 육체적 고행을 이겨 낼 수 있는 근성도 생긴다고 했다.

포트라지 여자들은 다산을 상징하는 짙은 녹색 사리를 입고 이마에 주홍색 물감을 칠했다. 머리에는 여신의 작은 황동상을 이고, 같은 부족의 어린 소년들이 연주하는 심벌즈와 북 장단에 맞추어 춤을 추었다.

포트라지 남자들은 웃통을 벗고 해진 짐승 가죽을 허리에 둘렀다. 발목에는 작은 황동 방울을 찼는데. 조금만 움직여도 방울이 울렸다. 남자들은 크고 건장했으며, 춤을 추며 흘린 땀으로 등이 번들거렸다. 그들은 뱀처럼 두꺼운 밧줄을 감아 들었는데, 손잡이 쪽에는 천을 칭칭 감고, 가느다란 끝에는 매듭을 지었다. 이렇게 하면 채찍의 끝이 조금 더 무거워지면서 맞히려는 표적을 향해 정확히 날아갔다.

신의 축복에 몸을 맡긴 채 춤을 추고 행진을 이끌면서 남자들은 자신의 등을 채찍으로 힘껏 내리쳤다. 감았던 채찍이 풀리면서 경쾌하게 하늘을 가르다가 찰싹 소리를 내며 멍든 등판에 떨어졌다. 등판의 살이 갈라지고 찢어져서 피가 흘렀다. 하지만 포트라지 남자들은 고통을 조금도 느끼지 못하는 것처럼 행복하게 춤을 추었다. 그들은 모든 마하르를 위해 마하르가 지은 모든 죄와 잘못을 대신 참회하는 것이 삶의 목표라고 믿었다.

해마다 바이샤크(인도력에서 4~5월에 해당되는 달. 인도력에서는 보름 다음날이 1일이 된다)가 되어 봄이 오면 마하르의 가장 큰 축제가 열렸다. 마리아이에게 감사를 올리거나 달래고 간청하는 행사였는데, 성대한 축제를 열어 고단한 삶을 잠시 잊는 시간이었다. 사람들은 이 기회를 이용해서 가깝고 소중한 사람들을 만나고, 아들과 딸을 짝지어 줄 적당한 배필을 물색했다.

  내 관심이 쏠린 건 투계였다. 사람들은 새로운 우승자가 되길 꿈꾸며 쌈닭을 데리고 먼 데에서 찾아왔다. 진 닭은 승자에게 상품으로 주어졌고, 주인에게 조롱과 야유가 쏟아지는 가운데 그 앞에서 산 채로 불에 구웠다.

  모두가 내심 자정을 기다렸다. 남자들은 하늘거리는 사리를 입고 치렁치렁 장신구를 단 타마샤 무희들의 도발적인 춤사위를 상상하며 침을 흘렸다. 오랜 기다림 끝에 자정이 되면 타마샤 극단의 전통 춤과 연극이 시작되었다. 어느새 아이들과 여자들은 쏟아지는 잠을 이기지 못해 잠들고 남자들만 깨어 있었다. 그들은 공연을 하는 사람들에게 환호와 야유를 보내고, 아슬아슬한 타마샤 무희들을 관중 사이로 불러냈다. 루피를 쥐어 주면 특별한 청도 받아 주었다. 이른 새벽이 되어 무희들이 곯아떨어질 때까지 인기 있는 춤사위는 반복되고, 또 반복되었다.

  자트라 기간에 마을 대표들이 모여 카스트협의회를 열었다. 흥정하고 거래하고 수많은 언쟁과 주먹다짐이 오갔지만, 결국 협의회가 꾸려졌다. 이틀 동안 그 많은 손님들을 어떻게 치를지에 대해, 그리고 마하르 공동체와 관련된 여러 가지 중요한 문제에 대해 열띤 논쟁과 토론이 오갔다. 잔치를 어떻게 치를까, 누가 어디에 앉을까, 누가 공물을 바칠까 하는 것들이 주된 주제였다.

  카스트협의회에서는 누가 상을 받고 벌을 받을지도 결정했다. 공동체의 생로병사와 언쟁은 솔깃한 소문을 만들어 내고, 가열찬 토론을 낳았다.

  가끔은 의무를 다하지 못한 벌로 마을 전체가 추방될 때도 있었다. 추방 기간은 잘못의 경중에 따라 결정되었다. 그 사람들은 아웃카스트 중에서도 아웃카스트가 되는 셈이었다. 다른 마하르와 어울리지도 못하고 밥도 함께 먹을 수 없었다. 그런 마을의 여자는 아무도 며느리로 데려가지 않았을 뿐만 아니라 그 마을로 딸을 시집보내지도 않았다. 추방된 마하르는 사회적인 교류와 소통이 완전히 끊어졌다.

마을의 원로들은 저녁마다 모여 대소사를 의논했다. 나는 그 옆에 조용히 앉아 어른들이 나누는 이야기를 듣기도 했다. 어른들 옆에 있을 때는 절대로 입을 열지 않았다. 그리고 어른들이 일을 시키면 군소리 없이 했다. 얼른 뛰어가서 물을 떠오고, 성냥과 담배를 가져왔다. 꾸물거리지 않고 심부름을 열심히 하면 어른들은 땅콩이나 볶은 녹두를 주곤 했다.

그 시절에 아주 또렷하게 남아 있는 기억이 있다. 누군가 야생 선인장과 덤불 세 개와 불그스름한 얼굴이 울창하고 번성하는 한, 이 나라에는 행복한 사람이 있을 수 없다고 말했다. 덤불 세 개는 브라만 계급을 말하는 것이었고, 불그스름한 얼굴은 영국인을 의미했다. 브라만 사제나 영국인은 어떤지 몰랐지만, 야생 선인장은 확실히 잘 자랐다. 사방이 선인장 천지였다. 잎은 물론이고 열매까지 따끔거렸다. 정말이지 귀찮은 골칫거리였다.

"잎을 잘라 바위에 던져 놓아도, 아마 거기서도 싹을 틔울 걸."

사람들은 이렇게 말하곤 했다. 우리 집도 한쪽으로 어찌나 넓게 퍼졌던지 선인장이 집을 가려 보이지 않을 정도였다. 바람이 불면 선인장 가시가 날렸는데, 그게 살갗에 닿기라도 하면 참을 수 없이 가려웠다.

한번은 선인장이 지붕 위로 엄청나게 크게 자랐다. 아버지는 며칠을 끙끙댄 끝에 뿌리까지 꼼꼼하게 전부 파내서 치워 버렸다. 그러고는 집 뒤의 땅을 갈아서 옥수수 밭으로 만들었다. 아버지는 텃밭 주변에 울타리를 치는 게 좋겠다고 판단했고, 아버지와 나는 숲에 가서 아라비아고무나무 가지를 한 아름 모아 왔다.

나무를 한 짐 지고 집으로 돌아갈 때였다. 길이 질퍽거렸다. 그때 느닷없이 멧돼지 한 마리가 우리를 향해 돌진해 왔다. 길을 가던 사람들이 이 모습을 보고 소리를 치기 시작했다. 나는 겁을 집어먹고 나무 뒤에 숨어 눈만 내놓았다. 심장이 쿵쾅거렸다. 아버지는 그 소리를 듣고 얼른 나뭇짐을 내려놓았다. 바로 그때 멧돼지가 나뭇짐을 들이받았다. 아버지가 넘어지면서 나뭇짐이 아버지의 얼굴을 때렸고, 커다란 가시 하나가 입술에 박히고 말았다. 주위에 있던 사람들이 일제히 소리를 치며 멧돼지를 향해 달려들었다. 그러자 멧돼지는 방향을 바꾸어 숲으로 가버렸다. 사람들이 아버지를 부축해서 집에 데려갔다. 참바르 사람 한 명이 신을 꿰맬 때 쓰는 바늘로 그 가시를 뽑아냈다.

울타리를 치고 텃밭을 가꾸는데도 선인장은 계속 자랐다. 도시 농촌 할 것 없이 사람들은 선인장과 전쟁을 치렀다. 그러던 어느 날 유럽 사헤브 한 명이 조그만 상자에서 마술 가루를 꺼내어 선인장에 솔솔 뿌렸다. 그러자 하루 이틀 만에 선인장이 오그라들더니 말라죽었다. 모든 사람들이 이 유럽 사헤브와 그의 마술 가루를 고마워했고, 그를 보내 주었다며 신을 찬양했다.

이웃에 사는 툴시람바바 아저씨는 전통악사이자 전도사였다.

이 마을에서 저 마을로 돌아다니며 경을 외우고 찬가를 부르고 믿음을 전파했다. 아저씨는 임시로 만든 삼발이 위에 마법 환등기를 세워 놓고 큰 도시에서 가져온 사진을 보여 주었다. 우리는 해를 마주 보고 서서 한 명씩 돌아가며 사진을 보았다. 아저씨는 그걸 바바지 영화라고 불렀다. 우리는 그 상자 속의 사진을 보는 게 너무 신이 났다. 이 특별한 기쁨을 위해서라면 툴시람바바 아저씨의 심부름을 얼마든지 해줄 수 있었다.

그 사진들은 우리를 너무나 다른 세상으로 데려갔다. 뭄바이에는 새로운 것들이 너무 많았다. 넓은 길, 높은 건물, 기차와 비행기, 그리고 커다란 증기선도 있었다. 나는 여기가 바로 사람들이 말하던 천국인 모양이라고 생각했다. 사람들은 착한 일을 많이 하면 죽어서 천국에 간다고 했다. 나는 천국에 가고 싶었지만, 죽고 싶지는 않았다.

한번은 하리 외삼촌을 따라 근처 도시에 간 적이 있었다. 가는 길에 터널이 나왔다. 우리가 터널을 지나가는데 화물열차가 우르릉거리며 다가왔다. 나는 그게 마귀인 줄 알고 혼비백산했다. 외삼촌의 허리를 끌어안고 소리를 질렀다.

"하리 외삼촌, 하리 외삼촌, 저기 봐요, 산이 우리를 향해 달려와요."

"멍청한 녀석. 저건 기차라는 거야. 겁낼 필요 없어."

외삼촌이 말했다. 나는 기차 바퀴에서 눈을 뗄 수가 없었다. 움직이는 모습이 꼭 지네 다리 같았다. 나는 집에 돌아가서 아이들을 모아 놓고 내가 본 신기한 물건에 대해 허풍을 떨었다.

이 다음에 철도회사에서 그렇게 오랜 세월을 일하게 되리라고는 꿈에도 생각지 못했다.

마을을 떠나 생전 처음 뭄바이에 갔던 때를 생각해 보았다. 1919년이었을 것이다. 내가 열두 살 무렵이었다.

마을이 어떤 소문으로 술렁였다. 사촌 형인 마다브가 상층 카스트 여자와 정을 통했다는 것이었다. 마다브는 레슬러였고 사람들 사이에서 평판도 좋았다. 그런데 레슬러로 이름을 얻으면서 겁이 없어졌고, 그러다 보니 상층 카스트도 두려워하지 않게 되었다. 마을을 돌아다니면서 힘을 과시했다.

여자의 오빠인 간파트는 정을 통했다는 소문만 듣고 불같이 화를 냈다. 그리고 그 즉시 인근의 건달들을 동원했다. 그들은 쇠몽둥이와 채찍을 들고 마다브를 찾아내서 에워싸고는 두들겨 패기 시작했다. 하지만 여섯 명이 달려들었어도 마다브에게는 상대가 되지 못했다. 결국 전부 도망을 쳤지만 간파트는 마다브에게 붙들려 피투성이가 되어 혼절을 할 때까지 얻어맞았다.

간파트는 머리에 심한 부상을 입고 중태에 빠졌다. 그대로 죽는다면 마다브는 살인죄로 처벌을 받게 될 판이었다.

온 마하르 공동체가 한밤중에 비밀회의를 열었고, 이 재앙을 피할 길은 마다브를 눈에 띄지 않게 하는 것뿐이라는 결론을 내렸다. 오랜 토의 끝에 사람들은 그를 생존자의 피난처라는 뭄바이로 도망치게 했다.

마다브는 그 즉시 야반도주를 해서 차를 얻어 타고 뭄바이로 떠났다. 다음날 아침에 가족들은 깜짝 놀란 시늉을 하며 마다브가 사라졌다고 난리를 쳤다. 재앙은 피했는지 모르지만 우리 집안은 완전히 쑥대밭이 되었다. 마다브는 항상 나한테 못되게 굴었기 때문에 그가 사라져서 내심 기쁘기도 했지만, 동네 아이들이 온갖 떠도는 소문을 듣고 와서 그게 사실이냐고 묻는 건 질색이었다.

몇 주가 지났을 때 마다브가 뭄바이에서 힘들게 지낸다는 소식이 들렸다. 그는 우리 어머니한테 그곳에 와서 밥도 해주고 이런저런 도움을 줄 수 있느냐는 전갈을 보내왔다. 어머니는 즉시 뭄바이에 가기로 결정을 내렸다. 그 후로 우리의 삶은 완전히 다른 길로 접어들게 되었다.

우리는 저마다 생각에 잠겨 한참을 걸었고, 어느새 제법 많이 왔다는 걸 알 수 있었다. 뭄바이에서 우리를 기다리고 있을 여러 가지 일들에 대한 생각이 머릿속을 떠나지 않았다. 소누에게 걱정하는 기색을 보이고 싶지 않았지만, 내 생각을 짐작이라도 했는지 아내는 뭄바이에 대해 물어보기 시작했다.

"당신이 나를 데려가기 전에도 아버지를 만나러 뭄바이에 몇 번 갔었어요. 그런데 한 번도 마음에 든 적이 없었어요."

소누가 말했다.

"그럼 솔직히 말해 봐…… 왜 나랑 결혼했어? 옛날부터 물어보고 싶었어…… 이렇게 예쁘고 고운 사람이 어째서 나같이 시커멓고 우락부락한 촌놈이랑 결혼하겠다고 했난 말이야? 게다가 다른 데도 아닌 뭄바이에 살고 있었는데."

내 말에 소누는 수줍게 웃기만 했다. 하지만 얼굴을 보니 즐거워 죽겠다는 표정이었다.

소누

뭄바이에 가는 게 겁났지만 남편에게는 그런 내색을 하지 않았다.
"왜 나랑 결혼하겠다고 했는지 아직 대답 안 했잖아."
남편은 기어코 들어야겠다는 투였다.
내가 무슨 말을 할 수 있었을까?
"아빠가 당신한테 시집가라고 해서 그렇게 한 거예요."
나는 무심하게 대답했다.
결혼식에서 보기 전까지는 그가 까만지 하얀지, 키가 큰지 작은지도 몰랐다는 걸 생각하자 웃음이 났다.

아빠가 엄마와 나를 앉혀 놓고 내가 뭄바이에서 살게 될 거라는 이야기를 했을 때, 나는 도무지 믿을 수가 없었다. 뭄바이에서 산다는 건 상상도 할 수 없었다. 기쁜 척을 해보려고 해도 힘이 빠졌다. 엄마는 뭄바이에 갔다가 집으로 돌아올 때마다 그 도시에 대해 불평을 늘어놓았었다. 나도 뭄바이가 싫었다.
"소누, 네 아빠는 뭄바이에 꿀단지라도 묻어 놓은 모양이다. 그렇지 않고서야, 도대체 이해할 수 없는 노릇이잖니."
엄마는 체념한 듯 고개를 저으며 말하곤 했다.
아빠는 내 결혼을 생각하고 내 치마를 지을 예쁜 옷감을 구해왔다. 나는 결혼선물로 또 어떤 것을 받게 될지 궁금했다. 녹색 치마를 입은 내 모습을 상상해 보려고 하는데, 엄마가 내 손에서 옷감을 휙 낚아챘다.

"왜요? 딸을 결혼시키려면 사리를 해주었어야죠."

엄마는 화가 나서 비꼬듯이 말하며 속을 부글부글 끓였다. 그리고 말을 이었다.

"그러니까 당신 딸이라고 해서 당신 맘대로 배필을 정할 수 있다고 생각하는 거예요? 신랑감을 정했다는 얘기를 나한테 한 번이라도 한 적 있어요? 그리고 하고많은 데 다 놔두고 왜 하필 뭄바이예요? 내 딸은 절대로 뭄바이에서 못 살아요."

엄마는 감정이 격해져서 목소리까지 덜덜 떨렸다.

"어째서?"

아버지가 물었다.

"뭄바이는 붐비고 더러워요. 사람들은 우글거리지만 정작 믿고 의지할 사람은 하나도 없잖아요. 다들 돈 때문에 몰려든 사람들뿐이지. 그 사람들은 죽을 때 돈을 짊어지고 가기라도 한답디까?"

엄마는 아빠의 못마땅한 표정을 무시한 채 말을 계속했다.

"한번 말해 봐요. 거기도 우리 동네 같은 강이 흘러요? 아이고, 거긴 나흘에 한 번 머리 감을 물도 충분하지 않잖아요. 그리고 또 대답해 봐요. 거기서도 우리 산에서처럼 신선한 공기를 마실 수 있어요? 온갖 공장에서 뿜어내는 검댕뿐이던 걸. 툭 트인 곳이라곤 찾아볼 수도 없고, 건물에 임시 막사에…… 아이들이 어디서 뛰어놀겠어요?"

엄마가 물었다.

"이제 조용히 하고 내 말 좀 들어 봐. 그곳에는 돈이 모여. 중요한 건 그거야. 나는 내 자식이 밥은 제대로 먹는지 어쩌는지 걱정하고 싶지 않단 말이야. 신선한 공기? 공기만 마시고 살 수 있나?"

자유를 향해 • 113

아빠가 말했다.

"더 얘기하고 싶지 않아요. 벌써 결정을 했군요. 나한테는 물어볼 생각도 하지 않고. 당신은 소누가 아직 어리다는 것조차 신경 쓰지 않죠."

엄마는 가슴이 무너져 내리는 괴로움으로 눈에는 눈물이 고였다.

"왜 그렇게 서두르는 건데요? 소누 한 입 먹이는 게 그렇게 부담스럽다면 내가 콩이라도 까서 벌어 먹일 테니 걱정하지 말아요."

아빠는 화가 났다.

"이봐. 별일도 아닌 일에 핏대 세우게 만들지 마. 충분히 생각해서 내린 결정이야. 이건 황금 같은 기회고, 당신의 멍청한 반대 때문에 내 판단이 흐려지는 일은 없을 거야. 당신은 딸을 평생 품에 끼고 살려는 거지!"

"하지만 소누는 아직 어린아이라고요. 아직 열 살도 안 됐어요."

엄마가 말했다.

"눈을 뜨고 아이를 다시 봐. 당신 눈에는 언제까지나 아이로만 보이겠지. 하지만 아이의 몸이 얼마나 빨리 여물고 있는지 좀 보라고. 어렸을 때 시집을 보내야 해…… 우리 딸은 너무 예뻐. 사람들이 요즘 저 아이를 어떤 눈으로 쳐다보는지 보지도 못했어? 당신은 소누 엄마야. 당신이 이런 걸 먼저 눈치 채서 나를 들볶아야 하는 거라고."

엄마는 곰곰이 생각하더니 다시 소리를 쳤다.

"뭄바이에 돈이 몰린다고 했죠. 소누의 신부 값으로 얼마나 받을 건데요?"

"아니, 이제는 돈 얘기야? 조금 전까지만 해도 돈 때문에 시집 보내는 거냐고 따졌으면서!"

"당연하잖아요? 내 딸이 이렇게 예쁜데, 그만한 대우를 받아야지."

엄마와 아빠는 내가 옆에 없는 것처럼 내 이야기를 했다. 나는 한쪽에 웅크리고 앉아 있었다. 나에게 무슨 일인가 일어나고 있었다. 전에는 아무도 나에게 예쁘다고 말해 준 적이 없었다. 그런데 그날은 엄마가 그 말을 열 번은 한 것 같았다. 전에는 한 번도 그런 말을 한 적이 없고, 어쩌면 그렇다는 걸 깨닫지도 못했을 것이다.

내가 건강하다는 건 알았다. 늘 아파서 드러눕는 내 친구 사쿠와 다르다는 것도 알았다. 그런데 엄마는 농장에 일을 하러 갈 때 오빠는 데려가면서도 나는 한 번도 데려간 적이 없었다. 그리고 나한테는 늘 이렇게 말했다.

"집단속 잘하고 있어. 혹시 누가 너한테 못된 맘을 먹을지도 모르니까."

가끔 밭에 점심을 가지고 나갈 때도 있었다. 엄마가 아침에 바크리를 만들어 놓고 나가면 나는 바크리와 함께 먹을 생망고와 과일 열매 처트니(익히거나 절인 야채나 과일)를 만들어 가거나 양파와 마늘을 조금 챙겨 갔다. 엄마는 긴 치마를 입고 몸을 잘 감싸라고 신신당부를 했다. 돌아갈 때도 집으로 곧장 가고 아무하고도 말을 하지 말라고 주의를 주었다.

밤에는 내 머리를 감겨서 빗질을 하고 촘촘하게 땋아주었다. 놀다가 머리를 더럽히면 야단을 맞았다. 언젠가 친구들과 함께 강으로 헤엄을 치러 갔었다. 그런데 머리를 말리려고 풀어서 늘어뜨린 나무 밑에 앉아 있는 걸 엄마가 지나가다가 보았다. 엄마는 소리를 치며 달려와서는 내 머리채를 잡아당겼다.
"아니 여자 아이들이 좀 얌전히 놀 수 없니? 머리를 풀고 나무 밑에 앉아 있는 꼴들 좀 봐. 뭐하는 짓들이니, 귀신이라도 불러 내려는 거야?"
나는 내가 예쁘다는 새로운 사실에 흥미를 느꼈다. 하지만 집에 거울이 없었기 때문에 확인해 볼 길이 없었다.
아빠와 엄마는 내 결혼 문제를 놓고 점점 더 열을 올렸다. 엄마가 돈 이야기를 꺼내자 아빠가 다시 발끈했다. 아빠는 당신 딸이 비싼 값에 팔려고 내놓은 물건이 아니라고 말했다. 단지 제 식솔을 잘 먹이고 입힐 만큼의 돈벌이를 하는 사람을 찾았을 뿐이라고 했다.
"나는 돈을 원치 않아. 내가 원하는 건 뭄바이에서 먹고 살 기술이 있고, 내 딸을 행복하게 해줄 건강한 사람이야."
"맞아요. 하지만 그럴 정도가 되려면 다 큰 남자여야지, 아직 덜 자란 소년이면 안 되잖아요."
엄마가 맞장구를 치며 말했다.
"그래, 내가 마음에 두고 있는 사람은 건장한 남자야. 그리고 아주 똑똑해. 사람들 말로는 고라(백인) 사헤브 밑에서 여러 가지 일을 하고 많이 배웠대. 고라 사헤브의 말도 할 줄 안다더군!"
"알았어요. 그만 해요…… 됐다고요. 추잡한 고라 사헤브 흉내를 내려는 반푼이 같은 사람들은 보기도 많이 보고, 그들에 대한 이야기도 많이 들었어요. 그런 사람은 내 딸한테 손도 못 대게 할 거예요. 그래요, 그런 사람한테 시집을 보내느니 차라리 우물에 빠뜨리는 편이 낫다고요."

"들어 봐. 주변에다 슬쩍 물어봤는데, 전부 칭찬을 하더라니까. 나라고 우리 소누의 미래를 걱정하지 않는 줄 알아?"

"하지만, 대답해 봐요. 당신이 그 사람을 직접 봤어요? 만나 봤냐고요. 얘기는 나누어 봤어요? 생기기는 어떻게 생겼던가요?"

말 한마디 한마디에 엄마의 걱정이 묻어났다.

"보기는 했지만 만났다고는 할 수 없어. 우리 철도회사의 높으신 양반들하고 얘기를 하고 있더군. 지금은 너무 많은 걸 묻지 마. 그는 우리 카스트고, 건강하고 벌이도 좋아. 뭐가 더 필요해. 내일 그쪽 사람들이 결혼 문제를 상의하러 여기 올 거야."

"결혼식은 우리 마을에서 해야 돼요."

엄마가 볼멘소리로 외쳤다. 그리고 말을 이었다.

"당신네 뭄바이로는 가지 않을 거라고요. 여기 마리아이 여신 앞에서 두 사람이 결혼을 하고 축복을 받았으면 좋겠어요. 그리고 마하르 사람들이 전부 소누의 결혼식 잔치에 와서 두 사람을 축복해 주어야 해요. 그리고 당신의 심술궂고 늙은 고모가 이 결혼식에 참견하지 않았으면 좋겠고, 그리고 또……."

엄마의 말은 끝이 없었다. 나는 너무 어려서 내가 뭘 원하는지도 몰랐다. 내가 얼마나 예쁜지 볼 수 있게 거울이나 하나 있었으면 좋겠다는 생각뿐이었다.

엄마는 그날 밤 한숨도 못 잤다. 엄마가 아빠한테 뭐라고 하면, 아빠가 얼른 잠이나 자라고 채근하는 소리가 계속 들렸다. 다음날 아침에 엄마는 일찌감치 나를 깨웠고, 매일 나가던 농장에도 나가지 않았다. 집 안팎을 정신없이 돌아다니며 깔끔하게 치웠다. 그런 다음에는 병아리콩 가루를 염소젖에 개서 내 얼굴과 팔과 다리에 발랐다. 나를 목욕시키고 머리도 감겨서 잘 빗긴 후 아주 촘촘하게 땋아주었다.

엄마가 작은 옷가방에 간직했던 좋은 사리를 꺼냈다. 나는 사리를 입어야 된다는 사실을 알고 펄쩍 뛰었다. 엄마는 등을 찰싹 때려 입을 다물게 했다. 팔을 올리고 똑바로 서 있으라고 했다.

이쪽으로 돌아라, 저쪽으로 돌아라, 다리를 벌려라, 주문이 이어졌다. 사리의 한쪽 끝이 내 다리 사이를 지나 허리끈 속으로 들어갔다. 팔랑거리는 다른 쪽은 갈비뼈와 가슴을 감싼 다음 왼쪽 어깨너머로 길고 근사하게 늘어뜨렸다.

사리는 녹색이고 가장자리에 노란 선이 굵게 들어갔다. 낡아서 올이 풀린 부분이 있었기 때문에 엄마는 조심하라고 계속 주의를 주었다. 사리에서 어깨 뒤로 늘어뜨리는 부분인 파다르가 질질 끌렸다.

"소니." 때가 때라서 그랬는지 엄마가 나를 부르는 소리는 "손-히"처럼 들렸다.

"엄마가 지금 너보다 더 어렸을 때 아빠네 가족이 나를 보러 오는 날 네 할머니가 바로 이 사리를 엄마한테 입혀 주셨단다. 엄마한테 그랬던 것처럼 너에게도 이 사리가 행운을 가져다주었으면 좋겠구나. 이걸 할머니의 축복으로 생각하렴."

엄마는 내 머리 둘레로 손바닥을 휘휘 젓고, 마디를 꺾어서 소리를 내고, 내 머리 위에 침을 뱉고는 주변에 도사린 악귀를 물리칠 노래를 부르기 시작했다.

우리 소니를 보는 모든 것들에게 경고하노니,
잘 듣거라, 한 번 하면 두 번은 안 할 것이니……
오는 것들과 가는 것들……
졸졸 흐르는 개울이든,
콸콸 굽이치는 계곡이든,
나뭇가지 타고 오르는 담쟁이든,
하늘을 찌르는 거목이든……
올라가고 내려가는 그 누구, 그 무엇이라도,
위로 넘어가고, 아래로 기어가고, 어디로 가더라도,
우리 소니는 건강하고 활기차게 놓아 두어라.
조심하거라!
사악한 생각들이 돌아와 머리를 어지럽힐 것이니.

사리는 내가 걸치기에는 너무 컸고, 그 차림으로는 걷기도 어색할 뿐만 아니라 옷에 파묻힐 지경이었다. 엄마는 조신하게 걷고 얌전하게 앉는 법을 직접 보여 주었다. 그러고는 걷고 앉고 일어서는 연습을 시켰다. 몸을 굽히고 실제로 닿지는 않지만 거의 닿을 듯이 손님의 발을 향해 손바닥을 뻗어 예를 표하는 방법도 가르쳐 주었다. 그런 다음에 엄마도 몸단장을 했다. 결이 거친 세몰리나 밀가루로 특식도 만들었다. 준비를 다 마친 후에는 손님들이 오기만을 기다렸다.

터번(이슬람교도나 인도인이 머리에 둘러 감는 수건)을 쓴 남자 둘이 도착했다. 손님을 정면으로 보면 안 된다는 주의를 받았다. 누가 뭘 묻더라도 바닥을 내려다보며 대답을 해야 했다. 눈을 마주

치는 건 예의가 아니었기 때문에, 나는 두 사람이 어떻게 생겼는지 알 수 없었다. 관례에 따라 아빠가 손님들의 발을 씻겨 주었고, 두 사람은 들어와서 미리 깔아 놓은 돗자리 위에 앉았다. 아빠가 말을 시작했고, 가족과 친척의 목록을 주고받았다.

 엄마와 나는 한쪽 구석에 앉아 있었다. 와서 인사를 하라는 아빠의 말에 몸이 덜덜 떨리기 시작했다. 용기를 내서 사리를 추슬렀다. 늘어진 부분으로 등을 감아 앞으로 당겼더니 가슴을 한 겹 더 감싸게 되었다. 엄마가 시킨 대로 총총히 걸어 손님들 앞에 섰다.

 그들은 내 이름을 물어보았고, 어디 모자란 부분이라도 있나 확인하려는 듯이 걸어 보게 했다. 그러고는 뒤로 돌려세우고 내 종아리를 들여다봐서 까무러칠 뻔했다. 어디 흠은 없는지 검사를 받는 우시장의 소가 된 기분이었다. 천만다행히도 소와는 달리 나를 직접 건드리지는 않았다.

 손님들은 나를 자기들 앞에 앉혔다. 그중 한 사람이 물었다.

 "바크리를 보기 좋고 둥글게 잘 치대서 만들 수 있느냐?"

 나는 눈을 내리깐 채 고개만 끄덕였다. 긴장이 되고 관자놀이에서 맥이 뛰는 게 느껴졌기 때문에, 엄마가 그러라고 시키지 않았더라도 자연스럽게 그렇게 될 수밖에 없었다.

 엄마는 당신이 매일 밭에 나가기 때문에 음식은 늘 내가 만든다고 대신 대답을 했다. 내가 할 일은 그걸로 끝났다. 그들은 차를 마시고 과자를 먹으면서 여러 가지 결혼과 관련된 일을 의논했다. 돌아갈 때가 되었을 때 한 사람이 또 다른 사람에게 말했다.

 "바느질을 해보라고 한다는 걸 잊었군…… 시력이 나쁠지도 모르잖아."

"아이고, 저 아이를 보세요…… 아주 건강해 보이잖아요. 얼마나 나긋하고 날렵한지 못 봤어요?"
손님들이 돌아가기 무섭게 엄마는 참고 참았던 질문을 했다.
"어느 쪽이 신랑이에요?"
"당신 제정신이야? 그 사람은 오지 않았어. 그 사람 삼촌하고 사촌 형이야."
"왜 안 왔대요? 어떻게 생겼는지 보고 싶었는데."
"일이 바빠서 시간을 낼 수가 없대. 그 사람이 왜 보고 싶은데? 잘생긴 젊은이라고 내가 말했잖아. 뭘 더 원해?"
엄마는 계속 구시렁거렸다. 나는 얼른 달려가 몸을 칭칭 감고 있던 사리를 풀고 치마로 갈아입었다.

수많은 말이 오가고, 토라지고 달래기를 반복한 끝에 결혼식이 확정되었다. 식은 열흘 후에 올리기로 했다. 엄마는 말할 수 없을 정도로 흥분되어 동네방네 돌아다니며 자랑을 늘어놓았다.
"소니 신랑 말이야. 사람들이 그러는데 고리 시헤브의 말을 할 줄 안대, 글쎄!"
엄마는 자랑스러운 듯 눈을 크게 뜨며 만나는 사람마다 붙잡고 이 이야기를 했다.
"우리 소니는 복도 많지. 이제 돈방석에 앉게 될 거야…… 신랑이 철도회사에 다니거든."
그러다 하루는 한 아줌마의 이런 말 때문에 싸움이 벌어졌다.
"여기 앉아서야 소니의 신랑될 사람이 장님인지 귀머거리인지 알게 뭐야? 지금 뭄바이에 있다며…… 그 사람이 거기서 뭘 하는지 누가 가서 봤어? 듣기는 그렇게 들었어도 구걸을 하고 있을지 알 게 뭐람!"

두 사람이 머리끄덩이를 잡아당기는 걸 모두가 달려들어 뜯어 말려야 했다.

식이 열리기 직전까지도 할 일이 너무 많아 정신이 하나도 없었다. 사촌들은 저마다 일을 한 가지씩 맡았다. 흙집의 벽과 바닥에는 소똥을 새로 발랐다. 오후마다 아줌마들이 와서 엄마와 함께 잔치 음식을 준비했다. 노래를 부르고, 옛날에 결혼했던 이야기도 하고, 서로 놀리고 장난을 치며 즐겁게 일했다.

결혼식을 잘 치르는 것은 딸을 여의는 집뿐만 아니라 온 마을의 문제였다. 신랑 쪽 사람들을 대접하면서 조금이라도 소홀하거나 실수가 있으면, 마을 전체의 명예가 흔들렸다. 그렇기 때문에 파틸부터 모든 사람들이 관심을 가지고 일이 진행되는 것을 챙겼다.

여자들 몇 명이 흰 석회암 가루인 랑골리로 벽과 바닥에 행운을 상징하는 무늬를 그려 넣었다. 그리고 악귀의 접근을 막고 결혼식 손님을 환영하는 뜻으로 문 양쪽에 어린 바나나 나무를 한 그루씩 심었다.

금잔화와 망고 잎을 엮어 문을 장식하고, 보리수나무 그늘에는 간이침대를 여러 대 가져다 놓았다. 엄마와 아줌마들은 늦게까지 잔치 음식을 준비하느라 그 전날 밤에는 거의 잠을 자지 못했다.

생파파야로 만든 처트니와 렌틸콩을 넣은 매콤한 카레인 우살이 준비되었다. 이 우살을 만들 때는 그 향이 집안 구석구석 스며들어 꽃향기와 어우러졌다. 병아리콩 가루 옹심이인 분디를 넣어 짓는 밥은 아줌마들 중에서도 제일 경험이 많은 연장자가 맡았다.

두 종류의 바크리와 찐 밥, 바나나 푸딩, 세몰리나 푸딩인 시라도 만들었다. 물론 판(일종의 씹는 담배)과 수파리(빈랑나무 열매를 섞은 것), 그리고 담배도 빠지지 않았다.

할머니들이 노래를 부르고 춤을 추면서 심황 반죽과 우유로 내 몸을 문지르고는 목욕을 시키고 머리를 감겼다. 아줌마들이 신랑네 집에서 보내온 사리로 내 몸을 감쌌다. 검은 구슬 목걸이를 걸고, 팔꿈치까지 올라오도록 짤랑거리는 녹색 유리 팔찌를 찼다. 조그만 종 수백 개가 달린 발찌는 움직일 때마다 딸랑딸랑 소리를 냈다.

모두의 관심이 나에게 집중되었다. 친구들이 모여들어 감탄과 질투가 어린 눈으로 나를 바라보았다. 할머니들이 발라 준 심황 반죽 때문에 피부에서 빛이 났다. 나를 보러 오는 여자들마다 길운을 상징하는 주홍색 물감을 내 이마에 조금씩 찍었다. 그 가루가 흘러내려 눈에 들어갔는데, 쓰라려서 눈물이 흘렀다. 그러자 이제는 나를 보는 사람들마다 이렇게 말했다.

"울지 말거라 수니. 그게 여자의 운명이야…… 엄마의 곁을 떠나 자기만의 둥지를 꾸리도록 태어난 거야. 봐, 우리도 다 똑같은 과정을 겪었단다."

잠시 후 북과 심벌즈가 쿵쿵, 쨍쨍 울리면서 혼인을 치르러 온 사람들이 도착했음을 알렸다. 손님과 친척과 이웃들까지 좀 더 잘 보기 위해 앞으로 몰려 나가 북새통을 이루었다. 여자들이 노래를 부르고 춤을 추기 시작했다. 북소리 장단에 묻히지 않도록 일정하고 높은 톤으로 노래를 크게 외쳐 불렀는데, 그 노랫말이라니, 원!

귀한 아이를 데려간다며 신랑에게 욕을 퍼붓는가 하면, 신부 칭찬을 늘어놓기도 했다. 이렇게 재주 많고 솜씨 야무진 신부를 데려가는 신랑은 복도 많다고 노래했다. 그러다가 신부를 구박했다가는 온갖 저주가 떨어질 줄 알라고 시어머니에게 경고를 하기도 했다. 마지막으로 시아버지에게 부디 며느리를 딸처럼 대해 달라고 애원하며 끝을 맺었다.

    말을 탄 왕자여,
    고삐를 단단히 잡으시게.
    우리가 이 귀한 딸을
    공연히 사랑하는 줄 아오?

    신랑이 원하는 건 은반지뿐이고
    우리네 공주는 금 노다지인데,
    저 신랑 몰골 보니 왕도 아닐세!

    지참금이며 쇠솥과 냄비는 어째서 찾으시나
    황금으로 반짝이는 우리 딸을 데려가면서.
    어리석은 염소야, 바보 같은 신랑아
    우리 딸 고생시켰다간
    빗자루로 때려 줄 테다.

    감사한 줄 모르는 촌뜨기 신랑
    우리네 황금 목걸이 걸고 뽐내네.
    우리한테 고마워하지 않았다간

사람 대접도 못 받을 줄 아오.

비난과 원망이 가득한 노래였지만 모두 흥겹게 들었다. 그것 말고는 딸을 보내는 슬픔을 달리 표현할 방법이 없었기 때문이다.

먼 길을 온 신랑 쪽 사람들이 잠시 쉬며 원기를 회복한 후, 식이 시작되었다. 한참을 기다린 끝에 마침내 이런 소리가 들렸다.

"신부 삼촌 어디 계세요. 어서 서둘러요! 신부 삼촌한테 신부를 데리고 나오라고 하세요."

그날 저녁 잔치를 마친 후 우리는 남편의 마을까지 줄지어 걸어갔다. 북소리에 맞추어 노래를 부르고 춤을 추었다. 길을 걸어가는 도중에 폭죽도 터뜨렸다. 나는 그 커다란 소음이 무서웠고, 그게 터질 때면 숨을 죽이고 미리부터 마음의 준비를 했다.

소달구지 세 대가 우리 뒤를 따라왔다. 나머지 사람들은 걸어서 그 뒤를 좇았다. 정해진 관례와 관습에 따라 몇 가지 의식을 더 치른 후, 마을 사람들은 눈물을 글썽이며 나에게 인사를 하고 돌아갔다. 낯선 곳, 낯선 사람들 틈에 나 혼자 남겨졌다.

결혼을 하게 되면 선물이나 전통과 방식, 결혼식 준비를 놓고 서로 감정이 상하고, 심할 경우 주먹질이 오갈 때도 많다. 신랑 쪽에서 시비를 거는 데에는 특별한 이유도 필요 없었다. 그러면 신부의 아버지는 애원하고, 달래고, 선물을 더 주겠다고 약속하기도 했다. 신랑의 심기가 불편해지거나 신랑의 아버지가 없었던 일로 하자고 협박을 하면 신부의 아버지는 터번을 벗어 그 사람들의 발치에 놓고 사과를 하기도 했다. 잘못한 일이 있고 없고는 아무 상관이 없었다. 천만다행히도 내 결혼식은 매끄럽게 끝이 났다.

시댁에서는 나흘만 함께 지냈다. 그 다음에는 남편이 휴가가 끝나 뭄바이로 돌아가야 했다. 친척들은 나흘 만에 신부와 생이별을 한다며 그를 놀렸다. 나는 그가 집 주변을 돌아다니는 모습과 무슨 의식을 치러야 할 때 내 옆에 앉아 있는 모습을 지켜보았다. 거기서 사흘 밤을 보내는 동안 잠은 시어머니 옆에서 잤다. 시어머니는 내 이마를 다정하게 쓸어 주며 너무 예쁘다고 말해 주었다. 엄마와 집이 생각날 때마다 나는 울음을 터뜨렸다.

모든 의식이 끝난 후에는 남편 옆에 앉거나 말을 걸 필요가 없었다. 남편도 나한테 말을 하지 않았다. 나흘째 되는 날 남편은 사람들과 함께 뭄바이로 떠났다. 시어머니는 오빠가 나를 데리러 오고 있으니 돌아갈 준비를 하라고 했다. 그 말에 나는 뛸 듯이 기뻤다.

그런데 생각을 해보니 자꾸 걱정이 되었다. 결혼한 여자들은 대부분 남편의 집에 가서 살아야 했다. 어쩌다 남편한테서 버림을 받는 여자들이 있었고, 그러면 고향으로 돌아와 부모와 함께 살았다. 여자네 집으로서는 더 없는 수치였다. 대우가 소홀했다거나 지참금과 선물을 약속대로 주지 않았다는 게 여자를 돌려보내는 가장 큰 이유였다. 나는 내가 뭘 잘못했기에 돌려보내는 건지 궁금했다. 나중에야 몸이 성숙하고 사춘기가 되어야 한다는 걸 알게 되었다. 그 운명의 날이 올 때까지는 부모님과 함께 살아야 했다.

나는 이제 사리를 입지 않아도 된다는 생각에 안도하며 집으로 돌아왔다. 엄마는 이제나저제나 기다리고 있다가 그 집에서 어떤 일이 있었는지 꼬치꼬치 캐물었다.

"잠은 어디서 잤니? 집은 얼마나 크디? 저녁으로는 뭘 내놓든? 너한테 설거지를 시키디?"

엄마는 사소한 것까지 끝없이 물어보았다. 나를 위해 특별히 세몰리나 푸딩도 만들어 놓았다. 하지만 그게 다였다. 내 응석을 받아 준 건 그날 하루뿐이었다.

다음날부터는 다시 일상으로 돌아갔다. 마치 꿈을 꾸고 일어난 것 같았다. 장신구와 새 옷은 남편의 집으로 갈 그날을 위해 잘 넣어 두었다. 유일하게 달라진 점이라면 어쩌다 한 번씩 엄마가 사리를 입으라고 잔소리를 하기 시작한 것이었다. 그러면서 사리가 가슴 앞쪽에서 제대로 늘어지게 해야 한다고 주의를 주었다.

"미끄러져 내리지 않도록 조심해. 일을 하는 동안에는 허리에 한 번 둘러서 허리끈 안에 집어넣는 거야."

어쩌다 손님이 오면 발을 만져서 공손한 예를 표해야 했다. 엄마를 도와 부엌일도 많이 했다. 음식 솜씨와 살림살이에 좀 더 능숙해져야 했다. 이건 내가 원하던 게 아니었다. 내가 생각했던 건 결혼식과 선물뿐이있다.

엄마는 내가 모든 집안일에 완벽해지도록 끊임없이 노력했다. 내가 제대로 못하면 시집 식구들이 가정교육을 탓하고, 하나도 안 가르쳐서 보냈다며 엄마 흉을 볼 거라고 했다.

"이건 하지 말고, 저것도 하지 말고, 이렇게 앉지 말고, 저렇게 걷지 말고, 너무 빨리 먹지 말고, 소리 내서 먹지도 말고, 부엌에서 일할 때 소란스레 굴지 말아라."

이건 아예 엄마가 끝없이 부르는 노래가 되었다. 나는 칭얼대기도 하고, 가끔은 짜증도 부렸다.

하지만 야단과 지적은 계속되었다.

"앞으로 닥칠 일에 준비를 시키려는 거야."

또 이렇게 말하기도 했다.

"네 낯가죽을 두껍게 만들어 주고 싶구나. 그 사람들이 뭐라고 하든 태연히 받아넘기게 말이야."

엄마는 눈물이 그렁그렁해서 나를 바짝 끌어안고 등을 토닥였다.

"가여운 것. 너를 어쩌면 좋으니. 우리는 기구하게도 여자로 태어난 팔자야. 그 고통을 다 견뎌 왔건만 이제는 네가 그걸 치르는 걸 봐야 하는구나. 이러니 딸을 낳지 말라는 거지."

내 행실에 대한 엄마의 구박과 시댁 식구들의 반응에 대한 말들, 이 말을 할 때 엄마의 얼굴에 어린 무기력한 표정은 내 마음속 깊은 곳에 새겨졌다. 심지어 지금도 뭔가 사소한 것이 실마리가 되면 그 시간들이 통째로 생생하게 떠오르곤 한다.

아무튼 나는 온갖 집안일을 도맡아 하고, 매일 곡식을 갈고, 저녁을 차렸다. 여전히 친구들과 놀기는 했지만 이웃의 남자 아이들과는 놀 수 없었다. 남자 아이와 의례적인 인사보다 길게 이야기하는 모습이 눈에 띄면 보는 사람마다 야단을 쳤다. 마을에서 나보다 나이가 많은 사람은 누구나 나를 혼낼 권리가 있는 것 같았다.

"너는 이제 아무 생각 없이 태평한 여자 아이가 아니야."

이렇게 말하는 사람들도 있었다. 엄마는 사람들이 그러는 이유를 말해 주었다.

"남편의 집으로 아주 살러 갈 때까지는 우리 마을이 너를 책임져야 하고, 그렇기 때문에 매 눈을 뜨고 너를 지켜보는 거란다."

집에 오는 사람마다 하나같이 나보고 복이 많다며 축하해 주었다. 나는 그 사람과 결혼해서 다행인 모양이라고 생각했다. 남편의 가족과 보낸 나흘 동안 사람들이 내 하얀 피부와 예쁘장한 외모에 대해 계속 이야기했던 게 기억났다. 그 생각을 하니 내가 어떻게 생겼는지 또다시 궁금해졌다. 나는 엄마를 졸랐다.

"엄마, 내가 어떻게 생겼는지 말해 줘."

"엄마랑 똑같이 생겼지."

이때까지만 해도 엄마는 순순히 대답했다. 하지만 그 대답은 성에 차지 않았다. 그러면 엄마도 인내심을 잃고 호통을 쳤다.

"애 좀 봐. 이제 아예 외모에만 정신이 팔렸네. 집안일이나 잘 배우고, 어떻게 생겼는지는 나중에 네 남편한테 갔을 때 실컷 물어봐."

그래도 몸의 변화에는 무척 신경이 쓰였다. 가슴이 눈에 띄게 커져서 민망했다. 아줌마들이 아기에게 젖을 물리는 건 보았지만, 가슴은 아기를 낳아야 커지는 줄로만 알았다.

허벅지가 펑퍼짐해지고, 허리는 잘록해지고, 팔다리에는 윤기가 돌고, 겨드랑이와 다리 사이에 털이 났다. 이 모든 변화가 미치 하룻밤 새에 일어난 것 같았다. 달라진 건 알았지만, 그게 무슨 의미인지는 이해하지 못했다. 나한테 일어나고 있는 일에 대해 이야기를 할 수도 없었다. 엄마는 늘 바쁘고, 가서 이런 이야기를 하면 면박을 줄까 봐 두려웠다.

이제는 아이 어른 할 것 없이 남자의 시선을 받으면 수줍어지고, 주위에 남자가 있으면 부끄러웠다. 그걸로도 모자라 남자들에게 이야기를 할 때면 사리로 얼굴을 가리거나 수줍게 고개를 돌려야 할 것만 같았다.

마침내 뭄바이로 떠날 때가 되었다. 이제 그건 두려운 일이 아니었다. 엄마는 내 응석을 받아 주고, 내가 좋아하는 것들을 전부 만들어 주었다. 그리고 옆에 앉아서 내가 맛있게 먹는 모습을 사랑스런 눈으로 바라보았다. 평소에 이렇게 특별한 대우를 받는 건 남자들뿐이었다. 남자들만 팬에서 갓 구워 낸 신선하고 뜨거운 바크리를 대접받을 수 있었는데, 지금은 내가 그 호사를 누리고 있었다.

"마음껏 먹어라, 맘 편히 먹어. 네 앞에 뭐가 기다리고 있을지 누가 알겠니. 남편의 집에서는 시어머니의 비위를 맞추어야 배불리 먹을 수 있을 게다. 네 할머니는 만약 마음대로 할 수 있었다면 나를 죽게 했을 거야. 다정한 네 아버지가 자기 양보다 많이 챙겼다가 남은 걸 나에게 건네주곤 했지."

나는 시어머니 만나는 게 기다려졌다. 그 집에서 지낼 때 나를 잘 돌봐 주었기 때문이다. 먹을 걸 안 준다는 건 상상도 할 수 없었다. 나는 조금도 불안하지 않았다. 우리 엄마 곁은 떠나지만, 뭄바이에 가면 남편의 어머니가 있었다. 그래서 엄마와 우리 집을 떠난다고 생각해도 슬프지 않았다. 뭔가 새로운 것, 뭔가 신나는 것이 기다리고 있었다.

아빠가 뭄바이 시댁에 전갈을 넣어 내가 준비되었다는 걸 알리자, 곧 남편과 그의 사촌 한 명이 타루 케르다로 왔다. 엄마는 결혼식 날처럼 나를 새벽같이 깨워서 온갖 장신구로 치장했다. 나에게 들려서 보낼 특별한 음식도 만들었다. 남편은 점심 때 오기로 되어 있었지만, 아침 일찍 준비를 다 마쳤다. 그런데 남편은 기차가 고갯길에서 지체하는 바람에 점심이 지나 오후가 되어서야 도착했다. 나는 남편이 선물을 가져와서 기분이 좋았다.

　출발하기 직전에 엄마는 남편과 나를 나란히 앉혀 놓고 모든 악귀로부터 우리를 보호하는 뜻으로 이마에 주홍색 물감을 칠했다. 나는 사리를 입고 있었는데, 엄마는 파다르를 펼치라고 했다. 엄마는 거기에 과일 한 알, 껍질을 벗기지 않은 코코넛 하나, 동전 몇 개, 그리고 약간의 쌀을 흩뿌렸다. 이건 다산을 비는 상징이고, 나는 그걸 전부 챙겨서 새 집으로 가져가야 했다. 엄마는 그걸 파다르로 잘 감싸서 매듭을 지은 후 끝을 허리끈에 집어넣으라고 했다. 그런 다음 나는 남편을 포함한 모든 어른들께 절을 해야 했다.

　"늘 명심해라. 오늘부터는 남편이 너의 신이다. 옳고 그른 것은 남편이 정하는 거야. 무슨 일이 있더라도 남편에게 순종해야 한다. 절대로, 무슨 일이 있어도 남편의 뜻을 거슬러서는 안 돼. 무엇이든 그가 시키는 대로 하고 행복하게 해주어라. 남편은 너보다 나이도 많고 세상의 이치를 알고 있으니까."

　내가 남편의 발을 만질 때 엄마가 엄격한 목소리로 말했다.

　무슨 말인지 알아듣지는 못했지만, 고개를 끄덕이며 엄마의 말을 명심하겠다고 약속했다.

　그리고 나서 축복의 주문을 외울 때 엄마는 감정이 격해져서 목소리가 떨렸다.

　"두 사람의 손에 늘 행복과 풍요의 축복이 내리길, 궁핍은 언제까지라도 두 사람을 멀리 피해 가길!"

　문지방을 넘어설 때에도 충고를 했는데, 남편과 더불어 시댁 분들 말씀에도 늘 복종하고 잘 모시라는 것이었다.

　"엄마가 한 말만 명심하면 두고두고 행복할 거야."

눈에 눈물이 고인 엄마에게 남편은 나를 잘 보살피고 행복하게 해주겠다고 약속했다. 눈물을 흘린 건 엄마와 아빠였는데도, 엄마는 계속 이렇게 말했다.

"울지 마라, 우리 딸…… 이제 네 집으로 가는 거야."

엄마는 나보다 엄마 자신에게 그 사실을 확신시키려고 애쓰는 것 같았다.

"언젠가는 너도 딸을 낳아 이렇게 떠나보내게 될 거다. 그러면 내가 우리 엄마 말씀을 기억하고 그리워하는 것처럼 내가 했던 말을 기억하겠지."

열두 살이 채 안 되었던 나는 여전히 철이 없고, 세상살이에 대해서도 아는 게 전혀 없었다. 남편이 가자는 대로 그를 따라서 소달구지를 타고 그의 마을로 갔다가 거기서 기차를 타고 뭄바이로 갔다. 전에도 기차를 타고 뭄바이에 가본 적이 있지만, 늘 여성칸을 이용했고 바닥에 앉았다. 좌석표를 살 돈이 없었다. 이번에는 남자 두 명이 동행했고, 일반 객실에 앉아서 갔다.

남편은 사촌하고 철도회사 이야기만 했다. 앉아서 듣기는 했지만 한마디도 알아들을 수 없었다. 창밖으로 스쳐가는 언덕과 강, 농장과 나무들의 풍경을 구경하는 게 재미있었다.

그러다 갑자기 기차 안이 칠흑 같은 어둠에 싸이면서 울부짖는 것 같은 소리가 났다. 내가 너무 표 나게 숨을 헉 들이켰던지 남편이 서둘러 이렇게 말했다

"터널에 들어간 것뿐이야. 겁낼 것 없어."

"겁 안 나요. 전에도 뭄바이에 가봤고, 그때도 터널을 지났어요."

내가 말했다. 사실은 겁이 난다는 걸 그에게 들키고 싶지 않았다. 나는 터널이 아니라 터널 저편에 놓여 있는 것이 무서웠다.

해가 뉘엿뉘엿 지면서 저녁의 땅거미가 드리웠다. 마침내 뭄바이에 도착했지만, 내가 안도의 한숨을 내쉬기도 전에 남편은 조금 더 걸어야 집에 닿는다고 말했다.

하지만 조금이라던 길은 영영 끝나지 않을 것 같았다. 한 손에 사리 자락을 움켜쥐고 다른 손에는 옷가방을 들고서 걷고 또 걸었다. 한 발을 딛고 다시 한 발을 앞으로 내딛으며, 남편의 뒤에서 그의 발자국을 따라가는 데에만 온 정신을 모았다. 엄마는 가정교육을 제대로 받은 정숙한 여자는 절대로 남편과 나란히 걷지 않는다고 했다. 남편은 무거운 짐을 들고도 전혀 힘든 기색 없이 빠르게 걸으며 나한테는 신경도 쓰지 않았다.

지치고 배도 고프고 눈에 눈물이 고였다. 하지만 그건 피곤해서 나는 눈물이 아니라 불확실함 때문에 나는 눈물이었다. 나를 기다리고 있는 게 뭔지, 그들이 나한테 기대하는 게 뭔지 알 수 없었다. 고향 친구라도 한 명 같이 왔으면 얼마나 좋았을까.

양옆으로 널찍하게 퍼진 낡은 건물에 다가갔을 때 남편이 말했다.

"여기가 우리 출(chawl, 단칸방 집들로 이루어진 폭이 넓은 아파트 건물)이야."

가까이에서 본 건물은 곧 무너질 것만 같았고, 상자 같은 방들이 빼곡했다. 한쪽 끝에서 다른 쪽 끝까지 긴 발코니가 나 있고, 여자 여럿이 밖을 내다보고 있었다. 발코니로 난 창문 몇 군데가 열려 있었다. 그 창문에도 고개를 내민 사람들이 있었다. 채소와 우유가 담긴 봉투를 들고 집으로 돌아가는 남자들도 보였다. 여자들은 삼삼오오 모여 이야기를 나누며 주변에서 뛰어노는 아이들을 지켜보았다.

예닐곱 살쯤 되어 보이는 아이 하나가 우리를 보더니 반가워서 소리를 치며 달려왔다.

"다무 아저씨, 다무 아저씨."

그러다 나를 보고는 수줍게 도망을 쳤다. 아이는 앞서 달려가며 소리를 쳐서 우리가 도착했다는 사실을 모두에게 알렸다.

남편은 그 꼬마가 이웃에 사는 라크슈미 아주머니네 아들 라주라고 알려 주었다. 주변이 술렁이면서 많은 사람들이 모여들어 미소 띤 얼굴로 인사를 건넸다. 손을 흔드는 사람도 있고, 뭐라고 말을 하는 사람도 있었다.

우리는 그 사람들을 다 지나쳐 걸어갔다. 시누이인 나주카와 시어머니는 우리가 정말 도착했는지 확인하려고 밖으로 달려 나왔다. 라주가 한쪽에 서서 환하게 미소를 짓고 있었다.

시어머니는 얼른 다가와 우리를 문 앞에 멈춰 세웠다.

"여기서 기다려라! 들어오지 마."

목소리가 날카로웠다. 나는 당황했고 무슨 영문인지 알 수 없었다. 하지만 시어머니는 물 주전자와 바크리 한 장을 들고 곧 돌아왔다. 그걸 빙빙 돌리며 우리의 주변을 돌고 물로 우리의 발을 씻겼다. 그런 다음 바크리를 멀리 내던지며 우리에게 사악한 눈길을 보낸 이들에게 저주가 떨어지라고 말한 다음, 우리에게 들어오라고 했다.

문지방에는 쌀이 담긴 조그만 그릇이 놓여 있었다. 집 안으로 들어오기 전에 오른발로 그걸 힘껏 차야 했다. 쌀알은 멀리멀리 날아가 방 안 구석구석으로 퍼졌다. 그건 내 행운이 우리 집에 불러올 부와 번영을 상징하는 의식이었다.

남편은 한숨을 한 번 내쉬고는 차를 달라고 했다. 나는 엄마의 당부가 기억나서 시어머니에게 함께 절을 하자고 눈치를 주었다. 시어머니의 입에서는 내 칭찬이 마르질 않았다. 내 등을 다정하게 토닥이며, 당신을 사수바이라고 부르라고 했다. 그건 시어머니라는 뜻이었다. 새 가족과의 출발이 좋다는 생각이 들었다.

저녁이 되었는데 뭘 해야 할지 몰랐다. 나주카의 눈길이 나를 졸졸 따라다니며 내 행동을 관찰하는 게 느껴졌다. 그때 이웃 여자들 몇 명이 찾아와 이렇게 말하며 웃음을 터뜨렸다.

"달덩이처럼 예쁘다는 새색시 구경 좀 합시다."

나는 사리의 파다르로 머리를 감싸고 한구석에 앉았다. 대여섯 명이 내 앞에 앉아서 웃고 떠드는데, 나는 민망해서 주눅이 들고 몸이 움츠러들었다. 여자들은 한꺼번에 말을 쏟아 냈다.

"저기, 이름이 뭐야?"

누가 묻는데, 옆에서 또 다른 사람이 냉큼 참견을 했다.

"신부 이름은 뭐 하러 물어? 신랑 이름이나 말해 보라고 해."

그러더니 다 함께 까르르 웃었다.

하지만 여자는 사람들 앞에서 남편의 이름을 말하지 않게 되어 있다는 걸 잘 알았기 때문에 입을 다물고 있었다.

"말해 봐, 남편이 손은 잡았어?"

"가여운 아이를 왜 힘들게 하는 거야? 민망해서 어쩔 줄 모르는 거 보이지도 않아?"

사수바이가 와서 그 사이에 앉자, 다들 잠잠해졌다.

"우리는 그냥 칸도바 신께 기도를 하러 갔었는지 물어봤을 뿐이에요."

한 명이 이렇게 대답하고, 나머지는 키득키득 웃었다.

"아직 안 갔어. 상서로운 만월제인 푸르니마(보름밤)가 되길 기다리고 있어. 그게 다음 주니까, 그때 다 같이 갈 거야. 신이 우리를 어여삐 여겨서 내가 기도했던 대로 다무에게 예쁜 색시를 주셨으니, 이제 내가 염소를 바치겠다고 했던 약속을 지켜야지."

"예쁜 색시가 왔다고 소문이 자자하던 걸요. 어디, 얼굴 좀 보자…… 좀 보여 줘 봐."

그러면서 한 명이 다가와 내 턱을 치켜들었다. 그리고 사리 끝을 천천히 들어올렸다.

"아유, 부끄러워 할 것 없어. 남편도 아니고 내가 그러는 건데."

여자들은 또다시 키득거리기 시작했고, 그중 한 명은 이렇게 말했다.

"어쩌면 남편이 그랬을 때가 생각나서 부끄러워하는지도 모르지."

"어머나, 어머나. 새색시 얼굴 좀 봐. 달빛처럼 광채가 나네. 아유 가여워라. 어쩌다 시커멓고 못생긴 우리 다무의 올가미에 걸려들었누?"

사수바이는 내 칭찬이 쏟아지길 기다리고 있었다. 나를 자랑삼아 내보이고 싶어 했던 사수바이의 얼굴이 환하게 빛났다. 하지만 얼마 후에는 겨자씨와 소금을 한 줌씩 들고 악귀를 쫓는 의례적인 의식을 했다.

"소니, 무슨 생각을 하는 거야? 아주 생각에 푹 빠졌네. 아직도 왜 나랑 결혼했는지 생각하는 중이야?"
남편이 짓궂게 놀렸다.
"말했잖아요…… 아빠가 시켜서 한 거라고……."
"그래도 한번 말해 봐. 나랑 같이 사는 게 조금이라도 좋기는 한 거야?"
그가 물어보려는 게 뭔지 깨닫자 가슴이 살짝 울렁거렸다. 그는 붉어진 내 얼굴을 보았고, 그래서 굳이 말로 대답할 필요가 없었다.
"조오오금 좋아요."
나는 장난스럽게 대답하고는 이렇게 덧붙였다.
"하지만 많이는 아니에요."

뭄바이에서 보낸 처음 몇 달을 떠올렸다. 뭄바이에 있는 아빠의 집도 남편의 비좁은 집보다는 나았다.
내가 익숙하던 집과는 전혀 딴판이었다. 아빠가 뭄바이에서 지내는 포트 트러스트의 숙소도 작기는 했지만, 그래도 그곳은 공기가 통했다. 해가 들이치는 커다란 창이 널쩍한 인상을 주었다. 단지도 넓어서 뛰어다니며 술래잡기를 하곤 했다.
쿠클라에 있는 남편의 집은 작고 더러웠다. 하나뿐인 창문은 공용 발코니로 나 있었다. 그 집에 벌써 남편과 시누이와 사수바이,

이렇게 세 명이 살고 있었다.

옴짝달싹할 공간이 없었다. 한쪽에는 화덕과 솥과 냄비 들을 전부 늘어놓았고, 다른 쪽은 물을 쓸 수 있도록 물주전자들과 커다란 드럼통으로 구분을 지었다. 입주자들이 다 함께 사용하는 공용 화장실과 세면장은 밖에 있었다.

촐은 길가에 있어서 나가 놀거나 밖에 앉아 있을 만한 곳이 없었다. 문도 공용 발코니 쪽으로 났기 때문에 문과 창을 열어 놓으면 안이 그대로 들여다보였다. 사실상 공동생활이나 다름없었다. 모두가 서로의 집에 드나들었고, 무슨 일이 있는지 속속들이 다 알았다.

누구네 집에서 말다툼이 벌어지면 다들 팔을 걷어붙이고 참견했다. 우리 마을에도 공동체 의식이 있었지만, 남의 집에 그렇게 뻔질나게 드나들지는 않았다.

촐의 소음과 소란스러움도 나에게는 생소했다. 우리 마을에서는 엄마가 맷돌을 갈며 부르는 노랫소리에 잠을 깨는 게 보통이었다. 그런 다음에는 나가서 세수를 하고 돌아와 방금 구운 바크리와 염소젖으로 아침을 먹었다.

뭄바이의 하루는 물을 길러 가는 것으로 시작되었다. 나주카가 양동이 두 개를 들고 자기를 따라오라고 했다. 긴 발코니를 지나 공용 화장실과 수도가 있는 곳으로 갔다.

여자들이 양동이를 채우려고 서로 밀고 밀렸다. 마을의 강이 생각났다. 거기서는 여자들이 줄지어 서서 노래를 부르고 장난을 치며 물동이를 강에 담갔다. 한 명에게 집중적으로 물을 튀기며 놀기도 했다. 서로 정을 쌓고, 집에서 쌓였던 긴장을 푸는 시간이었다. 가끔은 손에 손을 잡고 빙글빙글 돌며 노래를 부르기도 했다. 한 여자를 정해서 이 남자 저 남자와 장난스레 짝을 짓다가 마지막으로 진짜 남편과 엮어 주는 노래였다.

그런데 도시에 오니 물을 긷는 일이 고역이었다. 여자들은 서로 밀치고, 싸우고, 심지어 머리채도 잡아당겼다. 충격을 받은 내 표정을 보고 나주카가 말했다.

"이건 시에서 식수용으로 설치한 수도예요. 식수는 일정한 시간에만 나오거든요. 보통은 아침 일찍 시작해서 한 시간이면 끊어져요."

나는 우리 마을에서는 강에서 빨래도 하고 물동이에 물을 길었다면서, 돌아오는 길에 마을 여자들끼리 수다를 떨고 과일열매와 타마린드콩을 따먹기도 하면 얼마나 즐거웠는지 모른다고 말했다.

"여기서는 그럴 수 없어요. 가요. 꾸물거릴 시간이 없어요. 이젠 언니도 같이 살게 됐으니까 물을 그만큼 많이 떠야 해요."

나주카의 목소리에는 그런 이야기는 할 필요도 없다는 듯한 단호함이 어려 있었다. 니주키는 혼잣말을 하면서 앞서 걸었는데, 이렇게 중얼거리는 소리가 들렸다.

"강물을 쓰던 버릇대로 하면 우리가 떠다 놓은 물을 다 써버리겠네……."

수돗물은 여섯 시면 끊겼고, 그때쯤이면 모두 충분히 물을 길었다. 우악스러운 사람들은 필요한 양보다 더 많이 원했을지도 모른다. 그게 뭄바이였고, 나는 도시에서 사는 법을 막 배우기 시작한 참이었다. 남편이 뭄바이에 처음 왔을 때는 어땠는지 궁금했다.

다무

내 꿈속의 뭄바이는 어렸을 때 툴시람바바 아저씨의 마법 환등기에서 보았던 사진 속 풍경들로 이루어져 있었다. 높은 건물들, 자동차들이 씽씽 달리는 넓은 길, 뱀처럼 구불구불 달려가는 기차가 있는 곳이었다. 뭄바이에 처음 간 건 열두 살이던 1919년이었다. 그때의 느낌이 어땠더라. 두려움? 불안? 앞에 놓인 불확실한 미래 때문에 걱정이 되었다.

"뭄바이에 가는 게 좋았던 건 말이야, 기차를 타고 갔기 때문이야. 흥분을 가라앉힐 수가 없었지. 기차를 처음 봤을 때 내가 뭐라고 소리를 질렀는지 알아? '산이 우리를 향해 달려와요!' 이랬었어."

얼굴에 피어났던 미소는 마을의 기억에 자리를 내주면서 가슴에 묵직한 통증이 느껴졌고, 눈가까지 촉촉해졌다.

"응. 계속해요. 듣고 있어요."

소누가 생각에 잠겨 있던 나를 다시 깨웠다.

"기차는 칸마다 사람들로 가득했어. 나는 집에서 챙겨 온 채소 자루를 끌어안고 바닥에 자리를 잡았어. 나주카는 어머니의 무릎을 베고 잠이 들었지. 엄청난 속도로 스쳐 가는 바깥세상을 보려고 했지만 바닥에 앉아서 볼 수 있는 건 고작 다른 사람들의 신발뿐이었어. 깜빡 잠이 들었는데, 파발라 고모가 뭄바이에 도착했다며 내 어깨를 흔들어 깨우더라고. 역의 승강장으로 깡총 뛰어내렸지.

그 사람들이라니! 그런 난리는 또 없었어. 내 평생 그렇게 많은 사람을 본 건 처음이었어. 어떤 사람들은 대단한 사헤브처럼 보였고, 어디론가 바삐 걸어갔어. 또 어떤 사람들은 짊어진 짐에 금방이라도 주저앉을 것 같았지. 역에 멈춰 서 있는 기차도 수없이 많았어. 그날까지 여객용 기차는 본 적이 없었는데, 갑자기 수많은 기차 가운데 서 있게 된 거야.

문득 이런 생각이 들었어. 기차한테도 친구가 있을까? 서로 얘기를 나누며 행복과 슬픔을 나눌까? 그런 생각에 슬그머니 웃음이 나더군.

역 밖에는 온갖 먹을거리를 파는 수레들이 줄지어 있었어. 먹고 싶은 마음에 한참을 쳐다보았지. 튀김, 윤기가 자르르 흐르는 고기 꼬치, 온갖 땅콩. 장사치들은 음식을 작은 종이 접시에 담아 주었고, 사람들은 그걸 들고 다니면서 지나는 이들의 식욕을 자극했어. 장사치들은 계속해서 소리도 쳤는데, 타령처럼 읊어 대는 그 내용은 앞뒤가 잘 맞지 않았어.

'한 사람도 오세요, 모두들 오세요, 제가 파는 음식은 천국 시장에서 가져온 거랍니다.'

'재미 보세요, 1안나. 즐기세요, 1안나. 단돈 1안나. 놓치지 말아요, 1안나.'

그 모습을 간절하게 쳐다보았지. 냄새가 어찌나 맛있던지 배가 더 고파졌지만, 차마 사달라고 말할 엄두는 나지 않았어. 그렇다고 침을 삼키며 그 앞에서 알짱거리는 것까지 참을 수야 있나. 속으로 고모가 눈치 채기만 바랐지. 하지만 돌아온 건 꿀밤과 핀잔뿐이었어.

'이렇게 사람들 많은 데서 길을 잃어버리면 어쩌려고 그래?'

사촌 형 마다브를 어디서 찾을 수 있는지도 모르는 채 무작정

파발라 고모만 따라간 거야. 나주카랑 나는 어머니 치맛자락만 붙들고 갔어. 그러다가 어머니도 어찌할 바를 모르고 당황해한다는 걸 알고는 내가 집안의 유일한 남자로서 어머니를 지켜 주어야 한다는 걸 깨달았어. 아마 어머니를 안심시켜 주려고 이렇게 말했을 거야.

'걱정 마세요, 어머니. 곧 집에 가게 될 거예요.'

어머니는 미소를 지으면서 내 머리를 쓰다듬어 주었어.

우리가 간 곳은 뭄바이 외곽에 있는 가트코파르라는 곳의 철로변이었어. 그곳에 사는 사람들은 정말 가난해 보이더라. 사방에 게딱지만 한 집과 오두막뿐인데, 사람은 우글거리고 말할 수 없을 정도로 더러웠어. 내가 꿈꾸었던 뭄바이와는 확실히 달랐지. 실망스럽고, 오자르의 깨끗한 공기와 드넓은 들판이 그리워지더군. 파발라 고모는 거의 쓰러져 가는 조그만 건물 앞에 우리를 세워 놓고 짐을 지키고 있으라고 했어.

'매 눈을 뜨고 지켜야 해. 여기는 뭄바이야…… 눈 깜짝할 사이에 물건을 도둑맞는 데라고.'

그러고는 어느 집으로 들어가서 누군가와 이야기를 하다가 우리를 안으로 불러들였어. 우리한테 당분간 거기 있어도 된다고 하더니 고모는 가버렸어.

어머니는 마다브를 찾으려고 노력했지만 허사였어. 아무도 그가 있는 곳을 모르는 것 같았어. 어머니는 한걱정을 했지. 우리가 뭄바이까지 온 이유는 오로지 형이 우리를 불러서였으니까. 고모는 휙 가버리고, 우리는 별안간 그 작은 방에 갇힌 신세가 된 거야. 어머니의 얼굴에 커다란 글자로 적은 것처럼 오만 가지 감정이 떠오르는 게 보였어.

 그런데다가 그 작은 방에 스무 명 가까운 사람들이 산다는 거야. 물론 교대 시간이 전부 다른 철도노동자가 대부분이었지만. 다들 일상의 틀을 갖추고 제법 잘 돌아가는 것처럼 보이긴 했어. 기차역의 엄청난 인파가 기억나더군. 그 사람들은 다리를 쉴 새 없이 움직이며 뭔가에 분주히 열중하는 개미 떼 같아 보였거든. 그 조그만 방에 밤이 오면, 벽에 못을 박아 얼기설기 친 줄 위에 천을 걸어 각자의 공간을 나누고는 네다섯 쌍이 잠을 자는 거야. 어머니는 아무와도 눈을 마주치지 않고 한구석에 있는 진흙 화덕에서 조용히 바크리를 구웠어.

 바크리를 먹고 있는데, 내가 여자들이랑 같은 방에서 자도 될 만큼 어린지를 놓고 남자들 사이에서 언쟁이 벌어졌어. 남자들은 내가 딱 중간에 놓인 경우이기 때문에 자기들을 따라 한뎃잠을 자러 나가야 한다고 결론을 내렸어. 그래서 그 남자들이 하는 대로 어깨에 자루를 지고 기차역으로 나갔지. 낯선 사람들과 함께 걸어가기는 너를 어머니가 눈으로 한참 따라오는 걸 느낄 수 있었어.

 자정이 가까웠고 역에는 침묵이 감돌았어. 남자 한 명이 그곳은 뭄바이 시내를 오가는 지선 기차역이라고 말해 주더군. 우리는 어디서 자는 걸까, 어리둥절하기만 했어. 그러다가 온갖 요상한 자세로 웅크린 사람들의 형상이 사방에 널려 있는 걸 보게 됐어. 남자들이 하는 걸 지켜보다가 나도 기둥 근처에 자리를 잡고 승강장 바닥에 낡은 자루로 된 잠자리를 폈지.

 승강장 바닥은 눈 깜짝할 사이에 누워 자는 사람 천지가 됐는데, 대개는 남자였지만 여자와 아이들도 적지 않았어. 어디선가 자리를 놓고 싸움이 벌어졌고, 그걸 보니 혹시라도 자리에서 쫓겨날까 봐 겁이 나더라고. 나는 이불 삼아 가져온 어머니의 낡은 사리를 얼굴까지 덮어썼어. 낡아서 올이 풀린 틈으로 그 너머에서 벌어지는 일들을 지켜보며, 오자르와는 판이하게 다른 뭄바이 생활에 기겁을 했지.

하지만 뭄바이에 사는 건 신나는 일이었어. 기차역에서 자는 아이들과 친구가 됐거든. 판두와 마루티야라는 형제가 있었어. 마루티야는 다들 마루라는 애칭으로 불렀는데, 앞 못 보는 장님이었어. 낮에는 기차역에 나와 구걸을 했고, 돈이 꽤 모인 날이면 시바라이 동전 한두 개를 나에게 던져 주곤 했지.

어머니는 풀을 깎고 잡초 뽑는 일을 하게 됐어. 평생 밭일을 해왔으니까 자신 있었지. 마을에서 어머니는 하루에 2~3안나를 받았었는데, 뭄바이에 오니까 같은 일을 하는데도 12~14안나를 주는 거야. 어머니는 그런 행운을 믿을 수가 없어서 신께 감사를 드렸을 정도야. 하지만 차츰 그 도시가 좋은 돈벌이로 사람들을 꾀어 피땀으로 그 대가를 치르게 한다는 걸 깨달았지.

처음에는 집에 남아서 나주카를 보살폈지만 차츰 엉덩이가 들썩거려서 결국에는 나주카만 집에 두고 기차역의 개구쟁이들과 놀러 다녔어. 마루가 마음이 동해서 동전 몇 푼을 주는 날이면 꼭 나주카에게 줄 사탕 한두 개를 사가지고 갔어. 나주카는 내가 오기만 목이 빠지게 기다렸어. 빈손으로 들어가는 날이면 실망해서 어깨가 축 늘어졌지만, 그래도 불평을 하거나 칭얼대지는 않았어.

판두는 뭄바이에서 모르는 데가 없었어. 돈이 몇 푼만 생겨도 나를 데리고 다니면서 구경을 시켜 주었지. 나한테 형 노릇하는 게 재미있었나 봐. 어수룩한 촌뜨기의 길잡이 역할을 맘껏 즐겼던 거야. 어머니가 일을 나가자마자 나는 나주카한테 장난 치지 말고 모르는 사람한테 말 걸지 말라고 단단히 이른 다음, 집을 빠져나왔어.

옷은 누더기에 신발도 없었지. 외삼촌이 사주었던 슬리퍼는 오래전에 작아졌거든. 하지만 행복한데 무슨 상관이야. 판두와 나는 맨발로 넓은 길, 좁은 길, 휘어진 길 할 것 없이 마냥 돌아다녔어. 머리 위에서는 태양이 이글거리고, 타르를 칠한 길에 발바닥이 타들어 갔지만 조금도 개의치 않았어. 수많은 새로운 구경거리 앞에서 행복하기만 했어. 층층이 높은 건물들, 자동차와 택시와 버스가 다니는 넓은 길들, 그리고 위에 달린 전선으로 움직이는 기차들. 나중에 판두가 그건 기차가 아니라 전차라고 부른다고 알려 주더군. 그 뒤엉킨 길에서 제일 재미있었던 건 말이 끄는 사륜마차였어. 그걸 보면 오자르의 달구지가 생각났지.

하루는 판두가 초우파티에 가자는 거야.

그게 뭐냐고 내가 물었지. '거기 가면 넓은 바다가 있어. 물도 많고, 모래도 많고, 맛있는 것도 먹을 수 있어.' 이러는 거야.

너무 신이 났어. 그때까지 바다를 한 번도 본 적이 없었거든. 오자르에 있는 고다바리 강처럼 큰 강일 거라고 상상했어.

어머니가 그동안 모은 돈으로 조끼랑 반바지를 사주었는데, 새 옷을 입는 건 내 평생 두 번째였어. 내가 가져 본 새 옷이라곤 사촌 형 샨카르가 만들어 주었던 게 전부였거든. 그걸 얼른 입고 싶어 견딜 수가 없었지. 밤새도록 판두가 아침에 마음이 바뀌어서 나를 안 데리고 가면 어쩌나 걱정했어. 다음날 바깥 수도관 밑에서 목욕을 하고 새 옷을 입고는 집집마다 돌아다니며 자랑을 했지.

 판두랑 나는 표를 사지 않고 선로를 건너 기차에 올라탔어. 기차에는 직장에 나가는 잘 차려입은 사람들로 가득해서 아무도 표를 검사하지 않았고, 우리도 무임승차로 걸리지 않았어. 판두가 뛰어내리라고 소리를 치기에 역에 들어서면서 속도가 느려졌을 때 기차에서 훌쩍 뛰어내렸어. 그러고도 넓어졌다 좁아졌다 하는 길을 한참 걸어갔어.

 그런데 판두가 배가 고프다며 뭘 좀 먹자는 거야. 주변을 돌아보았지만 길에는 음식을 파는 사람이 하나도 없었거든. 판두는 형처럼 아량 있는 표정으로 자기만 따라오라고 손짓을 하더군.

 그러더니 대담하게도 모퉁이 찻집으로 들어가는 거야. 나는 겁이 났지만 아무튼 뒤따라 들어갔어. 둥근 대리석 테이블에 자리를 잡았는데, 의자 끝에 엉덩이만 간신히 걸치고 앉았어. 쫓겨날까 봐 겁이 났거든. 우리 마을에서 찻집에 들어갔다가 마하르라는 게 들통 나면 당장 쫓겨났을 테니까.

 판두가 사모사(양념한 채소나 고기로 속을 채운 작은 패스트리)와 차를 시켰어. 나는 사모사가 뭔지 몰랐지만, 어영부영 그냥 같은 걸로 시켰어. 웨이터는 우리만큼 어린 남자 아이더라고. 사모사라는 게 나왔는데 삼각형 모양의 노릇노릇한 갈색을 띤 음식이었어. 톡 쏘는 냄새가 나고 껍질이 바삭거렸는데, 안에 감자 소가 채워진 그걸 한 입 물었더니 입 안에 침이 고였어.

 마지막 하나까지 맛있게 먹으면서 무슨 생각을 했는지 알아? 이렇게 멋진 것들로 가득한 세상의 출입문 같은 판두 옆을 절대로 떠나지 말아야지, 그런 생각을 했어. 도시생활에 발을 들여놓은 후로는 마을을 거의 그리워하지 않게 됐어. 값을 치르고 나오면서 나도 찻집 일자리를 알아봐야겠다는 생각이 들더라. 그러면 사모사를 공짜로 먹고 게다가 돈까지 벌 수 있을 테니까.

우리는 초우파티까지 걸어갔어. 그곳에 도착했을 때 내 눈을 믿을 수 없었어. 하늘 이쪽에서 저쪽 끝까지 물결치는 바다가 끝없이 펼쳐져 있는 거야. 모래는 금빛으로 반짝였는데, 발로 밟았을 때 까슬까슬한 결이 느껴졌어. 그래도 부드럽고 따뜻하고, 발가락 사이로 삐져나오는 느낌이 좋았어. 어기적어기적 걷기 시작했지. 판두처럼 날렵하게 걷기까지는 시간이 꽤 걸렸어.

이미 옷을 다 벗어부친 판두는 어정쩡하게 서 있는 나를 재미있다는 듯이 쳐다봤어. 결국 나도 옷을 벗었지. 처음에는 바다가 무서웠지만 판두가 괜찮다고 안심시켰어. 천천히 물에 들어갔는데, 햇볕이 그렇게 뜨거운데도 물은 소스라치게 놀랄 정도로 차가웠어.

파도가 밀려왔다 빠져나갈 때면 발밑이 조금씩 꺼지는 느낌이 들어서 모래에 발을 박아 균형을 잡아야 했어. 두려움은 곧 사라졌고, 어느새 파도가 온몸을 덮쳐도 아무렇지 않게 됐어. 너무 재미있었어. 돌아오는 길은 어찌나 뜨겁던지 타르를 칠한 길이 물컹거릴 정도였어. 길 위에 신기루가 아른거리더군. 길이 발을 간질여서 나는 깔깔거리고 웃다가, 에라 모르겠다는 듯 손바닥을 치고는 한동안 나무 그늘 밑에 앉아 있었어.

판두가 빈랑나무 잎 두 개를 사서 머리가 핑 도는 그걸 맛있게 빨았어. 판두는 그걸 판이라고 불렀고, 살 때는 '센' 담배를 달라고 했어. 그는 삼각형의 녹색 이파리 하나를 주면서 고개를 들고 말했어. '음, 이걸 뺨 안쪽에 대고 즙이 천천히 흘러나오게 해.' 판을 기분 좋게 씹으면서 우리는 커다란 건물들과 반짝거릴 정도로 깨끗한 길을 따라 걸어갔어.

서서히 그 붉은 즙이 입 안에 가득 찼어. 입가로 흘러내릴 것 같아서 한 번에 꿀꺽 삼켰지. 강렬한 즙이 내려가면서 목구멍이 타는 듯했고, 숨을 헉헉 들이쉬는데 갑자기 앞이 핑 도는 거야. 머리가 붕 뜨면서 현기증이 나더라고. 세상은 빙빙 돌고 말이야. 곁눈으로 판두를 힐끗 쳐다보았지. 그는 무슨 일이 벌어지는지도 모르는 채 판을 씹으며 노래까지 흥얼대면서 행복하게 걸어가고 있더군.

가파른 길을 올라갔더니 정원이 있는 엄청나게 커다란 집이 나왔어. 판두가 그 집을 보면서 총독 사헤브가 사는 집이라는 거야. 이렇게 궁전 같은 집에 산다면 굉장히 중요한 사람인 게 틀림없다는 생각이 들더라. 판두가 옆에 달린 정원으로 데려갔는데, 사자며 호랑이 같은 조각들이 가득했어. 조금 전의 느낌 때문에 판을 또 삼킬 수는 없었지만, 그렇다고 그렇게 아름다운 정원에 뱉을 수도 없어서 새로 산 조끼에 그걸 뱉고 둘둘 말아 겨드랑이에 끼었어.

그곳의 화려함에 넋이 빠진 나머지 조끼에서 담배 물이 새나오는지도 몰랐지. 판두가 거기 뭘 숨겼냐면서 좀 보자는 거야. 그런데 가까이서 자세히 보더니 소리를 치기 시작했어. '이런, 세상에. 이것 좀 봐…… 피가 나잖아!' 판두는 얼굴까지 하얗게 질렸어. '너 괜찮아? 좀 보자.' 나는 조끼를 붉게 물들인 게 빈랑나무 잎이라는 걸 보여 주었지. 그랬더니 판두가 까무러쳐라 웃어 댔고, 나도 따라서 한바탕 웃었지."

"그렇게 판두랑 매일 도시를 헤집고 다녔어. 장대비가 쏟아지는 날도, 햇볕에 살이 익을 것 같은 날도 거르지 않았어. 하루는 다 늦게 배가 고프고 피곤해서 집에 들어갔더니 어머니가 벼르고 있더라고. 단단히 화가 나 있었어. '천하에 쓸모없는 시골뜨기 녀석! 돈이 어디 나무에서 열리는 줄 아니?' 그렇게 부끄럽고 무책임한 느낌이 든 건 처음이었어. 일자리를 알아봐야겠다고 다짐했지.

누군가 뭄바이 근교에 있는 타네라는 곳에서 대규모 공사가 진행 중이라는 얘기를 해주었어. 기차가 지나갈 터널을 판다는 거야. 하루 일당이 6안나라는데, 나한테는 충분히 큰돈이었지. 다음 날 당장 일고여덟 명이 함께 그곳으로 갔어. 다들 일을 구했는데, 나를 보고는 그렇게 힘든 일을 하기에는 너무 어리다는 거야.

무슨 일을 하는지 궁금해서 판두에게 터널 안으로 들어가 보자고 했어. 터널은 벌써 반 펄롱(펄롱은 길이의 단위로, 약 201미터 정도 된다) 정도 판 상태였어. 안에는 햇볕을 반사할 커다란 거울을 달아 놓았고, 인부들은 그 빛을 이용해서 땅을 파고 있었어.

터널 안에서는 쇠를 태우는 건지, 타르인지, 하여간 그 비슷한 냄새가 나서 숨이 막혔어. 뭔가가 잘못되어 터널이 무너져서 우리가 모두 갇혀 버리는 광경이 떠올랐어. 상상을 너무 실감나게 했는지 식은땀까지 줄줄 흘렸어. 진흙더미에 깔려 숨도 못 쉬고 앞도 안 보이는 상황이 되었는데, 사람들이 구조를 하지만 나를 못 찾거나 찾기는 하는데 너무 늦게 찾는다면…… 진흙에 파묻혀서 이미 숨이 막혀 죽어 버렸다면…….

그때 인부 한 명이 우리를 보고 소리를 쳤어. '당장 나가지 못해. 여기가 몰려가서 구경하는 극장인 줄 알아?' 그 말에 공상에서 깨어난 나는 판두의 팔을 움켜잡고 얼른 터널 밖으로 뛰어나갔지.

결국 역에서 이런저런 잡다한 일을 하기 시작했어. 차츰 사람들이 나를 알아보고, 나에 대해 더 잘 알게 됐지. 그러다 강가람이라는 분이 나한테 신문을 팔게 했어. 첫날에 5안나를 벌었고, 그렇게 해서 내 인생의 새 장이 열리게 된 거야."

"거기서 고라(백인) 사헤브를 만난 거죠?"

소누가 물었다.

"응. 정기적으로 신문을 사가는 사람 중에 고라 사헤브가 한 명 있었어. 하루도 빠짐없이 〈크로니클〉을 사갔지. 그 신문이 다 떨어지면 그렇게 짜증을 낼 수가 없었어. 하루는 엉터리 힌두어로 이렇게 말하는 거야. '한 부는 남겨 놓아라. 웃돈을 줄 테니.' 나는 신문을 따로 챙겨 두기 시작했고 그와도 친해졌어. 어느 날은 나보고 어디를 가자는 거야. 심부름을 시키려는가 보다 하고 따라갔는데, 우리가 살던 데서 별로 멀지 않은 가트코파르 역 근처의 자기 집에 데려가는 거였어. 베란다가 있는 단층집인 그 방갈로는 컸고, 넓고 잘 가꾼 정원도 있었어. 게다가 그네와 미끄럼틀이 있는 조그만 놀이터까지 있는 거야.

나는 수줍어서 한쪽에 서 있었지. 아름다운 영국계 인도 여자가 나를 보고 앉으라고 했어. 나는 그 여자가 사헤브의 부인일 거라고 생각했어. 우리 마을에서 하던 대로 바닥에 앉았더니 사헤브가 놀라서 손을 잡아 일으켜 세우고는 자기 옆의 소파에 앉히는 거야. 마음이 너무나 불편하고 어찌할 바를 모를 지경이었어. 스스로 비천한 처지라는 걸 너무 깊이 새긴 나머지 좋은 대우를 받으면 그걸 믿을 수 없게 된 거지. 뭔가 잘못된 거라고 생각했어. 한

참을 생각한 끝에 아마도 이 사헤브는 내가 불가촉천민이라는 걸 모르는 모양이라고 결론을 내렸어.

나지막한 탁자에는 과일과 빵과 과자가 가득 담긴 접시들이 있었어. 사헤브는 네모꼴로 썬 파파야를 두 그릇 떠서 하나는 자기 앞에 놓고, 하나는 나에게 주며 먹으라고 했어. 여자 아이 한 명이 한쪽에 앉아 있었는데 흘끔흘끔 눈길이 가더라고. 너무나 하얗고, 금발머리에 푸른 눈은 꼭 인형 같았거든. 그렇게 예쁜 여자 아이는 본 적이 없었어.

반짝이는 검은 눈에 길고 새카만 머리카락으로 예쁘다는 얘기를 자주 듣는 나주카를 생각해 봤어. 하지만 나주카도 이 아이만큼 예쁘지는 않았어. 그때 사헤브가 말했어.

'내 딸 미시바바란다. 시간 날 때마다 와서 같이 놀아라.'

사헤브가 부르자 그 아이는 다가와서 사헤브의 무릎에 앉았어. 사헤브는 아이의 발그레한 뺨에 입을 맞추고 같이 놀 친구를 데려왔다고 말했어. 그 모습을 보니 우리 아버지와 어머니가 생각나더군…… 한 번도 나를 무릎에 앉히거나 뺨에 입을 맞추어 준 적이 없었지.

사헤브의 딸은 나를 만난 걸 너무나 좋아하는 눈치였어. 내 손을 잡고 장난감이 가득한 자기 방으로 데려갔어. 한참을 정신없이 놀다가 신문 보급소에 가야 한다는 게 기억났어. 하지만 가고 싶지가 않아 미적거렸지. 마침내 자리에서 일어섰을 때 사헤브가 선물이라며 2루피를 주었어. 돈도 좋았지만, 그것보다 친구가 생겼다는 게 더 기뻤어.

처음에는 얼른 판두에게 달려가 금발 여자 아이 얘기를 해주고 싶었어. 그런데 생각해 보니 비밀로 간직하는 편이 나을 것 같더라고. 진짜라고 믿기에는 너무 좋은 일이었거든. 누가 이걸 알게 되어서 내가 불가촉천민이라는 걸 사헤브에게 말하면 미시바바와 놀지 못하게 될지도 모르잖아. 사헤브가 또 언제 나를 집으로 불러서 놀게 할까 궁금해하며 집으로 가는데 머릿속이 어찌나 복잡하던지.

오후 4시 반쯤에 신문 배달이 끝나면 매일 미시바바네 집에 놀러가기 시작했어. 정원을 뛰어다니며 숨바꼭질도 하고, 이런저런 것들을 하고 놀았어. 사헤브와 부인이 베란다 의자에 앉아 그 모습을 지켜보곤 했지. 가끔 줄넘기를 하면 사헤브가 줄 한쪽을 잡고, 내가 다른 쪽을 잡았어. 우리가 줄을 돌리면 미시바바가 날렵하게 팔짝팔짝 줄을 넘었지. 내가 뛸 차례가 되어 미시바바가 칭찬을 해주면 나는 우쭐해져서 숨이 턱에 찰 때까지 점점 더 높이 뛰곤 했어. 하지만 사헤브와 미시바바는 얼마 안 있어 줄 돌리는 걸 지루해했어.

미시바바와 나는 서로를 너무나 좋아하게 됐어. 거기서 저녁을 먹은 다음에 집에 가곤 했지. 무슨 일 때문에 일찍 가야 하는 날이면 미시바바는 화를 내고 토라졌어.

다들 너무 친절했어. 그곳에 가는 게 좋기는 했지만, 신문 파는 일은 점점 게을리 하게 됐지. 그걸 눈치 챈 사헤브가 한 달에 8루피씩 주기 시작했어.

어느 날 우리가 놀고 있는데 사헤브가 사진을 찍어서 영국의 가족들에게 보냈나 봐. 영국에는 첫 번째 부인과의 사이에서 난 두 아들과 그의 노모가 살고 있었대. 얼마 후에 할머니와 오빠가 미시바바에게 편지를 보냈어. '사진을 보니 너와 함께 노는 아이는 신발을 안 신었더구나. 그 아이와 놀 때는 조심하렴. 그 아이의 발을 밟지 않도록 말이야. 그러면 얼마나 아프겠니.' 이 편지를 읽자마자 사헤브는 나에게 신발 한 켤레를 사주었어. 그 신발을 받고서야 내가 얼마나 오랫동안 신발을 신지 않고 지내왔는지 알게 됐어.

하루는 사헤브가 나를 부르더니 다음 주부터 미시바바를 따라 학교에 가라는 거야. 나는 알겠다고 고개를 끄덕인 후 다시 나가서 놀았어. 사헤브와 부인이 무슨 얘기를 나누더니 다음날 나한테 줄 새 옷을 사왔어. 부인이 그 옷을 보여 주었을 때는 너무 기뻐서 꿈인지 생신지 알 수가 없었어. 학교가 시작되려면 한참 남았는데, 미시바바는 일찌감치 나한테 공부를 시키기 시작했어. A, B, C, D 같은 기초적인 것들부터 가르쳐 주었어.

학교에 가는 첫날에는 일찍 일어나서 서둘러 준비를 했지. 새 옷을 입고 부인에게 갔더니 즐거운 표정으로 타이를 주고, 직접 매주기까지 했어. 일상적인 영어 표현은 다 배운 후였어. 모국어인 마라티어는 읽지도 쓰지도 못하면서, 미시바바 때문에 영어는 조금 할 줄 알게 된 거야.

사헤브의 차를 타고 학교로 가는 길에 햇살이 눈부셨던 게 기억나. 나는 운전석 옆자리에 앉았어. 대단한 영광이라고 생각했지. 학교는 빅토리아 터미너스 역 근처에 있었어. 나는 그 역을 알아보고, 사헤브에게 우리 마을에서 여기로 왔을 때 저 역에 내렸다고 말했어. 사헤브가 빙긋이 웃었어.

차가 학교 앞에 멈추었지만 내리고 싶지가 않았어. 학교에서 내가 불가촉천민이라는 걸 문제 삼아서 미시바바가 이제부터 같이 놀지 않겠다고 할까 봐 겁이 났거든. 미시바바를 따라 내키지 않는 걸음으로 학교에 들어가 한쪽에 조용히 서 있었어.

어떤 사헤브가 와서 내 손을 잡아 의자에 앉혔어. 어찌나 고맙던지. 긴장이 되어 목이 다 막히는 느낌이었어…… 어색하고, 뭐가 뭔지 모르겠고, 혼란스럽고, 무슨 일이 벌어지고 있는 건지, 어떻게 행동해야 하는 건지, 하나도 알 수가 없었어. 오자르에서는 진짜 학교에 가본 적이 한 번도 없었거든. 진짜 학교에 가봤다면 당연한 것처럼 그 의자에 앉았을 거라고 생각했어.

무슨 이유 때문인지 결국 입학이 되지 않았어. 하지만 그때부터 나 자신에 대해 생각하기 시작했던 것 같아. 나한테 뭐가 옳고 그른지 결정할 수 있는 사람이 바로 나 자신이라는 사실을 아는 느낌은 묘했어. 강하고 힘이 넘치는 느낌이었어."

"사헤브의 부인은 미시바바의 새엄마였어. 사헤브와 싸우고 나서 그가 집을 비우면 어린 딸을 몹시 구박했지. 시키는 대로 하지 않을 때는 머리채를 잡고 때리기도 했어. 나는 그게 너무 싫었어. '미시바바는 그냥 놔두고 차라리 저를 때리세요.' 이렇게 외치고 싶은 심정이었어. 부인에게는 아이가 없었는데, 아들을 간절히 원했던 모양이야. 나는 항상 부인을 깍듯이 대하고, 일도 잘 도와주었기 때문에 부인도 나에게 잘해 주었어.

사헤브와 부인은 자주 싸웠어. 사헤브는 소리를 지르고 물건을 집어던지기도 했어. 그러면 나는 미시바바와 방에 들어가 장난감을 가지고 놀거나, 우스꽝스런 행동으로 그 아이를 즐겁게 해주었지. 사헤브는 술을 마시면 좀 이상해졌어. 옷을 벗어던지고 벌거

벗은 채 들판을 뛰어다니기도 하더라고.

하루는 밤이 아주 깊었는데 부인과 한바탕 싸운 사헤브가 화를 내며 집을 나가 버렸어. 그 집은 기찻길 바로 옆에 있었는데 남편이 기차에 몸을 던질지도 모른다고 생각한 부인은 통곡을 하며 울기 시작했어. '사헤브가 자살을 했나 봐. 가서 좀 찾아볼래?' 나는 금방 사헤브를 찾아오겠다고 부인을 안심시켰어. 부인은 내 말에 놀란 것처럼 잠시 울음을 멈추고 고개를 끄덕였지만, 내가 돌아서자마자 다시 큰 소리로 흐느껴 울기 시작했어.

기찻길은 그리 멀지 않았어. 집에서도 보일 정도였으니까. 손전등을 들고 찾아 나섰는데, 사람처럼 보여서 달려가 보면 커다란 종이가 바람에 펄럭이는 거였어. 다시 돌아오는데 풀밭에서 신음 소리가 들리는 거야. 사헤브가 큰대자로 누워 있더군. 바지는 입고 있었지만 옷을 입은 채로 오줌을 누어서 온몸이 다 젖은 상태였어. 오줌 냄새가 진동하는 걸 부축해서 일으킨 다음, 다른 두 사람의 도움을 받아 집으로 데려가서 침대에 얌전히 눕혔어. 부인은 옆에 서서 내가 그의 신발을 벗기는 걸 지켜봤어. 사헤브가 몸을 뒤척이더니 정신을 차렸어. 그때부터 부인은 나를 마치 아들처럼 대하기 시작했어. 가끔씩 자고 갈 수 있게 아예 방까지 하나 마련해 주었지.

정원에는 파파야나무가 서너 그루 있었어. 미시바바와 나는 파파야를 참 좋아했어. 그게 어서 익기만을 기다렸지. 파파야가 노란색을 띠기 시작하면 나무에 올라가 그걸 따서 미시바바의 방으로 가져가 낡은 담요를 덮어 놓았어. 그러면 따뜻한 기운에 파파야가 금색으로 익으면서 달고 맛있어졌거든. 우리는 몰래 숨어서 그걸 먹었어. 가끔은 미시바바가 학교에 가 있을 때 나 혼자 숨어서 먹기도 했어.

어느 날인가는 나 혼자 그걸 세 개나 먹었어. 맛이 너무 좋아서 하나를 먹고 또 하나를 먹고도 도저히 멈출 수가 없었거든. 그런데 하룬가 이틀을 자고 일어났더니 커다랗고 울퉁불퉁한 부스럼이 온몸을 뒤덮은 거야.

부인이 나를 부르더군.

'다무보이, 이리 와봐라. 다무보이, 못 들었니. 당장 이리 오라니까.'

목소리가 날카롭고 엄격하게 들렸어. 얼른 그 앞으로 달려갔지. 부인은 내 얼굴을 살펴보더니 이렇게 물었어.

'다무, 왜 이런 거니?'

'부스럼이 났어요.'

'흠. 파파야 나무가 네 뱃속에서 자라는 모양이다. 내일이면 파파야가 머리 위에 열리기 시작할 거야.'

그 말을 들으니 어찌나 걱정이 되던지……, 머리에서 나무가 자란다고 생각해 봐.

'걱정할 것 없어. 약을 줄 테니까. 내일은 아무것도 먹지 마, 알겠니? 이제 가봐.'

부인이 말했어. 방에 가서 침대에 누워 있는데, 조금 있다가 부인이 나를 불렀어. 와인잔에 브랜디를 조금 따르고 간유를 붓더니 다시 브랜디를 조금 더 따라서 그걸 나에게 주었어. 그걸 마시니까 불같이 활활 타는 것이 목을 조여 오는 느낌이었어. 밤새도록 배가 꾸르륵거려서 화장실을 들락거리느라 한숨도 잘 수 없었어.

이렇게 비참한 상태가 되느니 얼굴에 부스럼을 잔뜩 달고 사는 게 낫지 않을까 싶더라고."

"사헤브는 술과 경마에 빠져 지냈어. 나에게 돈을 주면서 푸네의 경마장에 심부름을 보낼 때도 많았어. 그러면 그 돈을 잘 들고 가서 피어슨 씨라는 마권업자한테 전해 주었어. 전문가였지. 경마가 끝나면 피어슨 씨가 입구를 봉한 봉투를 주었고, 그럼 그걸 받아들고 저녁 기차로 다시 뭄바이로 돌아왔어. 가끔 피어슨 씨가 자동차로 기차역까지 태워다 줄 때도 있었어.

뭄바이에 도착하면 밤 11시쯤이었는데, 곧장 사헤브네 집으로 갔고 잠도 거기서 잤어. 봉투를 전해 준 다음날이면 사헤브가 아침에 나에게 돈을 조금 주었어. 액수는 경마에서 얼마를 벌었느냐에 따라 달랐지. 뭉칫돈을 챙긴 날이면 세상을 다 가진 것처럼 굴었고, 선물이라며 지폐 다발을 허공에 뿌렸어.

그곳에 갔다 온 얘기를 하면 미시바바는 무척 즐거워했어. 우기가 시작될 무렵이면 고개를 돌리기는 기찻길 옆의 작은 개울들은 물이 차올라 넘실거렸어. 나무에는 잎이 우거지고 원숭이들이 매달려 있었지. 하루는 미시바바가 경마장에 따라가겠다는 거야. 내가 안 된다는데도 막무가내로 고집을 피웠어. 미시바바가 소리를 지르니까 사헤브가 들어와서 진정을 시켰어. 미시바바는 아무 말 없이 나가 버리고, 나만 사헤브 앞에 서 있게 된 거야. 뭐라고 해야 하나 마음을 졸이는데, 집사인 람지 아저씨가 전화가 왔다며 사헤브를 데리고 나갔어. 안도의 한숨을 쉬며 미시바바를 찾았더니 아무 말 없이 경마에 걸라면서 나에게 40루피를 주었어.

하루 종일 사람들을 지켜보며 기다리다 보니 나도 경마에 대해 어느 정도 알게 됐거든. 마권업자들과도 친해지면서 돈을 거는 요령도 조금 배웠고. 나는 내 판단으로 말을 골라서 그 말에 미시바바의 돈을 걸었어. 내가 선택한 실버스타가 경주에서 이겨서 700루피를 받아들었을 때는 까무러치게 기뻤어. 그 돈을 봉투에 넣고 입구를 봉했어. 피어슨 씨가 준 봉투에는 얼마가 들었는지 알 수 없었지만, 아무튼 그 봉투도 받아들었어. 그날 밤에는 사헤브가 베란다에 나와서 나를 기다리고 있더라고. 나는 당장 미시바바를 만나고 싶었지만, 그러기에는 너무 늦은 시간이었어. 내가 봉투를 건네주는 태도가 평소와 달랐는지 사헤브가 꼬치꼬치 캐물었는데, 그냥 피곤해서 그렇다고 둘러대고는 방으로 올라갔어.

다음날 아침에 사헤브가 50루피를 주었어. 물론 기뻤지. 하지만 미시바바에게 달려가 아무 말 없이 봉투를 쥐어 주고 신문을 팔러 나갈 때의 기쁨에 비하면 그건 아무것도 아니었어. 그 아이는 액수를 세볼 생각도 하지 않고 봉투를 받아들었어.

저녁에 갔더니 그 아이가 자기 방으로 나를 부르더라고. 얼굴에서 빛이 났어. 그렇게 행복해하는 모습은 처음이었어. 활짝 웃는 얼굴로 나를 껴안으며 이렇게 말하는 거야. '너는 복덩어리야.' 그러고는 100루피 지폐 한 장을 주었어. 받지 않겠다고 버텼지만 그 아이는 우격다짐으로 내 주머니에 쑤셔 넣고 얼른 또 한 번 안아 주고는 달아나듯 방을 나가 버렸어. 가슴이 터질 것 같으면서도 복잡한 심경이었어. 미시바바한테서 돈을 받는다는 게 나에게는 더없이 깊은 상처가 됐거든. 그래도 그 아이가 나에게 보여 준 다정함과 따뜻함은 말로 다 할 수 없을 만큼 감동적이었어. 그날은 어떻게 집에 갔는지도 모를 정도로 넋이 빠져 있었어. 내가 기억하는 한 그때까지 여자 아이가 날 안아 준 적은 한 번도 없었어. 그 생각만 자꾸 나고, 그때마다 가슴이 터질 지경이었어. 그렇게 많은 행복을 담고 있다가는 틀림없이 가슴이 터져 나가겠다는 생각이 들더라니까. 그 일을 계기로 나는 완전히 미시바바와 그 집의 일을 내 일처럼 생각하게 됐어. 무슨 일을 시켜도 거절하지 않았지."

"하루는 또 다른 사헤브가 부인과 두 아들을 데리고 우리 사헤브네 집에 놀러 온 거야. 우리 사헤브가 나를 부르더니 이렇게 말했어. '다무, 이분을 따라가서 뭐든 시키는 대로 하며 도와 드려라…… 로나발라에 따라갔다 와.' 그래서 그렇게 했어. 신문 파는 일을 내팽개친다는 것에 대해서는 두 번도 생각하지 않았어.

우선 그 사헤브의 집부터 들렀어. 그의 집은 뭄바이 마할락스미 사원 근처의 언덕 꼭대기에 있었어. 집 옆에는 커다란 호수가 있고, 정원에는 온갖 종류의 새외 공작새까지 있었어.

로나발라에는 다음날 아침에 출발하기로 했어. 우선 부인이 짐을 꾸리는 걸 돕고 요리사가 음식 바구니 싸는 것도 도와야 했어. 그 다음에는 사헤브가 차를 닦으라고 하더라. 그러고는 차를 구석구석 점검하더군. 자동차 뒤에는 연기가 빠져나가는 파이프가 있었는데, 사헤브는 그 파이프에 황동 경적 다는 법을 보여 주었어.

아침 일찍, 한 여섯 시쯤에 출발했어. 그들은 바구니에서 끊임없이 뭔가를 꺼내 먹으면서 나에게도 이것저것 계속 권했어. 나는 군것질에 익숙한 사람이 아니잖아. 우리야 하루에 두 번 든든히 먹는 게 전부니까. 튀김과자 같은 것을 주어서 그걸 먹고 있자니 판두와 함께 초우파티 해변에 놀러가서 처음 먹었던 사모사 생각이 났어. 아무 걱정 없이 태평스럽던 날들이 그리워지더군.

머잖아 뭄바이를 벗어나 산속으로 접어들었어. 사헤브는 포장도로를 벗어나 산길을 달리기 시작했어. 그리고 산에서 조금 떨어진 곳에 차를 세우더니 창문에 그물을 쳤어. 사헤브와 부인이 총을 꺼냈고, 우리 셋만 차에서 내렸어. 사헤브는 문과 창문을 전부 잠그고, 두 아들에게 말했어. '짐승이 다가오면 겁내지 말고 이 호각을 불어라. 금방 달려올 테니까.'

우리는 주위를 살피면서 산등성을 따라 걸어갔어. 계곡에서 새끼들에게 젖을 물리고 있는 암컷 호랑이 한 마리를 발견했어. 사헤브는 호랑이를 보고 총을 쳐들었어. 호랑이가 으르렁거리며 달려들었지. 사헤브와 부인이 모두 총을 쐈어. 호랑이가 땅에 너부러지는 걸 보고 내가 앞으로 뛰어가려는데 사헤브가 나에게 소리를 쳤어. '거기, 너! 기다려. 가까이 가지 마. 아직 숨이 안 끊어져서 공격할지도 몰라.'

주변을 살피고 과자를 먹으면서 한참을 기다린 후에 호랑이 옆으로 다가갔어. 호랑이의 몸은 차갑게 식었고 전혀 움직이지 않았어. 고양이만큼이나 작은 새끼 두 마리가 근처에서 놀고 있더군. 암컷 호랑이는 너무 무거워서 꿈쩍도 하지 않았어. 꼬리를 여기저기로 당겨 보았지만 요지부동이었어. 셋이 힘을 합쳐 간신히 나무 그늘에 끌어다 놓고, 새끼들을 데리고 자동차로 돌아갔어. 한가롭게 점심을 먹으면서 사헤브는 사냥을 하며 겪었던 얘기를 들려주었어. 조그만 고양이 같은 호랑이 새끼들과 노는 건 정말 재미있었어. 새끼라서 이렇게 어울려 놀지만 이 녀석들이 갑자기 어른 호랑이가 되면 어떻게 될까, 이런 생각이 자꾸만 들더라.

그 다음에는 정상 부근에서 과일열매를 따먹었어. 기찻길이 바로 아래로 지나가서 기차가 달려가는 게 보였어. 그곳에 사는 빌 부족의 사람들은 부인과 아이들을 데리고 열매를 따러 올라왔다가 이상한 광경을 보게 됐지. 고라 사헤브와 부인과 그 자식들이 호랑이 새끼랑 노는 모습 말이야. 그 부족에 고라 사헤브를 마법사로 묘사한 노래가 있다는 게 기억났어. 소의 힘을 빌리지 않고도 수레를 몰 수 있다나, 하여간 그 비슷한 내용이었어.

바로 그때 기차가 경적을 울리며 달려왔어. 부족의 여자들과 아이들이 그 모습을 보러 뛰어가더군. 기차 뒤에는 작은 화물차가 달려 있었는데, 여자들이 그걸 보고 난리가 난 거야. '저것 좀 봐. 기차 뒤에 아기가 따라 달리네.' 이 말을 듣고 내가 웃었더니 사헤브가 왜 웃냐고 묻더라. 그래서 이러저러하다고 말을 해주었더니 그도 웃음을 터뜨렸어.

잠시 후에 사헤브는 부족 사람들에게 호랑이를 들어서 차 위에 실어 달라고 부탁했어. 사헤브가 돈을 주었고, 사람들은 마을로 돌아갔어. 한참을 달려가다가 한 무리의 사슴을 보게 되었는데. 사헤브가 차를 멈추더니 부인과 함께 내렸어. 두 사람은 사슴을 향해 총을 쏘았고, 사슴 두 마리가 쓰러졌는데 한 마리는 새끼였어. 사슴도 들어다 지붕에 붙들어 맸어. 그날 저녁에 집으로 돌아가는 내내 사헤브는 기뻐서 싱글벙글이었어.

뭄바이에 돌아와서 플라스틱 병에 튜브를 꽂아 호랑이 새끼들에게 우유를 먹였어. 처음 본 사람들은 하나같이 그걸 고양이 새끼라고 생각했어. 나는 속으로 지금이야 똑같아 보이지만, 자라면 전혀 딴판이 된다고 생각했지.

    저녁에는 새끼들을 안고 정원에 데리고 나가 뛰어놀았어. 그리고 차츰 호랑이 새끼가 있다는 소문이 퍼지면서 사람들이 그걸 보러 몰려들었어. 미시바바가 생각났고 그걸 한 마리 가져가서 보여 주고 싶더라고. 거기서 보낸 지도 1주일이 지났거든. 사헤브는 나를 보내고 싶지 않은 눈치였지만 나는 미시바바가 그리웠어."

"하루는 사헤브와 함께 기찻길을 따라 집으로 가고 있었는데, 그가 이러는 거야. '이제부터는 기찻길 옆으로 걸어 다니지 말거라. 얼마 있으면 여기로 전기기차가 다니게 되거든. 그 밑으로 빨려 들어갈지도 모르고, 그러면 죽을 수도 있어. 절대, 절대로 기찻길 옆으로 다니지 마.'

    나는 무슨 말인지 이해할 수가 없었어. 어떻게 저만치서 달리는 기차가 나를 끌어당긴단 말이야. 그때 사헤브가 또 이러는 거야. '바잔(신을 찬미하는 노래)을 부르면 멀리 있는 사람은 그걸 들을 수 없잖니. 하지만 이제 얼마 지나지 않아 영국에서 사람들이 달려가면 여기서 그 소리를 들을 수 있게 될 거야. 사람들이 영국에서 바잔을 부르면 여기서 그걸 들을 수 있게 될 거라고.' 어떻게 그럴 수 있지? 나는 사헤브가 하는 말을 믿을 수 없었어."

"하루는 우리 사헤브가 자기 형이랑 말다툼을 벌였어. 두 사람은 사이가 틀어져서 만나기만 하면 싸웠어. 미시바바가 한 달 후에 영국으로 돌아가라는 통보를 받았다고 하더군. 그 말을 들으니 너무 슬펐어. 부인은 아무하고도 말을 하지 않았어.

사헤브는 물건을 잔뜩 샀어. 나는 그를 따라다니면서 물건을 들어다 차에 실어 놓고, 또 가서 가져오곤 했어. 내 옷을 만들어 줄 값비싼 옷감도 샀고, 나를 재단사에게 데려가 치수를 재게 했어. 새 옷이 생긴다는 걸 믿을 수 없었어. 사헤브는 나에게 신발도 새로 사주었어. 그런데 며칠 뒤 새 옷이 집으로 배달되었는데도 나한테 주지 않는 거야. 나는 매일 내가 뭘 잘못해서 그런가 하고 속을 끓였어.

어느 날 손님들이 잔뜩 몰려왔어. 사헤브는 술을 많이 사다 놓았거든. 모두가 술에 취했고, 심지어 부인도 취했어. 미시바바는 색이 고운 음료 두 잔을 가져왔어. '이건 와인이라는 거야…… 자, 마셔.' 모두가 먹고 마시고 춤을 추었어. 베란다에 나와 앉은 사람도 있고, 서로 부둥켜안고 정원을 거니는 사람들도 있었어.

미시바바와 나는 나란히 앉았지만, 평소와는 달리 아무도 입을 열지 않았어. 말은 하지 않아도 이제 그 아이가 영국으로 돌아가면 다시는 볼 수 없으리라 걸 우리 둘 다 잘 알고 있었지.

며칠이 지나 포토왈라(사진사)가 집으로 왔어. 찰칵거리며 사진을 찍더니 다 함께 모여 단체사진도 찍었어. 그리고 미시바바와 내가 손을 잡은 사진도 한 장 찍었어. 나는 얼마 전에 사헤브가 맞추어 준 새 옷을 입었고, 사헤브는 타이도 매주었어. 나중에 포토왈라가 그 사진 한 장을 나에게 뽑아 주었어.

한 달이 지나 사헤브와 미시바바는 영국으로 돌아갔지만, 부인은 절반이 인도인이라 데려갈 수가 없었대. 그는 부인에게 그 집을 주었고, 나에게는 원한다면 언제까지라도 거기 살면서 부인을 돌봐 달라고 부탁했어. 미시바바는 하염없이 눈물을 흘렸어.
 나는 애써 눈물을 삼켰지만 밤에 나 혼자 앉아 우리가 함께 찍은 사진을 보고 있으려니 도저히 눈물을 참을 수가 없었어. 나는 미시바바와 사헤브를 죽는 날까지 잊을 수 없을 거야. 고용된 처지였지만 한 번도 열등하다는 느낌을 받은 적이 없고, 그들도 나를 하인 취급하지 않았어. 그들과 함께 있을 때는 내가 마하르이며 불가촉천민이라는 사실을 잊어버렸어. 아무도 그런 얘기를 하지 않았어. 그곳은 이상한 세계였고, 그곳에서 마음대로 헤엄을 치다가 다시 밖으로 나오면 완전히 다른 사람이 되어 있었어. 하지만 그들은 떠나고 없었지."

 "소니, 당신 아직도 왜 나랑 결혼했는지 대답 안 했어. 당신은 참 곱고 살결도 흰 게 미시바바랑 거의 비슷해. 결혼식 도중에 당신을 처음 봤을 때 그게 제일 인상 깊었어."
 "치, 홍……."
 소누는 화를 냈다. 기분 좋으라고 한 말인데, 소누는 골이 나서 입을 샐쭉거렸다.

∽ 소누 ∽

 또 미시바바 이야기. 남편 입에서 미시바바라는 말만 나오면 뱃속에서 무슨 바늘 같은 게 요동을 치는 느낌이었다. 남편의 눈에는 추억에 잠겨 꿈을 꾸는 것 같은 표정이 어리고, 그러면 자기만의 세계 속으로 멀어져 가는 듯했다.

내가 뭄바이를 낯설어할 때에도 그는 나한테 신경 쓸 여력이 없었다. 온통 바바사헤브와 그가 주도하는 운동 이야기만 했고, 그렇지 않으면 미시바바 이야기뿐이었다.

기분이 언짢아져서 하루 종일 짜증을 부린 게 몇 번인지 모른다. 사수바이는 나를 한쪽으로 불러서 무엇 때문에 그러냐고 묻곤 했다. 사수바이한테 뭐라고 말할 수 있겠는가? 남편이 다정하게 대해 주던 순간, 꿈을 꾸는 듯한 그 표정으로 나 때문에 너무 행복하다고 말했던 순간을 떠올려 보았다. 나는 그런 추억들을 가지고 살아가는 법을 배워야 했다.

그의 생각을 돌릴 나만의 묘책도 있었다. 수줍은 시늉을 하는 내 솜씨에는 나조차 놀랄 지경이었다. 남편을 힐끔힐끔 쳐다보다가 그가 내 시선을 눈치 챘다 싶을 때 고개를 획 돌렸다. 그런 다음 괜히 한숨을 푹 내쉬면서 사리 매무새를 고쳤다. 그러면 백발백중, 그의 관심을 나에게 돌릴 수 있었다.

남편은 특유의 부드러운 목소리로 내 눈이 크고 갈색이며, 속눈썹이 길게 말려 올라갔다는 말을 해주었다. 오똑한 코를 칭찬하면서 우리가 딸을 낳으면 꼭 나를 닮아 예쁠 거라는 말도 했다. 칭찬이 쏟아졌고, 계획대로 착착 잘 된다 싶다가도 내 살갗이 그 고라 소녀처럼 하얗다고 말하면 그때까지 했던 칭찬이 한순간에 잿더미로 변했다.

그는 우리가 겉으로만 보면 참 안 어울리는 부부라는 말을 가끔씩 했다. 자기는 까맣고 거칠어서 나하고 안 맞는다는 것이었다. 내가 예쁘다는 뜻으로 하는 말일 때는 아무렇지도 않았다. 그가 잘생겼다면 다른 사람이나 늘 예쁘다고 칭찬해 주는 사수바이에게도 내가 특별해 보이지 않을 테니까.

처음에는 그가 사회운동에 대한 이야기를 해도 별 관심이 없었다. 그 내용보다 말하는 방식이 더 흥미로울 때가 많았다. 반짝이는 눈빛, 그 표정, 손짓. 감정이 격해지면 우리에 갇힌 호랑이처럼 좁은 방 안을 서성거렸다.

어쩌다 집회나 강연에 갔다가 잔뜩 흥분해서 들어오면 영락없었다. 밤낮을 가리지 않고 바바사헤브가 이랬다, 바바사헤브가 저랬다는 말만 늘어놓았다. 바바사헤브가 얼마나 똑똑한 사람이며, 그가 주도하는 사회운동에 어떻게 참여할 것인지에 대해서 끝없이 이야기했다.

"소니, 나중에 아이를 낳으면 학교에 보내서 글을 가르칠 거야."

그가 이런 말을 하면 나는 수줍게 고개를 돌리곤 했다.

그는 늘 우리 카스트에 대해 말했다. 그럴 때면 자기 생각에 빠진 나머지 내가 아내라는 사실조차 잊어버리는 듯했다. 그럴 때 나는 오로지 그의 이야기를 몇 시간이고 군소리 없이 들어 주는 사람일 뿐이었다.

뭄바이에서 살 때 남편의 수입이 얼마였는지는 모르지만, 하여간 월급을 받는 날이면 뭔가를 사오곤 했다. 주로 맛있는 튀김이나 과자, 뜨겁고 달콤한 잘레비 같은 것들이었다. 그리고 남은 돈은 사수바이에게 주었다.

차츰 남편을 인간적으로 더 잘 알게 되었다. 처음에는 그를 거대하고 어두운 산이라고 생각했다. 하지만 이제는 그가 가끔씩 사 들고 들어오는 흠 없이 잘 익은 코코넛 같았다. 겉껍질은 거칠고 단단하지만, 안은 달콤하고 부드러운 코코넛.

걸어가면서 사원의 높은 첨탑을 본 것 같았다. 그런데 가까이 가보니 바람에 나부끼는 자주색 깃발이었다.
"저것 좀 봐요. 사원이 있어요. 잠깐 들렀다 가요."
내가 쭈뼛쭈뼛 말을 걸었다.
"당신은 들어갔다 와. 나는 여기 나무 밑에서 기다리고 있을게."
그의 퉁명스런 대답이 돌아왔다.
"하지만 부부가 함께 기도를 올려야죠."
나는 고집을 부려 보다가 화가 나서 딱딱하게 굳은 그의 표정을 보고 입을 다물었다.
결혼식을 올린 후에 제주리에 있는 칸도바 사원에서 기도하길 꺼려하는 그를 보며 사수바이가 어떤 심정이었을지 짐작이 갔다. 입을 다물고 계속 걸어가면서 제주리에 갔던 때를 떠올렸다.

제주리에 도착한 것은 아침 10시경이었다. 나주카는 신이 나서 내 손을 잡아끌며 여기저기 구경을 시켜 주기 시작했다. 언덕 한쪽으로 산을 깎아 다진 계단이 정상까지 이어졌고, 정상에는 흰 돌이 열십자 모양으로 드러나 있었다. 목을 늘여서 바라보니 꼭대기로 올라가면서 계단이 점점 좁아지는 게 보였다.
수많은 신도들이 심벌즈와 북을 치며 길을 걸어가고 있었다. 자신이 외우는 주문에 푹 빠져서 춤을 추고 몸을 흔드는 사람도 많았다.
누군가 '말라리 마르탄드(Malhari Martand)'라고 외치면, 나머지 사람들이 '자이 말라리(Jai Malhari)'라고 대꾸를 했다. 또 어떤 사람들은 '옐코트, 옐코트, 자이 말라르(Yelkot, Yelkot, Jai Malhar)'라는 주문으로 리듬을 더하기도 했다. 길이 가파르고 험해지면 신도들은 박자를 더 빠르게 했고, 그러면서 모두가 힘들이지 않고 언덕을 올라가는 것처럼 보였다. 바잔을 부르며 그 박자에 맞추어 걸어가는 사수바이의 기력도 감탄스러웠다.

곧 사원의 첨탑이 눈에 들어왔다. 웃통을 벗은 채 구슬을 걸고 이마와 가슴에 재를 칠한 사제들이 보였다. 한 손에는 카만달루라고 부르는 황동 솥에 성수를 담아 들고, 한 손에는 주홍색 반죽을 들었다. 그들은 지나는 신도들에게 다가와 온갖 종류의 제를 올리라고 다그쳤다.

녹색 사리를 입고 녹색 팔찌를 팔꿈치까지 찬 내 차림새에 새색시라는 걸 짐작한 그들은 사수바이에게 붙어서 단돈 11루피에 푸자 의식을 올릴 수 있다며 끈질기게 졸라 댔다.

"저한테 푸자를 맡겨 주세요. 머잖아 아들을 점지받을 겁니다. 대를 이을 손자가 생길 거예요."

그중 한 명은 우리를 한참이나 따라왔다. 사원이 얼마 남지 않았을 때 그 사제는 마침내 이렇게 제안했다.

"신심이 무척 깊어 보이시는군요. 신도님께만 특별히 단돈 5루피에 푸자를 올리고 만트라(진언, 명상에서 사용하는 주문)를 외워 드리죠."

사수바이는 그 말에 마음이 혹해서 남편에게 5루피를 주라고 했다. 그러자 사제는 신이 나서 열심히 만트라를 외워 댔다. 남편과 나에게 걸어가라고 하더니, 잠시 후 느닷없이 남편에게 나를 안고

문지방을 넘어가라고 했다.

　나주카에게서 얼핏 이야기를 듣기는 했지만, 사제가 정말로 그런 말을 하자 도저히 믿을 수가 없었다. 남편은 들은 척도 하지 않고 계속 걸어갔다.

　사수바이가 목소리에 힘을 주고는 사제가 시키는 대로 하라고 말했다. 남편은 한마디 대꾸도 없이 내가 정신을 차리기도 전에 나를 가볍게 들어올렸다. 한 손으로 내 등을 받치고 한 손으로는 무릎을 들었다.

　그는 세상에서 제일 당연한 일을 하는 것처럼 아무렇지 않게 앞만 보고 걸어갔지만, 나는 충격이었다. 사제는 주문을 외우며 그에게 일곱 걸음을 걷게 했다. 그러고는 일곱 걸음의 의미와 결혼 생활의 책임에 대해 설명했다.

　사원의 문턱을 넘어갔는데도 남편은 여전히 나를 안고 있었다. 나주카가 우리를 보며 웃어 댔고, 사수바이도 흐뭇한 표정이었다. 나는 민망함을 참을 수 없어서 제발 내려 달라고 애원했다. 다행히 시싱소로 들어갔고, 사제는 나를 신상의 받치에 내려놓으라고 했다. 또 다른 사제가 구리 접시에 환하게 불을 밝힌 등을 받쳐 들었다. 사제가 접시를 빙글빙글 돌리며 장뇌 몇 조각을 불에 던져 넣었다. 북소리가 일정한 박자로 울리는 가운데, 불은 그 헌물을 탐욕스레 집어삼켰다.

　사제는 내 이마에 주홍색 물감을 바르고, 우리에게 쌀알을 흩뿌렸다. 사리의 늘어진 쪽을 펼치라고 하더니 약간의 과일과 곡식, 그리고 코코넛 하나를 올려놓았다. 사수바이는 우리에게 칸도바 신께 절을 하라고 했다. 우리는 함께 고개를 숙였고 사제가 축복의 주문을 외웠다.

"남편은 장수하고 부인은 영원토록 다산하거라."

다음에는 사수바이에게 절을 했고, 사수바이는 이런 말로 우리를 축복했다.

"기운차고 튼튼한 아들 여덟만 나아서 우리 가문이 번창하게 하거라."

사수바이는 신께 염소를 바치겠다는 서원을 세웠다고 말했다. 다음날은 길일인 푸르니마였다. 염소는 낮 열두 시 정각에 잡기로 했다.

"어머니를 이렇게 떠받들고 말을 잘 듣는 아드님을 두셨으니 복이 많으십니다. 요즘 젊은 사람들이 어떤지 보셔야 해요. 제를 올리거나 참회하는 게 아무 의미도 없다고 생각한답니다."

사제가 말했다.

"어머니, 저는 내일 염소를 잡을 때까지 여기 있을 수 없어요. 어머니는 원하시면 더 계시다 오세요."

남편이 말했다. 그리고 사제에게 여신도들을 위한 숙소인 다르마샬라에 우리를 위한 거처를 마련해 달라고 부탁했다.

"저는 지금 가야 해요. 다섯 시 버스를 타야 하거든요."

그가 말했다.

"아니 이렇게 먼 길을 왔는데, 좀 더 있다 가지 그러니? 일단 네 아내가 만든 바크리와 감자를 좀 먹으렴."

사수바이가 말했다. 그걸 먹는 동안 사수바이는 이레에 걸쳐 열리다가 마지막 날에 잔치를 벌이는 특별한 축제를 보기 위해 그곳에 왔다는 가족들과 이야기를 나누었다.

"새로 얻은 며느리랍니다. 우리는 내일 염소를 잡을 거예요. 저희를 잘 돌봐 주신 신께 감사를 드리려고요."

사수바이가 자랑스럽게 말했다. 그 집 여자들은 사수바이에게 시시콜콜한 것들을 물었다. 어느 마을에서 왔느냐, 아들은 몇 명이냐, 전부 결혼을 시켰느냐, 손자는 몇 명이냐, 어디서 며칠이나 머물 예정이냐 등등.

우리가 염소를 바친 후에 곧바로 돌아갈 거라고 하자, 나이가 좀 지긋한 여자가 이렇게 말했다.

"신의 축제에 참가하면 복을 받는답니다. 축제는 내일부터 시작 돼요. 끝까지 보고 가셔야죠."

다른 여자도 맞장구를 쳤다.

"칸도바 축제에 올 수 있는 건 행운이에요. 복 받은 사람만이 이 축제에 참가할 수 있죠."

그리고 또 다른 사람이 참견을 했다.

"그렇게 좋은 날에 돌아간다니 말도 안 돼요. 저기 좀 보세요. 먼 데서 이 많은 사람들이 찾아오고 있잖아요. 그런데 기껏 와놓고 돌아간다니요."

사수바이는 시간이 갈수록 점점 초조한 기색이 짙어지는 남편을 보고 말했다.

"다무, 사람들 말이 옳다. 이렇게 먼 길을 많은 돈을 써가며 찾아왔잖니…… 내가 또 언제 여길 오게 될지 누가 알겠니."

남편은 기분이 썩 좋지는 않았지만, 우리에게 더 있다 오라고 했다.

"소누는 데려가는 게 좋겠다. 너 혼자 어떻게 밥을 차려 먹겠니. 혼자 지내기에 일주일은 너무 길지. 나는 나주카가 있으니 괜찮다."

사수바이가 말했다. 나는 이 산 같은 남자와 둘이 지낸다는 생각에 신경이 곤두섰다. 몸이 뒤엉켰던 밤이 떠올라 돌아가지 않겠다고 마음먹었다.

남편이 차를 사러 간 틈을 이용해서 사수바이에게 그냥 있게 해 달라고 애원했지만, 사수바이는 갑자기 엄격해졌다.

"소누야, 어린아이처럼 굴지 마라. 그는 네 남편이고, 네가 있을 자리는 남편의 옆이라는 걸 잊지 마. 친정어머니가 아무것도 안 가르쳐 보내신 게냐? 남편을 따라가서 늘 그의 말에 순종해라. 그를 힘들게 한다는 말이 들리기라도 하면, 너를 집으로 돌려보내고 다무한테 새 부인을 얻어 줄 테니 알아서 해."

차를 사서 돌아온 남편은 내가 눈물을 감추려고 애쓰는 모습을 보고 사수바이에게 무슨 일이냐고 물었다. 사수바이는 내가 엄마가 보고 싶어서 저런다고 대답했다.

다무

뭄바이에 도착한 다음에는 일자리를 구할 게 걱정이었다. 날품 일을 찾아 공사 현장을 돌아다니고, 먼 길을 걸어 집에 가고······ 이런 생각들이 가슴을 묵직하게 누르기 시작했다.

소누의 말에는 내 걱정이 메아리라도 친 듯이 고스란히 담겨 있었다.

"뭄바이에 돌아간 다음에는 무슨 일을 할 거예요?"
"소누, 어떻게든 될 거야. 항상 그랬어."

고라 사헤브가 떠난 후에 나는 하릴없이 떠돌았다. 한참 동안 일도 하지 않았다. 그러다 강가람에게 돌아가 신문 파는 일을 다시 시작했다. 그는 돌아온 나를 반겼고, 나는 부지런히 일을 하며 곧 더 많은 요령을 터득했다.

1921년 즈음이었던 것 같다. 독립운동이 한창이던 때였다. 인도 불만족의 아버지로 불렸던 틸라크가 세상을 뜨고, 민족운동의 지도자로 마하트마 간디가 부상했다.

간디는 시민불복종운동을 전개했고, 인도 전역에 걸쳐 총파업을 촉구했다. 그 뜻에 부응해서 학생들이 대규모로 학업 현장을 이탈했다. 간디는 수입 물건을 일절 쓰지 말 것도 촉구다. 뭄바이에서는 간디가 지켜보는 앞에서 몇 백만 루피에 해당되는 수입 천을 불태우기도 했다. 그런 변화와 열기가 신문 장사에는 큰 도움이 되었다.

대부분의 신문은 5파이사로 값이 저렴했다. 하지만 가끔은 새로운 소식이 너무나 절실한 나머지 신문 한 부에 4안나, 때로는 심지어 8안나까지 내려고 했다. 경찰이 두려운 사람들은 잔돈을 기다릴 틈도 없이 황급히 떠날 때가 많았고, 덕분에 우리는 짭짤한 수입을 올렸다.

매일 밤 9시에는 신문 보급소로 가서 하루 동안 번 돈을 정산했다. 강가람은 뭄바이 다다르 기차역 근처에 집을 얻었다. 나는 일주일에 10루피 정도를 받았고, 손님들에게서 팁도 받았다. 얼마

지나지 않아 어느 정도의 돈을 모을 수 있었고, 보급소 창가에 앉아 역을 들고나는 기차를 바라보며 미래를 꿈꾸어 보곤 했다.

한번은 보급소에서 차르니 로드 역 근처에 돈벌이가 적은 사람들을 위한 주택단지가 조성된다는 이야기를 들었다. 나는 자세한 내용을 더 알아본 후에 조합으로 찾아갔다.

"우리 조합에 가입하세요. 500루피를 예치하면 조합원이 되는 거예요."

그곳 사람들이 말했다. 그 정도 돈은 모아 두었기 때문에 마음이 들떴다. 집으로 돌아오는 길에 아들이 근사한 집을 구했다고 하면 어머니가 얼마나 자랑스러워하실까, 미리부터 상상을 했다. 집에 간 나는 나주카와 어머니에게 신이 나서 떠들어 댔다.

"우리는 원치 않는다. 우리는 여기 사람이 아니고, 여기 사는 사람들도 우리 사람들이 아니야. 우리가 태어난 땅은 오자르야. 우리는 여기서 오래 살고 싶은 마음이 없다. 나는 오자르로 돌아가고 싶을 뿐이야."

어머니가 단박에 내 말을 잘라 버렸다. 나는 낙심해서 그날 밤에는 밥도 먹지 않고 말도 하지 않았다. 나주카는 계속해서 내 마음을 달래려고 했다. 나는 끝내 화가 폭발할 지경이 되어 나주카를 때리려고 손을 쳐들었다. 어머니가 나주카 앞을 막아서며 나를 밀쳐내더니 이렇게 말했다.

"네가 돈을 벌더니 눈이 멀었구나…… 우리보다 네가 훨씬 똑똑하다고 생각한다면 너 가고 싶은 대로 가서 하고 싶은 대로 하면서 살려무나."

나는 다음날 조합에 찾아가서 가입 신청을 취소했다.

신문 장사는 번창했다. 저녁이 되면 보급소마다 돌아다니면서 하루치 거래를 정산하고 사람들의 안부를 물었다. 그런 다음에는 차를 마시며 이런저런 소식을 들었다. 마지막으로 들르는 곳이 '뭄바이 사마차르' 보급소였다. 장부를 정리하고 나면 기진맥진해서 신문을 바닥에 깔고, 몇 장은 얼굴에 덮고 드러누웠다. 너무 피곤한 나머지 나도 모르는 사이에 코를 골 때도 많았다. 주위가 어수선해서 일어나 보면 다음날 새벽 네 시였다. 공용 세면장에서 간단히 씻고, 다시 보급소를 한 바퀴 돌며 그날치 신문을 받았다.

그렇게 두 해가 흘렀다. 그리고 강가람이 갑자기 세상을 떴다. 나를 아들처럼 대해 주던 분이었다. 나는 아들이 할 일을 도맡아 처리하며 장례를 치렀다. 그가 떠나고 없으니 다시 고아가 된 기분이었다. 보급소는 머지않아 적자가 나기 시작했고, 그곳도 이제 더 이상 예전 같지 않았다. 몇몇 아이들이 장부를 가지고 장난을 치면서 적잖은 돈을 빼돌렸다. 내가 동참하길 거부하자 그걸 협박으로 받아들였다. 나는 곧 그곳을 떠났다.

나는 다시 일거리를 찾아 거리에 나선 신세가 되었다. 운이 따라서 대인도반도 철도회사 일을 하게 되었지만 일용직이었다. 그 말은 아침마다 회사 울타리 밖에서 기다려야 한다는 뜻이었다. 정식 인부가 나오지 않거나 특별한 일이 있으면 불러들였다. 어떤 날은 하루 종일 기다리다가 날이 저물기도 했다. 모두가 11안나의 일당을 받아 챙길 때 나는 속상한 마음과 허기진 배를 안고 집에 돌아갔다. 계속 이렇게 살 수는 없었다.

결국 타네에서 일을 구했다. 그곳은 선로를 새로 까는 중이었다. 나는 시멘트와 콘크리트 작업을 맡았다. 전봇대를 세울 커다란 구멍을 파고 전봇대를 세운 후 구멍에 시멘트를 채웠다. 사헤브는 나에게 인부 네 명을 붙여 주었고, 칼리안 강을 오갈 배를 마련해 주었다. 나는 이 배를 몰고 강을 건너다녔다. 내가 할 일은 작업을 완수해서 상관에게 보고서를 제출하는 것이었다. 나는 인부들과 좋은 관계를 유지했고, 팔을 걷어붙이고 도와주기도 했다. 인부들은 이걸 고맙게 여겼고, 늘 협조적이었다.

강 건너편은 야생 동물들이 사는 울창한 숲이었다. 우리 말고는 사람의 그림자도 볼 수 없을 때가 많았기 때문에 으스스 겁이 났다. 네다섯 명이 한 조를 이루면 강을 건너가서 과일열매나 타마린드콩을 몇 자루씩 따왔다. 이걸 집에 가져가서 촐 사람들에게 나누어 주었다. 그 일이 끝나자, 이번에는 파일왈라(낡은 침목을 새것으로 교체하는 인부)들과 일을 하게 되었다.

여기서는 작업조를 파일이라고 불렀다. 이 일은 엄격한 규칙을 따라야 했다. 오래된 침목을 선로 밑에서 빼낸 후 새 침목으로 교체해 넣는 일이었다. 힘들고 고된 노동이었다. 인부들은 아침 8시에 집합했다. 앉아서 바크리로 아침을 먹는 사람도 있고, 일을 시작하기 전에 숙덕숙덕 수다를 떠는 사람들도 있었다.

나는 집에서 어머니가 갓 구워 준 바크리를 먹고 나갔다. 그러면 도착하자마자 일을 시작할 수 있었다. 다른 사람들이 아침을 먹느라 바쁜 사이에 나는 적당한 거리를 계산해서 표시된 자리에 작은 구멍을 파놓았다. 그러면 인부들도 바로 일을 시작할 수 있기 때문에 다들 고맙게 생각했다. 구덩이 파는 일이 끝나면 한 번에 하나씩 침목을 날라 와서 구멍에 끼워 넣었고, 나는 그걸 커다란 쐐기못으로 선로에 고정시켰다. 그런 다음 주변의 빈 공간에 자갈을 채워 넣으면 끝이었다. 나는 다른 사람들보다 먼저 내 몫의 일을 끝내고, 애를 먹고 있는 사람이 있으면 가서 도와주었다.

"아참, 소누. 누나 얘기를 깜빡 잊었네. 전에 돔비블리와 칼리안 사이에 있는 외딴 곳에서 일을 할 때였어. 하늘에 구름이 몰려오더니 금세 장대비가 쏟아지는 거야. 하루 종일 퍼부었지. 나무도 없고 비를 피할 만한 곳도 없었어. 홀딱 젖었으니 얼마나 추웠겠어. 우리는 너무 배가 고팠지만 바크리는 곤죽이 되어 버렸고, 먹을 거라곤 하나도 없었어. 물론 작업도 끝마쳐야 했지. 돔비블리와 칼리안 역은 둘 다 너무 멀었어. 저 멀리 보이는 오두막 몇 채 외에는 갈 곳이 없더라고.

나는 오두막 방향으로 걷기 시작해서 한참 만에 간신히 도착했어. 그중 한 곳에 여자 세 명이 모여 얘기를 하고 있더군. 내가 문 밖에 서서 몸을 부들부들 떨고 있으니까 의심의 눈초리로 쳐다보는 거야.

'뭐예요?'

한 명이 물었어. 몸이 너무 떨려서 대답조차 할 수 없는 상태였지. 이가 딱딱 부딪쳤을 정도니까. 현관에 앉으라고 하더군. 옷에서 물을 짜냈더니 그나마 온기가 조금 돌아오는 듯했어. 아까 나에게 말을 걸었던 여자가 뜨거운 차를 내왔어. 자게리를 넣어 달콤하게 끓인 차를 마시니까 속이 뜨끈해지면서 기분이 한결 나아졌어.

'누구시죠? 왜 이런 빗속에 돌아다니는 거예요?'

내가 사정을 설명하자 다들 안됐어 하더군.
'같이 일하는 인부는 몇 명이나 되나요?'
'열 명이요.'

그러자 여자들은 서둘러서 바크리를 굽고 그람 달(그람이나 달은 모두 인도에서 매일 밥이나 빵과 함께 먹는 콩이다) 요리를 만들기 시작했어. 또 몇 명은 나에게 차를 담은 주전자를 내주더라고.

'우선 이 차를 가지고 인부들한테 가세요. 다시 돌아오면 음식 준비가 끝날 거예요.'

낡은 자루로 만든 우비 한 벌도 내주었어. 인부들에게 가서 차를 주었더니 어찌나 고마워하던지. 비는 그쳤지만 해는 나오지 않았어.

주전자를 들고 여자들에게 돌아갔더니 뜨거운 바크리 열 장하고 매콤하게 볶은 그람 달을 싸주는 거야. 인부들과 함께 고맙게 잘 먹었지. 나는 다시 한 번 그릇을 들고 돌아가 감사하다는 말을 전했어.

며칠 뒤에 품삯이 나왔을 때 내가 인부들에게 말했어.
'그 고마운 부인들에게 선물로 보답을 하면 어떨까요.'

우리는 1루피씩 걷어서 75안나로 사리 한 벌을 사고, 블라우스를 만들 면을 12안나어치 샀어.

그걸 들고 찾아갔지. 처음에는 의심스런 눈으로 쳐다보았지만, 그중 한 명이 나를 알아봤어. 남편들은 우리가 누군지 모르고 화를 내며 다가왔어.

'여긴 뭣 때문에 왔소?'
'누님을 만나러 왔습니다.'

내가 대답했지. 인부 한 명이 사리를 건네주었고, 나는 그걸 차를 끓여 준 여자 앞에 내려놓았어. 여자가 수줍은 듯이 미소를 짓자 남자들도 우리에 대한 경계심을 풀고 반갑게 맞아 다른 오두막으로 데려가서 불을 피웠어. 우리가 갓 담은 술을 마시는 동안 그들은 닭을 잡고, 여자들이 그걸 구워서 내왔어. 함께 먹고 감사의 마음을 전한 후 기분 좋게 집으로 돌아왔지. 그러니까 나주카 말고도 당신한테 시누이가 한 명 더 있는 셈이야.

그 일은 며칠 후에 끝이 나고, 우리 파일은 쿠를라의 열차정비창으로 보내졌어. 거기서는 시멘트 포대를 트럭에서 내려서 창고로 운반하는 것 같은 허드렛일을 하게 됐어. 허리가 휘는 일이지. 나는 작업반장하고 사이가 좋았기 때문에 얼마 후에는 공사 현장으로 물 양동이를 운반하는 일을 하게 되었는데, 그나마 숨을 돌릴 수 있는 일이었어. 그리고 거기서 마침내 도약의 기회를 맞은 거야.

어느 날인가 물을 가지고 쿠를라 역에 갔더니 다리 밑에 사람들이 모여 있었어. 누가 기차에 치인 모양이라고 생각했지. 궁금해서 사람들 틈을 비집고 들어갔어. 그런데 여전히 무슨 영문인지 알 수가 없더라고. 옆 사람을 붙잡고 무슨 일이냐고 물어보았더니 일할 사람을 구하는 중이라는 거야. 사람들을 밀치고 앞으로 나갔어.

고라 사헤브 한 명이 탁자에 커다란 장부를 펼쳐 놓고 앉아 있었어. 아무도 고라 사헤브 앞에 제일 먼저 나설 엄두를 못 내고 있었지. 사소한 일로 심사가 뒤틀리면 고라 사헤브가 총을 꺼내들까 봐 겁을 냈던 거야. 나는 흔히 집사용 영어라고 하는 아랫사람들이 쓰는 영어를 조금 할 줄 알았기 때문에 앞으로 나가서 사헤브에게 인사를 건넸어.

'자넨 누군가?'

사헤브가 영어로 묻더군. 물론 알아들었지.

'저는 남자입니다.'

내 대답에 웃기 시작하더니 또 이렇게 물었어.

'뭘 원하나?'

'일을 원합니다.'

'어떤 일?'

'어떤 일이라도 하겠습니다.'

나는 그 자리에서 채용됐어. 내 뒤를 이어 수많은 사람들이 사무실로 밀고 들어왔지만, 그는 달랑 세 사람만 더 뽑고는 전부 돌려보냈어.

다음날 의사에게 검진을 받았고, 그렇게 해서 1924년 11월 1일에 대인도반도 철도회사의 정식 직원이 된 거야."

그때 우리가 채용된 이유는 전기기차가 곧 출범할 예정이기 때문이었다. 나는 수습공이라서 여러 가지 일을 했다. 엔진에 엎질러진 기름을 닦고, 기계에 기름을 치고, 엔진의 부속이 과열되지 않았는지 확인하는 일도 했다. 전에 일용직일 때는 한 달 동안 죽어라 일해서 18루피를 벌었다. 하지만 이제는 정식 직원이 되었고, 한 달에 20루피하고도 8안나를 받았다. 내 상관은 윌리엄 사헤브라는 사람이었다. 그는 내가 해야 할 일을 조근조근 설명해 주었다. 나는 열과 성의를 다해 일했고, 며칠 안에 많은 걸 터득했다. 사헤브는 무척 만족스러워했다.

1925년 1월경에 첫 전기기차가 뭄바이에서 운행을 시작했다. 그 전에 있었던 일이 기억난다. 항만 선로 쪽에서 주궤도 옆에 발전소를 짓고 있었다. 사헤브는 이 발전소에서 2백 미터 정도 떨어진 곳에 가로세로 7.5센티미터의 구멍을 팠다. 전기기사들이 하늘 위로 지나는 전선에 선을 연결해서 물을 담은 이 구멍에 한쪽 끝을 담갔다. 얼마가 지나자 거품이 일면서 물이 부글부글 끓었다. 그걸 보고 사헤브는 전기가 들어왔다는 걸 알았다. 높은 사헤브들에게 이 사실을 알렸고, 모두 모였다. 몇 분 후, 첫 전기기차가 들어왔다. 먼저 사장 사헤브가 금잔화와 망고 잎으로 엮은 커다란 화환을 엔진에 걸었다. 우레 같은 박수와 환호 속에 붉은 리본을 잘랐고, 모든 임원들이 기차에 올랐다. 우리는 그럴 수 없었지만, 그래도 기쁘게 박수를 쳤다.

나는 곧 빅토리아 터미너스라는 중앙역으로 발령이 났다. 사람들은 이곳을 줄여서 그냥 브이티(VT)라고 불렀다. 고라 사헤브들이 전에 쓰던 인도 이름 보리 분데르를 내버리고 빅토리아 여왕을 기려서 새로 붙인 이름이었다. 윌리엄 사헤브도 그곳에서 일하고 있었는데, 나를 보더니 무척 반가워했다. 그는 나를 믿었고, 자리를 비울 때면 나에게 일을 맡겼다.

기차가 역에 들어오면 나는 기관사에게 무슨 문제가 없는지 물어보았다. 그가 원하는 것들을 고쳐 주고, 엔진에 쌓인 석탄 그을음이며 기름이 흐른 것을 깨끗이 닦아 냈다. 나는 절대로 일을 소홀히 하지 않았다. 기관사들과도 두루두루 친하게 지내면서 농담도 하고 즐거운 시간을 보냈다. 일은 재미있었고 월급도 27루피로 올랐다.

한번은 지선 기차에서 불이 났다. 기차는 미친 듯이 경적을 울리며 역내로 진입했고, 나는 그 소리에 깜짝 놀라 달려 나갔다. 겁에 질린 승객들이 승강장으로 뛰어내리다가 다치기도 했다.

역 전체에 연기가 자욱했다. 아무것도 보이지 않았다. 사람들이 기차에서 허둥지둥 도망치면서 그곳은 완전히 아수라장이 되었다.

10분쯤 지나 연기가 어느 정도 걷혔을 때 윌리엄 사헤브를 찾았지만 아무 데도 없었다. 나는 사헤브의 작업복을 입고 기차를 고치러 달려 나갔다.

쇠 지렛대로 장갑판 마개를 열었다. 연기가 왈칵 쏟아져 나오면서 얼굴을 강타했다. 눈이 쓰라리고 눈물이 나와서 뒤로 물러섰다. 연기가 가신 후에 장갑판 안을 들여다보았다. 빨갛게 달아올라 있었다. 역의 청소부들에게 쇠로 된 양동이에 모래를 떠다 달라고 했다. 빨갛게 달아오른 곳에 그 모래를 뿌렸다. 사람들이 잔뜩 몰려들었지만, 나는 일에 열중한 나머지 주변에 사람들이 있다는 것도 알아차리지 못했다.

장갑판을 점검했다. 군데군데 녹아내린 쇠가 큼지막하게 뭉쳐 있었다. 그걸 긁어 내고 모래를 뿌렸다. 카본브러시도 점검했다. 하나가 비틀리고 안쪽이 부서졌다. 이것이 원인인 것 같았다. 이게 불을 낸 것이었다. 바람을 쏘는 도구를 가져다가 부서진 조각들을 쓸어 냈더니, 그 바람에 조각들이 날리기 시작했다. 행여 파편이 들어갈까 싶어 눈을 가늘게 떴다. 다른 카본브러시도 꺼내서 사포로 윤이 나게 문질렀다. 모든 걸 깨끗하게 하고 잘 작동되게 만들었다. 그런 다음 한숨을 내쉬며 장갑판을 닫고 고개를 들었다. 그제서야 엄청난 인파가 나를 보고 있다는 사실에 깜짝 놀랐다.

기관사가 올라가서 시동을 걸었다.

"아주 완벽한 걸."

그가 말했다. 너무나 기뻤다.

승강장에 나와 있던 임원 한 명이 나에게 물었다.

"자네 사헤브는 어디 있나?"

나는 얼굴빛 하나 바꾸지 않고 거짓말을 했다.

"네, 기차에 문제가 생겨서 그걸 고치러 반드라에 가셨습니다."

임원은 아무 말도 하지 않았다. 나는 땀에 흠뻑 젖어 숯검정을 뒤집어쓴 채 가까운 승강장 벤치에 가서 드러누웠다.

사헤브 생각을 했다. 무슨 일이 있었는지, 내가 어떤 거짓말을 둘러댔는지 모르는 채 나타날까 봐 걱정이 되었다. 사헤브는 세우리 역 근처에 사는 여자와 같이 있는 게 틀림없었다. 그는 매일 그 여자를 만나러 갔다. 그리고 나에게 이렇게 말했다.

"무슨 문제가 생기면 기관사를 시켜 세우리 역에 들어설 때 경적을 두 번 올리게 해. 그러면 다음 기차를 타고 바로 돌아올 테니까."

그래서 나는 시키는 대로 그렇게 했다. 몇 분 후 사헤브가 돌아왔고, 나는 무슨 일이 있었는지 전부 말해 주었다. 그가 보고서를 작성했다.

다음날 높으신 분이 우리 사헤브를 불렀다. 나는 기차를 점검하기 위해 6번 승강장에 나가 있었다. 사무실로 돌아왔더니 사헤브가 높으신 사헤브의 사무실로 같이 오라는 연락을 받았다고 했다.

높으신 사헤브의 사무실 앞에 서 있는데 가슴이 쿵쾅거렸다. 우리 사헤브가 들어갔다. 나도 곧 불려 들어갔다. 인사를 하고 그 자리에 서서 가슴을 진정시키려고 애를 썼다. 두 사헤브가 어떤 이야기를 영어로 빠르게 주고받았고, 나는 거의 한마디도 알아듣지 못했다. 높으신 사헤브가 금일봉이라며 나에게 10루피를 주었다.

"자네는 훌륭한 직원이네." 이렇게 말하고는 나와 악수를 했다. 다시 인사를 하고 우리 사무실로 돌아왔다. 윌리엄 사헤브는 남아 있었다. 잠시 후에 그는 대단히 만족스러운 표정으로 돌아와서 나를 보더니 빙긋이 웃었다.

"무슨 일이에요, 사헤브?"

내가 물었다.

"높으신 사헤브께서 자네가 한 일에 무척 만족하셨어. 더 큰 일을 맡길지도 몰라."

그 다음날 철도회사 유니폼을 입은 사람이 오더니 우리 사헤브에게 종이를 건넸다. 우리는 또다시 높으신 사헤브의 사무실로 갔다.

"오늘부로 자네를 승진시켰네. 계속 열심히 일해 주게."

그가 말했다. 나는 전동기 기계공이 되었다. 월급도 올라서 이제 42루피를 받기 시작했다.

그리고 쿠를라 열차정비창으로 발령이 났다. 내가 새로 맡은 일은 밤사이에 그곳에 보관하는 모든 기차를 점검하는 것이었다. 엔진을 전부 열어 보고 부서졌거나 망가진 부품이 있으면 교체해야 했다. 새로운 일을 시작하자마자 기차 운전법을 배웠는데, 그래야 점검을 마친 기차를 출발 순서대로 역에 가져갈 수 있기 때문이었다. 기차를 가져가 그곳에서 기다리고 있는 기관사에게 넘겨주었다. 전에 함께 일했던 사람들이 나를 존경의 눈으로 바라보았다.

어머니가 이렇게 말했던 게 기억난다.

"마침내 우리한테도 좋은 날이 찾아온 것 같구나."

∽ 소누 ∽

결혼 2년째를 맞아 모든 게 잘 풀려 가고 있었다. 남편은 철도회사에 좋은 일자리를 얻었고, 시어머니도 그곳에서 일을 했다. 살림은 내가 맡았고, 뭄바이에 온 후 처음으로 사람들과 어울릴 시간이 생겼다.

1928년 즈음이었을 것이다. 8월의 어느 날이었고, 가나파티 신(코끼리 머리를 한 가네샤 신을 가나파티 신이라고도 한다)을 기리는 축제가 한창이었다. 촐과 촐 사이에 천막을 치고 꽃줄과 기다란 리본으로 장식했다. 커다란 음악에 맞추어 춤을 추는 행렬이 흙으로 민든 가나파디 신상을 모셔디가 천막 중앙에 내려놓았다. 독실한 신도들은 열흘 밤낮 동안 그 앞에서 제를 올리며 신을 섬겼다. 집집마다 돌아가면서 가네샤 신(우리가 모시는 가나파티 신을 이렇게 부르기도 한다)이 제일 좋아한다고 알려진 것들을 만들어 바쳤는데, 대개 시라, 모다크(코코넛 소를 넣은 만두로, 전통적으로 가나파티 신에게 바치는 음식이다) 또는 라두(둥근 모양의 과자) 같은 것이었다. 이런 음식을 올릴 때도 신의 축복을 비는 진언을 외우며 정해진 의식에 따랐다. 그리고 나중에 물려서 모두에게 나누어 주었다. 이 음식은 극진히 다루고, 받을 때도 오른쪽 손바닥으로 받았다.

곳곳마다 신상을 모셔 두고 바바사헤브의 사진을 나란히 걸어 놓은 곳도 있었다. 신도들은 신을 대하는 것 못지않은 경건한 자세로 바바사헤브에게 꽃을 바치며 예를 올렸다.

밤이 되면 마당극이나 연극, 전통춤, 각종 경연대회 같은 것이 열렸다. 하다못해 누가 제일 많은 바나나를 제일 빠른 시간에 먹는지를 겨루기도 했다. 나는 이런 행사들이 재미있어서 그 시간을 기다리곤 했다. 고향 마을의 공동체 의식과 비슷한 느낌이 들어 좋았다.

'잘사'라는 음악 행사가 열릴 때면 남편은 사수바이에게 허락을 받아서 나주카와 나를 데려가기도 했다. 나는 경쾌한 음악이 좋았고, 쩌렁쩌렁 울리는 노랫가락은 집에 돌아온 다음에도 한참 동안 귓가에 맴돌았다.

이런 행사가 열리는 곳은 한참을 걸어가야 할 때가 많았는데, 늘어진 사리 주름 때문에 빨리 걷기가 힘들었다. 자동차와 마차와 수레가 뒤엉켜 혼잡스러운 길에 사람들까지 잔뜩 몰려 나와 있으면 정신을 못 차렸다. 지나는 차들을 피해 잽싸게 길을 건너는 사람들과는 달리 나는 겁이 나서 그럴 수가 없었다. 그러면 남편이 내 손을 잡아끌어서 나를 당황하게 만들 때가 많았다.

남편은 그런 행사의 목적이 단지 경쾌한 음악을 즐기는 게 아니라는 사실을 일깨워 주곤 했다. 경쾌한 가락에 담긴 내용을 이해하는 게 더 중요하다고 했다. 그러면서 불가촉천민과 카스트 제도, 그리고 배우고 깨우치며 사는 삶의 중요성을 담은 가사를 설명해 주었다.

가나파티 축제가 지닌 또 다른 의미는 강연에 있었다. 최소한 남편은 그렇게 생각했다. 저녁을 먹고 밤이 깊어지면 그 지방 현자의 말을 들으러 사람들이 모였다. 그들은 바바사헤브의 사상과 가르침에 대해 이야기했다. 이런 강연이 열리면 남편은 나를 데려갔다.

"소니, 노래나 춤에만 정신을 팔지 말고 이런 얘기에도 관심을 가져 봐. 우리 공동체와 민중의 삶을 향상시키기 위한 거란 말이야."

고향에서는 마하르끼리만 살았고, 대대로 전해 내려온 카스트 제도에 의문을 품는 사람은 아무도 없었다. 하지만 여기는 뭄바이였고, 여기 사람들은 단순히 배를 채우는 것보다 더 커다란 문제에 관심을 가졌다.

강연회에서는 마하드에서 일어났던 바바사헤브의 저항운동에 대해 이야기했다. 그리고 힌두 사원 출입투쟁에 대해서도 이야기했다.

"우리에게는 불가촉천민이라는 꼬리표가 붙어 있고 힌두 사원에 들어갈 수 없습니다. 하지만 우리는 인간이 아닙니까? 마하르로 태어난 게 죄입니까? 바바사헤브는 우리도 똑같은 인간이라는 사실을 일깨워 주었습니다. 우리는 차별에 맞서 단결하고 궐기해야 합니다."

그 자리에 참석한 사람들은 남녀노소 할 것 없이 열심히 귀를 기울였고, 강연이 끝날 때마다 입을 모아 외쳤다. "자이 빔!" 그리고 바바사헤브의 가르침을 담은 바잔을 불렀다.

가나파티 축제가 열흘째에 이르면 사람들은 음악에 맞추어 춤을 추며 신상을 모셔다가 추나바티 강에 담갔다. 모두 그 뒤를 따랐고, 자기가 속한 행렬의 의식이 끝나면 길가에 서서 다른 행렬을 지켜보았다. 남편은 우리 지역의 행렬을 앞에 서서 이끌었다.

사실 우리 불가촉천민은 상층 카스트의 신인 가나파티를 모실 자격이 없었다. 하지만 세월이 흐르면서 가나파티 축제는 사회적인 행사로 자리 잡았다. 군중에게 어떤 대의를 설명하고 결집할 좋은 방법이기 때문이다. 그걸 보는 상층 카스트의 심기가 편할 리 없었다. 그들은 자신들이 모시는 신의 신성함이 더럽혀졌다고 주장했다.

나는 우리가 살아가는 방식에 아무런 불만이 없었다. 남편이 데려가는 곳이면 어디나 따라갔다. 바바사헤브 연설 이야기만 끝도 없이 반복할 때면 지루해지기도 했다. 물론 군소리 없이 따라다니긴 했지만 속으로는 남몰래 이런 생각을 했다.

'사회운동이라는 허깨비는 남편 머릿속에만 들어 있어도 충분해…… 나는 그런 거 없이 사는 편이 더 나아.'

하지만 그 연설과 남편의 이야기는 나도 모르는 사이에 나에게 영향을 미쳤다. 그러다가 수동적이던 내 태도가 완전히 바뀌는 사건이 일어났다.

그해 축제 때 높은 카스트 단체에서 악의적인 소문을 퍼뜨렸다. 우리 불가촉천민이 겉으로는 가나파티 신을 모시는 척하지만, 신상을 강물에 담그는 게 아니라 목을 매다는 상징적인 행위를 한다는 것이었다. 이 소문은 종교라는 예민한 정서를 자극했다. 곳곳에 경찰이 배치되었고 수상해 보이는 사람들을 붙잡아 갔다.

3000명이 참가한 우리 동네는 행렬 중에서도 규모가 큰 쪽에 속했다. 우리는 경찰의 보호를 받았고, 경찰에서는 우리를 제일 먼저 보내기로 결정했다. 규모가 작은 다른 동네의 행렬은 우리가 지나는 동안 경찰이 쳐놓은 밧줄 너머에서 기다려야 했다. 꽃으로 단장한 신상을 수레에 모시고 북과 심벌즈 장단에 맞추어 춤추고 노래하며 행진할 때만 해도 아무 문제가 없었다. 여자들과 행인들이 꽃잎을 뿌렸다. 너무나 재미있었고, 다들 신명이 났다.

　　그때 어디선가 돌이 날아왔다. 당연히 난리가 났고, 사람들은 욕설을 내뱉으면서 이런 고약한 짓을 한 사람을 찾아내려고 했다. 일부에서는 돌이 날아온 방향으로 돌을 집어 던졌다. 이내 싸움이 벌어졌고 돌이 사방으로 날아다녔다. 행사 진행을 맡았던 요원들이 사람들을 진정시키고 행렬을 통제하려고 호각을 불었지만 상황은 오히려 더 심각해졌다.

　　생명에 위협을 느낀 사람들이 우르르 도망을 치기 시작했다. 그런데 그 와중에 나쁜 마음을 먹은 사람들이 있었다. 젊은 여자들을 희롱할 기회를 엿본 것이었다. 사람들을 통솔한다는 구실을 내세워 여자들에게 몹쓸 짓을 하는 사람들과 돌을 던져 대는 사람들이 눈에 들어왔다. 그 사람들은 정식으로 진행을 맡은 사람들과는 달리 바바사헤브의 사진이 찍힌 완장도 차고 있지 않았다.

　　나는 너무 화가 난 나머지 근처에 있던 진행자의 곤봉을 빼앗아 들었다. 내 행동을 보고 용기를 얻은 나주카도 똑같이 곤봉을 집어 들었고, 우리는 함께 이 못된 사람들을 때리기 시작했다. 어찌나 세게 때렸던지 끝내는 경찰이 개입했다. 경찰은 우리를 보고 당장 그만두지 않으면 유치장에 집어넣겠다고 으름장을 놓았다.

나는 경찰이 할 일을 제대로 하지 않으니까 우리가 나선 게 아니냐고 야단을 쳤다. 결국 경찰이 상황을 정리했다.

우여곡절 끝에 우리는 다시 차분하게 행렬하여 신상을 강물에 담갔다. 집에 돌아왔더니 다들 우리를 보고 용감하다며 화환을 씌워 주고 호들갑을 떨었다. 대단한 하루였고, 남편은 나를 무척이나 자랑스러워했다.

"얼굴만 예쁜 줄 알았는데, 그게 아니네."

사수바이도 흐뭇해하긴 마찬가지였고, 나주카에게도 용감하게 행동하는 법을 배웠다고 말하며 무척 기뻐했다.

그런데 우리 촐에 사는 어느 나이 지긋한 아주머니는 나를 찾아와 여자답지 못한 행동에 충격을 받았다고 말했다. 하지만 이제 아무것도 나를 막을 수 없었다. 나는 그날 일어난 일에 잔뜩 흥분한 상태였다.

내가 대뜸 이렇게 말했다.

"우리는 언제까지 납작 엎드려서 지내야 하나요? 우리는 그 사람들의 사원에도 들어가지 못해요. 그들의 우물에서 물도 못 마셔요. 바바사헤브를 함께 걸어 놓았다는 이유로 가나파티 신을 모시지도 못하게 해요. 그런데 이제는 신을 강물에 담그러 가는 행진까지 막으려 들잖아요. 뭄바이에서까지 그들의 협박에 전전긍긍하며 살지는 않을 거예요. 여기는 시골 마을이 아니라 큰 도시잖아요."

폭포수처럼 터져 나온 내 말에 모두가 충격을 받았다. 내 행실을 문제 삼으러 왔던 아주머니는 조용히 돌아갔다.

남편은 기분이 좋아서 입이 귀에 걸렸다.

우리는 잘 살고 있었다. 그러다 운명의 바람이 바뀌었다. 1929년 즈음이었다. 하루는 남편이 어깨를 축 늘어뜨리고 들어와 대인도반도 철도회사에서 파업을 한다고 말했다.

나는 남편이 왜 그렇게 힘이 없는지, 그 파업이 우리와 무슨 상관인지 이해할 수 없었다. 당연히 이런저런 질문이 이어졌다. 남편은 내가 자신의 일에 관심을 갖는 걸 기뻐했다. 그리고 참을성 있게 나의 모든 질문에 대답을 해주었다.

남편은 자신이 노동조합의 조합원이라고 했다. 그런데 조합에서 임금이 오를 때까지 작업을 중단하라는 지시를 내렸다는 것이다. 조합의 요구는 정당했고, 노동자들이 단결해서 세력을 키우지 않는데 회사에서 알아서 임금을 올려 주지는 않을 것이다.

그런데 파업을 하기로 한 시점이 최악이었다. 남편은 조합을 찾아가 알아듣게 이야기하고 설득해 보려고 했다. 처음에는 공손하게 이야기를 시작했다. 하지만 조합의 관계자들이 그의 순수성을 의심하면서 언쟁이 벌어졌다. 남편은 바바사헤브가 인도 전역을 돌며 노동자들에게 파업에 동참하지 말 것을 촉구하고 있다는 사실을 지적했다. 바바사헤브는 전 세계가 대공황을 겪고 있기 때문에 파업을 할 경우 많은 사람들이 일자리를 잃게 된다고 설명했다.

조합 사람들은 남편에게 이렇게 말했다.

"제 잇속만 차리는 바바사헤브가 뭐라고 떠들고 다니는지 말할 필요 없어. 자네 같은 하층 카스트들이 본분을 망각하고 낄 데 안 낄 데 다 끼려고 드는 게 전부 그 사람 때문이야. 자네가 조합원이라면 파업을 지지해야 해. 지금은 물러설 때가 아니라고."

남편은 파업 시기를 몇 달만 늦추어 달라고 간청했지만, 그들은 요지부동이었다.

"자네가 좋은 사람이고 우리 조합을 위해 열심히 일해 왔다는 걸 알기 때문에 그나마 참고 들어준 줄 알아. 그러니 이제 정신 차리고, 바바사헤브가 떠들고 다니는 말도 안 되는 소리에 귀 좀 기울이지 말게."

이 말은 남편이 세상에서 제일 듣기 싫어하는 말이었다. 그는 발끈해서 조합을 탈퇴해 버렸다. 이젠 조합원이 누리는 보호막도 없어졌으니 상황은 더 나빠졌다.

하루는 저녁을 먹으려고 하지 않았다. 심지어 차도 마다했다. 그제야 뭔가 잘못되었다는 걸 깨달았다. 향긋하게 끓인 차를 마다하는 법이 없는 사람이었다. 조용히 옆에 앉아 남편이 입을 열기를 기다렸다.

"무슨 낯으로 당신을 보지? 당신을 실망시키고 말았는데…… 그리고 나 자신도. 열심히 일해 온 그 오랜 세월, 열심히 일해서 내 손으로 쌓아올린 평판, 이 모든 게 수렁에 빠지고 말았어."

그의 목소리는 힘이 하나도 없었고, 얼굴은 잿빛이었다. 나는 남편이 하는 이야기를 알아들으려고 애를 썼다.

"회사에서 내가 하는 일에 무척 만족했는데. 월급도 올려 주겠다고 했는데…… 그래서 더 열심히 일했는데…… 모든 게 날아갔어, 소누. 손가락 사이로 빠져나가 버렸어. 많은 사람들이 회사에서 쫓겨났어. 전부 일자리를 잃었어."

남편은 손으로 머리를 감싸 쥐었고, 자기 자신 속으로 움츠러들었다. 그 순간은 평생 잊을 수 없을 것 같았다. 그 모습은 내 마음속 깊은 곳에 새겨졌다.

  남편은 이런 힘든 상황 속에서 어머니가 주는 마음의 부담을 견디지 못하고 마을의 예스카르 의무를 맡겠다고 결심했던 것이다.

  처음에는 전통을 왜 그렇게 한사코 거부하는지 이해할 수 없었다. 그의 분노와 좌절감을 헤아릴 수 없었다. 그 의무를 단지 몇 달 동안만의 문제라고 생각했기 때문이다.

  그런데 이제는 상황이 겉으로 보이는 것처럼 그렇게 단순하지 않다는 걸 알게 되었다.

  거의 네 시간을 쉬지 않고 걸은 끝에 나시크 외곽에 도착했다. 남편은 트럭기사들이 모이는 찻집에 가서 뭄바이까지 태워다 줄 트럭을 찾아보았다. 그런데 안타깝게도 그들은 모두 뭄바이에서 돌아오는 길이었다.

  우리는 길에 앉아 차를 마셨다. 남편은 이틀 동안 아무것도 먹지 못한 상태였다. 남편에게 바크리를 건넸다. 얼굴이 환해지더니 말도 하지 않고 마지막 한 장까지 전부 먹어 치웠다.

  "당신은 참 현명해."

  부드럽게 말하는 남편의 얼굴에 개구쟁이 같은 미소가 어렸다. 그러더니 숨을 깊이 들이마시며 드넓은 하늘을 올려다보았다.

  "드디어 자유롭게 숨을 쉴 수 있어. 나는 다시 참 사람, 내 의지의 주인이 됐어."

  찻집에서 일하는 소년이 한 시간쯤 가면 되는 거리에 우리가 묵을 수 있는 다르마살라가 있다고 말해 주었다. 우리는 차와 소년의 다정한 태도에 다시 걸어갈 기운을 되찾았다.

잠깐 눈을 붙이고 또 출발했을 때는 해가 중천에 뜬 후였다. 남편은 나무 옆에서 잠깐 기다리라고 하고는 뭄바이로 가는 길을 알아보러 갔다. 그런데 얼마 후에 돌아오더니 바바사헤브의 포스터가 사방에 붙어 있다며 싱글벙글이었다. 사람들에게 들었는데, 바바사헤브가 칼라람 사원에 출입할 권리를 쟁취하기 위해 평화 시위, 즉 사티야그라하(마하트마 간디가 널리 발전시킨 비폭력 대규모 실력 행사. 문자 그대로 옮기면 진리의 파악이라는 뜻이다)를 벌이러 나시크에 오고 있다는 것이었다.

남편은 그 생각에 푹 빠진 눈치였다. 간밤의 절망은 흔적도 찾아볼 수 없었다.

"나시크에서 할 일을 찾아보자."

"뭄바이에는 안 가고요?"

"이번 운동에 참가해야지. 왜 마하르들은 사원에 들어가지 못한다는 거야? 그렇다고 해서 내가 신상 숭배를 찬성하거나, 그걸 넘어 신을 믿는다는 뜻은 아니야. 하지만 우리도 같은 인간이고, 다른 사람에게는 허용되는 걸 못하게 막을 수는 없지. 이건 우리의 권리니까 그걸 위해 싸워야 해."

권리를 구걸하지 말고 투쟁하라

~ 다무 ~

나시크는 운동의 심장부였고, 열정적인 마하르들이 그곳에 모여 의논을 하고 계획을 짰다. 어디를 가나 바바사헤브와 사원의 사진이 나란히 놓인 포스터가 붙어 있었다. 거기 적힌 문구는 군더더기 없이 분명했다.

"신은 모두의 것이다. 힌두교도는 누구나 사원에 출입할 수 있어야 한다."

소누와 나에게는 너무나 뜻밖의 상황이었다. 바바사헤브의 가르침에 따라 마을의 전통을 거부한 충격이 아직 채 가시지 않았는데, 바로 그 운동이 눈앞에서 펼쳐지고 있었다. 멀리서 엄청난 수의 마하르들이 모여들었고, 다들 왼쪽 어깨에 배지를 달고 있었다.

군중 속에 섞이고 보니 깊이 참여해서 뭐든 하고 싶었다. 흥분된 마음을 가라앉힐 수가 없어서 모여든 사람들을 안내하고 있는 진행요원에게 다가갔다.

"자이 빔, 바바사헤브 만세!"

우렁차게 인사를 한 후, 배지도 없고 그걸 살 2안나도 없지만 우리도 바바사헤브의 열렬한 추종자라고 말했다.

"괜찮아요. 저를 따라 오세요."

그는 천막에 마련한 임시 사무실로 우리를 데려가더니 명부에 이름을 적은 후 배지 두 개를 내주었다. 나는 자랑스럽게 소누와 내 어깨에 배지를 달고, 그곳에서 만들어지고 있는 세력의 일부가 되었다는 사실에 흥분을 억누를 수 없었다.

여자들도 많았다. 아이를 품에 안은 사람이 있는가 하면, 여럿을 줄줄이 달고 다니는 사람도 있었다.

수많은 진행요원들이 그 사이를 돌아다니며 상황을 설명했다. "우리는 불가촉천민이 힌두 사원에 출입할 수 있게 될 때까지 사티야그라하와 시민불복종운동을 벌일 겁니다. 우리도 똑같은 인간이며, 무엇보다 우리도 힌두교도입니다. 우리는 사원에 출입할 수 있어야 합니다."

우리의 마음은 다 함께 입을 모아 외치는 이 구호로 터져 나왔다.

"자이 빔!"

장소의 선택도 놀라웠다. 마하드 궐기 때처럼 바바사헤브는 이번 궐기를 위해 신중한 판단 끝에 칼라람 사원을 선택했다.

저녁에 활동가들과 모여 앉아 이야기를 하던 중에 내가 마하드 초다르 저수지 행진에 참가했었다는 말을 했다.

"바바사헤브를 직접 봤단 말이에요?"

누군가 물었다. 갑자기 나를 보는 사람들의 눈빛이 달라지면서 뭄바이에서 일어난 운동에 대해 더 자세히 듣고 싶어 했다. 나도 바라던 바였고, 우리의 이야기는 깊은 밤까지 이어졌다. 나는 바바사헤브의 연설에 대해 내가 기억할 수 있는 모든 것을 들려주었다.

그들은 이번 행사를 몇 달 전부터 준비해 왔으며, 바바사헤브가 뭄바이에서 방향을 잡아 준다고 말했다. 그는 라마 신의 탄신일인 라마 나바미에 맞추어 나시크에 올 예정이었다. 현지 활동가들이 위원회를 구성해서 사원 운영자들과 대화를 시도했지만, 사원 측에서 논의 자체를 거부했기 때문에 아무런 성과도 끌어내지 못했다.

활동가들은 일주일 내에 반응을 보이지 않으면 시위를 벌이겠다고 최후통첩을 보냈다. 이미 마하라슈트라 전역의 불가촉천민에게 칼라람 사원에서 라마 신을 섬길 권리를 주장하기 위해 나시크에 결집하자는 이야기가 전달되었다.*

궐기의 그날, 우리는 모두 '자이 빔'이라는 말로 인사를 나누었다. 약 2만 명이 그곳에 모였다. 나는 속으로 생각했다. 그래, 이렇게 뭉쳐서 큰 힘을 이루었는데 누가 감히 우리를 인간 이하로 취급하겠어. 바바사헤브가 모든 불가촉천민에게 단결을 촉구한

칼라람 사원은 1782년에 라마와 그의 부인 시타, 그리고 동생 락스만이 귀양가서 살았다고 전해지는 터에 세워졌다. 사원은 브라만이자 그 지역을 장악한 마라타 왕국의 지도자인 페슈와 가문의 후원을 받았다. 칼라람 사원에서는 매년 라마 신의 탄신일을 기념한다. 수십만 명의 신도들이 참가해서 페슈와(마라타 왕국의 브라만 지도자) 가문이 장식한 두 개의 꽃마차에 신상을 싣고 행진을 벌인다.

이유를 알 것 같았다. 바바사헤브의 부름에 이렇게 많은 사람들이 나시크로 모여들었고, 우리의 운동에 힘이 실렸다.

그날의 모임은 바바사헤브의 지휘로 시작되었다. 지역의 지도자들이 먼저 등장해서 계획을 설명했다. 그런 다음, 바바사헤브가 연설을 하려고 일어서자 그 많은 군중이 열광적인 환호를 보냈다. 그는 투쟁의 목적을 설명하고, 평화롭게 타결하기 위해 노력했던 과정을 하나하나 되짚었다.

"사원에 들어가지 못한다고 죽지는 않습니다. 사원에 들어간다고 해서 영원히 사는 것도 아닙니다. 우리는 인간으로서의 동등한 권리를 위해 싸울 뿐이며, 그 이하로는 만족하지 않을 것입니다."

우레와 같은 박수가 쏟아졌다. 이어서 내가 본 가장 거대한 행진이 시작되었다. 바바사헤브가 선두에 섰다. 악단이 그 뒤를 따르며 행진곡을 연주하자 마하르 공동체와 영국군의 제휴가 떠올랐다. 그 다음에는 행사의 진행요원들이 따라갔고, 약 500명의 여자들이 그 뒤에 줄지어 섰다. 달리트 여성들이 군중대회에 참가한 최초의 순간이라는 점만으로도 혁명적이라고 할 수 있었다. 규율과 결의로 무장한 수천 명의 시위대가 그 뒤를 질서정연하게 따라갔다.

행렬이 사원에 다다랐을 때에는 출입문이 잠긴 건 물론이고 방책까지 쳐놓았다. 레이놀즈라는 영국인 경찰서장의 지휘 하에 무장 경찰들이 입구를 지키고 있었다.

바바사헤브는 경찰서장과 이야기를 한 후 행렬을 고다바리 강으로 데려가 그곳에서 다시 집회를 열었다. 바바사헤브는 이튿날부터 사원 앞에서 평화 시위를 벌이겠다고 선언했다. 우리는 정식 진행요원으로 이름을 올리고 천막으로 돌아갔다.

다음날, 예정되었던 평화 시위가 시작되었다. 우리는 사원 입구에 모였다. 사원에는 모두 네 개의 문이 있는데, 동쪽으로 난 것이 정문이었다. 팽팽한 긴장감이 느껴졌다. 문마다 수백 명의 무장 경찰이 서 있고, 나머지 경찰들은 시위대를 날카롭게 주시했다. 레이놀즈는 시위대가 한밤중을 틈타 공격하리라는 생각에 사원 바로 앞에 천막 사무실을 만들어 놓고 그곳에서 진을 쳤다.

수천 명의 시위대가 돌아가며 인간 띠를 둘러 아무도 들어가지 못하도록 사원을 에워쌌다.

상층 카스트들이 인근 집에 몽둥이와 곤봉을 들고 숨어서 우리가 무력으로 사원 진입을 시도할 경우 바로 공격하려고 한다는 소문이 돌았지만, 우리는 정문 앞에 앉아 노래만 부를 뿐이었다. 평화로운 시위에서 이탈해서는 안 된다는 게 바바사헤브의 엄격한 지시였다.

다음날, 현지 지도자들은 공개회의를 열고 상층 카스트들이 이 닌국을 더게할 방법을 모색차기 위해 모임을 가졌다는 사실을 발표했다. 전해진 바에 따르면, 일부 진보적인 힌두 운영자들은 불가촉천민의 요구에 동감을 표했다고 한다. 하지만 정통파에서 뜻을 굽히려 들지 않았다. 심지어 진보적인 사람들에게 돌과 신발을 내던지기까지 했다는 것이다. 몇몇 골수파들은 라마 신이 온다고 해도 불가촉천민에게 문을 열게 만들 수는 없다고 단언했다. 그 자리가 난장판으로 끝났을 건 불 보듯 뻔한 일이었다.

그 소식을 들은 우리는 더욱 굳은 의지로 시위를 계속했지만, 긴장이 고조된 와중에도 다행히 불미스러운 일은 일어나지 않았다.

이틀이 지난 후에도 상황은 여전히 교착 상태였다. 오후에 나이 든 브라만이 사원 앞을 지나다가 타는 듯한 햇볕 아래에 쪼그리고 앉아 노래를 부르는 우리를 보았다. 그는 우리의 결연한 의지에 감동을 받은 나머지 작은 손지갑을 열어 가지고 있던 돈을 몽땅 우리에게 주었다. 그리고 이런 말로 상층 카스트를 조롱했다.

"신을 경배하려는 여러분의 의지에는 사원의 돌담도 녹아내리겠지만, 정통파들의 심장은 어림도 없을 겁니다!"

시위를 하던 사람들 여럿이 일어나 연설을 했고, 일부는 힌두교를 버리고 다른 종교로 개종할 것을 주장했다.

"힌두교가 우리를 동등한 인간으로 대우하지 않는데, 우리가 힌두교의 교리를 믿는 게 무슨 의미가 있습니까?"

그때 나시크는 자극적인 소문으로 뜨겁게 타오르던 중이었다. 불가촉천민의 주장에 동감한 브라만 한 명이 높은 태생의 폭력배들에게 심하게 맞았다는 이야기였다. 그 브라만은 불가촉 제도가 힌두교의 오점이라고 주장하며, 그것을 폐지하기 위해 싸웠다. 절박한 심정이 된 그는 힌두교에서 이슬람으로 개종했다. 그리고 가네슈 아버지 쿨카르니라는 이름을 버리고 칸 모하메드로 이름까지 바꾸었다. 하루는 그가 식당에 들어가 무슬림 지정석에 앉았는데, 호텔을 운영하는 고귀한 태생의 남자한테 매를 맞고 쫓겨났다는 것이다.

많은 지도자들이 개종은 해결책이 아니라고 반박했다. 바바사헤브도 힌두교를 부정한다고 해서 달라지는 건 아무것도 없다고 말했다. 상황을 변화시킬 유일한 방법은 힌두교를 안에서부터 개혁하는 것뿐이라고 했다.

시위는 6일째에 접어들었다. 그리고 7일째 되던 날 공개회의가 열렸고, 마하트마 간디가 단디라는 인근 마을에서 영국의 소금법을 거부했다는 소식이 전해졌다. 또한 간디는 영국의 통치에 저항하고 인도 국민회의를 지지하기 위해 전국적인 시민불복종운동을 선언했다.

　한편 처음에는 불가촉 제도 폐지와 사원출입운동을 지지했던 인도 국민회의의 지도자들 가운데 상당수가 바바사헤브에게 시위를 중단하라는 압력을 가하기 시작했다. 하지만 불가촉천민의 지도자인 바바사헤브는 그 요구를 거부했다.

　"우리의 기본적인 인권, 그리고 문명과 문화의 혜택을 받을 권리를 더는 거부할 수 없다. 우리는 인간으로서 타고난 권리를 쟁취하는 그날까지 운동을 계속해야 한다."

　다음날, 인도인 지방 행정관이 지방 장관과 무장 경찰관 한 명을 대동하고 상황을 살피러 왔다. 자신들을 보고도 우리가 자리에서 일어나지 않자 그들은 당황했다. 우리는 그들의 존재를 무시한 채 계속 노래를 부르고 구호를 외쳤다.

　잠시 후 바바사헤브가 연설을 하기 위해 도착했을 때에는 모두가 열광적으로 환호했다. 관리들은 화가 나서 얼굴이 벌겋게 달아올랐다.

　사원의 운영자들은 관계당국의 힘을 빌려 이 일을 해결하려고 했다. 그들은 사원이 사유재산이므로 출입권에 대한 궁극적인 권한이 자신들에게 있다고 주장했다. 하지만 돌아다니는 이야기에 따르면, 그들은 사유재산을 입증할 증빙 서류를 제출하지 못했다고 한다.

반면에 우리에게는 사원이 1년에 1000루피의 정부 보조금을 받기 때문에 공유재산임을 입증할 증거가 있었다. 교착 상태는 계속되었다. 그때 지방 행정관이 사원 인접 지역에서 열리는 모든 집회를 불법으로 간주하라는 의견을 올렸다. 오랜 토의 끝에 정부에서는 그 의견을 수용하지 않았고, 행정관은 다른 곳으로 보내졌다. 시위는 계속되었다.

그동안 소누와 나는 수천 명의 행사 진행자를 위해 세운 임시 숙소에 머물렀다. 우리는 음식을 만들어서 사람들과 나누어 먹었다. 위대한 투쟁에 참가하는 것은 소누와 나에게 즐거운 경험이었다.

3월 말에 접어들면서 라마 나바미, 즉 라마 신의 탄신일이 다가왔다. 문을 닫아건 지 거의 한 달 만에 사원이 문을 열었다. 이 순간을 기다렸던 우리는 즉시 행동에 돌입했다. 인간 띠를 이어서 입구를 막았고, 먼저 온 사람부터 신을 경배해야 한다고 주장했다. 문은 황급히 다시 닫혔다.

수천 명이 체포될 것을 각오하고 정해진 선을 넘어 인간 띠를 이었다. 곤봉세례가 쏟아졌고, 호송차를 꽉꽉 채운 사람들 중에는 나도 끼어 있었다. 유치장은 시위대로 넘쳐났다. 우리는 도시 밖으로 쫓겨나 물도 없고, 먹을 것도 없고, 들어가 쉴 데도 없는 곳에 버려졌다. 하지만 우리는 흔들리지 않았다. 노래를 부르고 구호를 외치며 행진을 해서 네다섯 시간 만에 다시 사원으로 돌아왔다. 이 전략은 한동안 계속되었다. 그러나 우리를 전부 실어 나를 호송차가 없었고, 경찰은 결국 손을 들었다.

그 다음날 사제들이 잔꾀를 썼다. 대사제의 거처에는 사원의 성소로 곧장 이어지는 통로와 별도의 출입구가 있었다. 사제들은 대사제의 집을 통해 조용히 상층 카스트들을 사원으로 들여보내기 시작했다.

대사제의 집을 봉쇄하고 싶었지만, 지도부에서는 그곳이야말로 사유재산이기 때문에 합법적으로는 그럴 방법이 없다고 설명했다. 평화롭게 합법적인 시위를 벌이라는 게 바바사헤브의 지시였다.

그렇기는 해도 바바사헤브는 이 문제를 영국 정부에 제기했다. 그는 사제들의 그 같은 교활한 행동이 대단히 도발적이라고 경고했다.

라마 나바미인 4월 7일에 사제들은 시위대들을 따돌릴 또 다른 묘안을 짜냈다. 사원 앞에는 라마 신을 섬기러 온 신도들이 장사진을 이루었다. 입구마다 사제들이 양옆에 나와 서서 신도들에게 어떤 카스트냐고 물어본 후에 입장을 시켰다. 상층 카스트만이 안에 들어갈 수 있었다.

상층 카스트 사람들은 그런 질문을 받는다는 자체에 화를 냈다.
"우리가 누군지 모르시오?"
"우리를 불가촉천민으로 의심하는 거요? 우리의 카스트를 입증하라니?"

그들은 호통을 쳤다.
"아니오…… 아니오…… 조금도 의심하지 않습니다. 모두 고귀하신 분이라는 걸 알지만, 부디 이렇게 물어볼 수밖에 없는 사정을 헤아려 주십시오. 저희도 어쩔 수가 없습니다. 사방에 마하르들 천지라서요."

사제들은 변명을 했다. 그러나 아무리 애를 써도 사제들은 겉모습만으로는 카스트를 구분할 수 없었다. 이걸 알게 된 수백 명의 불가촉천민이 상층 카스트 행세를 해서 사원에 들어갔다.

안에 들어가면 기도를 하기 전에 사제들이 가족이나 부락의 이름을 물어보는 게 관례였다. 많은 사람들이 마하르 이름을 대기 시작하자 사제들은 뒤로 나자빠질 지경이었다. 사원에서는 이 사실을 즉시 경찰에 알렸다. 경찰들은 사원 안에서 불가촉천민을 발견하는 대로 두드려 패기 시작했다. 우르르 도망을 치는 와중에 사제가 불가촉천민 소녀를 떼미는 일이 일어났고, 소녀는 사제의 뺨을 철썩 올려서 모두를 경악하게 만들었다.

라마 나바미 이틀 후에는 라마 신의 꽃마차 행렬이 나시크를 통과하는 게 전통이었다. 불가촉천민은 사원에는 들어가지 못했지만 마차는 끌 수 있었다. 당시의 소요 사태를 감안해서 타협이 이루어졌다. 상층 카스트가 사원의 동문까지 마차를 끌고, 거기서부터는 불가촉천민이 맡기로 했다.

그러나 여전히 팽팽한 긴장감이 흘렀다. 두 눈 멀쩡히 뜨고도 불가촉천민을 사원에 들여보낸 사제들은 조롱의 대상이 되었다. 상층 카스트들은 사원이 오염되었다며 분노했다. 그들은 보복을 결의했다.

사제들은 행렬 시간을 통보해 놓고, 훨씬 이른 시간에 조용히 모였다. 사제들의 성원 속에 높은 태생들이 서둘러 마차를 몰고 동문을 훌쩍 지난 곳까지 가버렸다. 우리는 뒤통수를 맞았지만 얼른 행동을 취했고, 모두 힘을 합쳐 마차를 도중에 멈춰 세웠다.

마차를 옆에 세워 놓은 채 싸움이 벌어졌다. 경찰은 곤봉을 휘두르며 우리를 골목으로 밀어 넣었다. 거침없이 날아다니는 경찰들의 곤봉은 어른과 아이, 남자와 여자를 구분하지 않았다. 소누는 다친 데 없이 그 난리통을 빠져나갔지만, 나는 오른쪽 다리를 얻어맞았다. 노련한 진행요원들의 충고에 따라 사람들은 손으로 머리를 감싸고 몸을 둥글게 말았다. 준법의 울타리가 무너지면서 몇몇 선동가들이 가게에 불을 질렀다. 불은 빠르게 번지며 많은 재산을 집어삼켰고, 자전거와 자동차도 불에 탔다.

바바사헤브를 포함한 수많은 시위대가 부상을 당했다. 다친 사람은 대부분 도망을 칠 수 없었던 마하르들이었다. 우리는 분노했고 복수를 원했지만 바바사헤브는 본인도 다쳤으면서 차분한 말로 우리를 진정시켰다.

이제는 사원 주변에서 모든 집회가 금지되었고, 그걸 어길 경우 체포되었다. 바바사헤브는 내무부 장관을 만나러 뭄바이로 떠났고, 시위는 잠정 중단되었다.

나시크에서 더 할 일이 없어졌기 때문에 시위대들은 전부 마을로 돌아가기 시작했다.

"우리는 어떻게 해요? 뭄바이로 간다고 해도, 거기서는 뭘 하죠?"

소누가 걱정스러운 얼굴로 물었다.

얼마 전의 불확실함이 고스란히 되돌아왔다. 뭄바이에 가면 또 어떤 상황이 펼쳐져 있을지 짐작할 수 없었고, 어머니의 얼굴을 어떻게 볼지도 걱정이었다. 그래도 마음은 평화로웠다. 나는 바바사헤브가 이끄는 운동에 참여했고, 불의에 맞서겠다고 나 자신에게 했던 다짐도 지켰다.

무엇보다 소누가 나와 어깨를 나란히 하고 함께 참여했다는 사실이 기뻤다. 우리는 자식들에게 우리보다 나은 삶을 물려주기 위해, 우리 자식들이 인간의 존엄성을 가지고 살 수 있도록 만들기 위해 싸울 것이다. 그리고 이 억압의 족쇄를 풀고 자유로워질 것이다.

∽ 소누 ∽

뭄바이로 돌아왔다. 상황은 우리가 떠날 때에 비해 더 나빠졌으면 나빠졌지, 나아진 게 없었다. 정부보조 곡물을 파는 가게 앞에는 줄이 길게 늘어졌다. 부패가 활개를 치고 그런 곡물들은 암시장에 가져가 더 높은 값을 받고 다시 팔았다. 일자리는 없고 다들 집세 낼 돈조차 없었다.

암담한 시절이었다. 사수바이는 안 아픈 데가 없었다. 먹을 것도 충분치 않은 마당에 병원에 가거나 약을 사기는 힘들었다. 남편에게 마을로 돌아가자고 졸랐다. 거길 가면 집세를 낼 필요도 없고, 우리 몫의 곡물도 받을 수 있고, 일도 구할 수 있지 않냐고. 그뿐만 아니라 공기도 맑으니까 사수바이에게도 좋을 거라고.

"당신 제정신이야? 소니, 당신은 아무리 가르쳐도 죽을 때까지 그렇게 바보로 살 거야."

남편은 버럭 화를 냈다.

남편은 일자리 순례를 다시 시작했다. 일을 구할 때도 있고, 그렇지 못할 때도 있었다. 일을 한 날은 녹초가 되어 돌아와 품삯으로 받은 돈을 사수바이에게 주었다. 그렇지 못한 날은 초라한 심정과 초췌한 몸으로 돌아왔다.

한번은 운 좋게 공사장에서 일을 구했다. 그런데 고정이 아니라서 정해진 여덟 시간보다 일을 더 많이 해야 했다. 그것도 모자라 하청업자가 반을 챙기고 그에게 돌아오는 몫은 그나마 절반뿐이었다. 하루는 이 이야기를 하러 하청업자를 찾아갔다. 좋게 말하려고 했던 것이 결국 언쟁으로 번졌고, 그 다음날로 남편은 다시 일자리를 잃었다. 하지만 남편은 속상해하지 않았다. 그는 오히려 자랑스러워했다.

"나 자신에게 떳떳하고 내 신념에 따라 행동한 거니까."

사수바이는 화가 치솟았다.

"그래도 우리는 네가 벌어 오는 돈으로 최소한 두 끼니는 바크리를 먹었다."

"푼돈에 영혼을 파느니 차라리 굶는 편이 나아요."

나는 남편이 그 일자리를 잃어서 내심 기뻤다. 손에 굳은살이 박이고 물집투성이가 되어 돌아오는 모습을 보면 가슴이 아팠다. 나는 남편의 손에 코코넛기름을 바르고 부드럽게 문질러 주었다.

방적공장 쪽을 알아보기 시작했지만 시절이 좋지 않았다. 대부분 공장을 폐쇄하거나 파업으로 문을 닫은 상태였다.

남편처럼 날품을 파는 이웃의 락스만이 가끔 집에 들렀다. 두 사람은 차를 마시면서 이런저런 소식을 교환했다. 어디 가면 일자리가 있다더라, 어느 쪽은 가봐야 소용없다더라. 남편이 락스만에게 그동안의 일을 털어놓을 때에야 그가 얼마나 힘들었는지 알 수 있었다.

"락스만, 맨날 쿠를라에서 피두니까지 두세 시간을 걸어가서 세스(주인)가 일을 주길 몇 시간씩 기다리는 것도 이젠 신물 나. 오늘도 눈 딱 감고 애걸해 봤지만, 한 푼 없이 돌아와야 했어. 작년만 해도 이렇게까지 힘들진 않았는데."

남편은 옛날 생각에 잠겼다.

"바로 그 세스가 나를 좋게 봐서 한번은 품삯을 곱절로 준 적이 있어. 저번에 시온에서 나에게 도로포장 일을 맡기고, 인부도 나보고 구하라고 하더군. 남자는 14안나, 여자는 11안나를 준다면서.

사람들을 구해서 각각 7미터 길이로 땅을 파게 했다네. 그런데 땅이 너무 단단해서 일이 진척되지 않았고, 4미터를 판 게 고작이었어. 곡괭이질을 할 때마다 크고 작은 돌멩이가 튀어 올라 다들 상처투성이가 됐지. 인부들의 불만이 대단할 수밖에 없었어.

이래서는 안 되겠다 싶더군. 그때 한 가지 묘안이 떠올랐어. 여자들한테 물을 길어 오게 해서 그 물을 땅에 부은 거야. 그렇게 해 놓고 땅을 팠더니 흙이 물러서 돌멩이가 튀지 않았지.

그리고 술도 8안나어치 사서 어르신들에게 대접하고, 젊은 친구들한테는 야자술 두 병을 주었어. 그리고 여자들한테는 달콤한 잘레비를 4안나어치 사주었다네. 1루피의 돈으로 사람들을 행복하게 만들고, 일도 더 많이 해낸 거야. 7미터가 아니라 거의 10미터를 팠거든.

작업은 세스의 예상보다 훨씬 빨리 끝났지. 흡족해진 그 세스가 나더러 어디 사냐고 묻더군. 그러면서 아침 9시 전에 오면 그 1루피에다 2안나를 얹어 주겠다는 거였어. 하지만 그 이후로는 그 세스의 코빼기도 볼 수 없었지."

"다무 자네는 똑똑하니까 어떻게 하면 돈을 벌 수 있을지, 방법 좀 생각해 봐."

락스만이 빙긋이 웃으며 말했다. 그리고 차를 내간 나에게 이렇게 말했다.

"소누바이, 당신의 남편은 정말 똑똑한 사람이에요. 지금은 좀 힘들지만 분명히 뭔가 계획이 있을 거예요."

나는 얼른 부엌으로 돌아갔다.

"다무, 우리가 구자라이 세스의 공사판에서 처음 만났을 때 커다란 벽 허무는 일을 했던 거 기억나? 다른 쪽 벽에도 인부들이 달라붙어 끙끙 매고 있었지. 강철봉과 쇠망치로 두드려 대는데도 벽은 꿈쩍도 하지 않았잖아.

어느새 한낮이 되어 지치고 배도 고팠지. 우리가 한쪽에 앉아 있는 걸 보고 세스는 열을 내며 다가왔지만, 그가 입을 떼기도 전에 우리는 물집이 잡힌 손을 보여 주면서 차를 마시게 1안나를 달라고 했잖아."

남편도 그때 생각에 미소를 지었다.

"세스는 툴툴거리면서도 차를 마시러 가게 허락했지. 차를 마시면서 자넨 곰곰이 궁리를 했어. 그러다 손바닥을 탁 치며 소리쳤잖아. '옳거니! 벽에 커다란 구멍 몇 개만 뚫으면 돼!'

이 친구가 지금 뭘 하는 건가 싶었어. 그런데 그 구멍에 강철봉을 넣은 다음 우리가 양쪽에서 그걸 붙잡고 '자이 빔'을 주문처럼 외우면서 흔들었잖아. 그렇게 몇 번을 했더니 아니나 다를까 벽이 무너지기 시작했고, 그 나머지 일이야 식은 죽 먹기였지."

남편이 환하게 웃었다.

"바크시슈(선물)까지 받아서 그 돈으로 기차를 타고 돌아왔는데 말이야. 그때가 좋았지, 락스만. 그때가 좋았어. 지금은 내가 뭘 어쩌겠어. 상황이 너무 안 좋은 걸. 내 생각 따위가 다 무슨 소용인가."

남편이 풀죽은 목소리로 말했다.

"시계 고치는 기술은 왜 안 써먹는 거야?"

락스만이 물었다.

"나를 고용했던 사람은 무슨 성자처럼 굴었어. 자주색 옷을 입고는 경전이니 기도니 하는 말들을 읊어 댔거든. 처음에는 사이도 좋았어. 시계 하나를 고치면 4안나를 주었고, 그를 믿지 않을 이유가 없었지.

이렇게 신을 두려워하는 사람이 설마 나를 속일까, 이렇게 생각했던 거야. 그런데 어느 순간부터 이 사람이 내 몫의 반도 주지 않는다는 생각이 들었어. 어느 날은 시계를 열다섯 개쯤 고쳤는데도 달랑 2루피만 주더라고.

이 이야기를 했더니 소리를 치면서 일을 계속하고 싶으면 주는 대로 받으라는 거야. 당장 그만두었지. 그런 사기꾼을 위해 일하느니 차라리 굶는 게 나으니까. 나는 남을 속이지도 않지만, 누가 나를 속이는 걸 뻔히 알면서 잠자코 참을 생각도 없어."

어느 날 남편이 배가 꼬이고, 뒤틀리고, 설사를 하는 토사곽란을 일으켰다. 남편은 배에 불이 난 것 같았고, 음식만 들어가면 배를 움켜잡고 뒹굴었다.

온갖 종류의 약초와 약을 구해 왔다. 민간처방을 쓰기도 했다.

이슬람 성자인 파키르도 찾아가고 무당도 찾아갔다. 뭐든 하라는 대로 다 했다. 그런데 소용이 없었다. 누군가 호부 장식과 구슬이 달린 검은 목걸이를 남편의 목에 걸라고 했다.

나는 암담한 심정으로 고개를 저었다. 차라리 산을 옮기는 게 낫지, 남편에게 그걸 걸라고 설득할 자신이 없었다. 나는 아무 말도 없이 그가 고통에 겨워 소리치는 말들, 심지어 험한 욕설도 묵묵히 들어 넘겼다.

"나는 당신 아내예요. 나만 혼자 남겨 두고 죽게 놔둘 수는 없어요."

그러고는 좀 더 부드러운 목소리로 말을 이었다.

"무지개가 뜨려면 비와 햇살이 모두 필요하다는 말 기억해요? 그 말을 나한테 해준 사람이 누구였죠?"

이 말을 들은 그의 눈이 반짝였다.

"우리는 아이들을 낳고, 바바사헤브의 말처럼 그 아이들을 학교에 보내서 가르쳐야 해요. 그러니까 당신을 지금 죽게 할 수는 없어요."

나는 평정을 유지하려고 이를 악물었지만, 끝내 무너지고 말았다.

"당신을 살릴 수 있으면 뭐든 할 거예요. 나도 며칠 동안 물 한 모금 못 마셨어요. 나 좀 도와주면 안 돼요? 당신을 살릴 수 있게 도와줄 수 없냐고요. 이것 좀 차주면 안 돼요?"

나는 남편을 붙들고 애원했다. 남편이 나를 한참 동안 물끄러미 쳐다보는데 심장이 벌렁거리고 얼굴이 빨갛게 달아올랐다. 잠잠한 남편의 태도가 폭풍이 밀려오기 전의 고요함 같아 입이 바짝바짝 말랐다.

하지만 폭풍은 불지는 않았다. 그는 마땅찮은 걸 무릅쓰고 목을 내밀었다. 그리고 체념한 듯 말했다.

"그래서 당신이 행복하다면 그렇게 해."

그 무렵의 어느 날, 락스만이 남편을 집으로 데려왔다. 공사판에서 숨을 못 쉬고 땀을 비 오듯 흘리더라는 것이었다. 그런데도 십장의 눈 밖에 날까 봐 일을 계속했다. 하지만 오래 버티지 못하고 결국 정신을 잃었다.

"소누바이. 남편을 당장 병원에 데리고 가세요…… 뭔가 단단히 잘못된 것 같아요."

락스만이 목소리를 낮추며 말했다.

그를 데리고 시립병원으로 달려갔다. 의사는 상태가 심각하다며 당장 남편을 입원시켰다. 위궤양인 데다 위장에 물집도 생겼다고 했다.

계속해서 맥박을 재고 주사바늘을 찔렀다. 남편의 팔에 길고 두꺼운 관이 매달렸다. 그는 힘없이 늘어져만 있고, 말도 많이 하지 않았다. 열하루가 지나서야 그는 집으로 돌아왔다.

의사는 버터밀크만 먹게 했다. 크고 검은 산 같던 남편이 뼈와 거죽만 남았다. 하지만 남편은 몸이 그 지경인데도 매일 락스만과 함께 일을 찾아 집을 나섰다. 병원비와 약값으로 나간 돈 생각에 마음이 편치 않은 모양이었다. 페인트칠부터 돌을 깨고 나무를 깎고 가구에 광을 내는 일까지 온갖 잡다한 일을 마다하지 않았다. 그렇게 해서 남편은 잡역부가 되어 갔다.

두 달 동안 멀건 쌀죽과 버터밀크를 점심으로 챙겨 갔고, 계속해서 차를 마셨다. 뭔가 다른 걸 먹으면 가슴앓이가 시작되고 배가 뒤틀렸다.

하루는 집에서 멀지 않은 쿠를라에 성냥공장이 있다는 이야기를 들었다. 이 말을 듣자마자 나주카에게 같이 가보자고 했다. 나주카는 결혼을 했지만, 나주카의 남편도 일자리를 잃었다. 그래서 우리 집에 와 있을 때가 많았다. 남편은 나가서 없고, 나이 들고 병든 사수바이는 우리를 막을 힘이 없었다. 나주카는 겁을 냈다. 일을 구하러 갔던 걸 오빠가 알면 불같이 화를 낼 게 뻔했으니까. 하지만 나는 그런 소리를 듣고 있을 형편이 아니었다.

"아가씨가 가든 안 가든, 난 갈 거예요."

나주카도 마음을 돌려 함께 그곳을 찾아갔다. 우락부락한 십장이 여자들 몇 명을 앞에 놓고 이야기를 하고 있었다. 그에게 다가가 우리는 시누이 올케 사이인데 일을 하고 싶다고 말했다. 지금 당장 시작할 수도 있다고 했다.

십장은 웃기부터 했다.

"일? 무슨 일? 이게 어떤 일인지 알기나 해요? 그리고 이 일을 계속할 수 있을 것 같아요?"

"사헤브, 우린 일이 꼭 필요해요. 그리고 정말 열심히 할 거예요. 뭐든 배울 준비가 되어 있어요. 제발, 그냥 돌려보내지 마세요."

우리는 다음날부터 공장에 나갔다. 조그만 막대를 걸쭉한 빨간색 반죽에 담갔다가 꺼내서 말리는 일이었다. 다 마르면 성냥갑에 채워 넣고, 불을 붙일 수 있게 빨간 반죽을 성냥갑 옆에도 조금 발랐다.

일하는 곳은 비좁고 갑갑했다. 빨간 반죽 때문에 눈이 따끔거렸다. 다들 코를 훌쩍거리고, 콧물을 줄줄 흘리는 사람도 많았다. 견딜 수 없이 힘들었다. 그 반죽을 계속 만지다 보면 손에 물집이 생겼다.

공기가 통할 구멍이 하나도 없어서 열기에 땀을 줄줄 흘렸다. 교대 시간이 되면 얼른 밖으로 달려 나가 가쁜 숨을 몰아쉬었다. 돈은 얼마 받지 못했지만 그래도 일을 한다는 게 중요했다.

사수바이가 많이 도와주었다. 일에서 손을 놓은 지 오래되었는데도 기꺼이 살림을 다시 맡아 주었다. 몸도 좋지 않아 물을 길어 오고 빨래하고 요리하는 게 힘들었을 텐데도 집에 돌아가 보면 늘 음식을 준비해 두었다. 우리는 얼른 씻고 함께 밥을 먹으며 그날 있었던 이야기를 했다.

남편은 나주카와 내가 일하는 걸 못마땅해했다. 사수바이는 투덜거리는 남편의 말을 묵살했고, 여자들은 힘들게 일하는데 너는 하루 종일 빈둥거리냐는 말로 속을 긁기도 했다. 그러면 남편은 순전히 어머니에 대한 예의로 입을 다물었다.

"죽은 것도 아니잖니. 대체 내가 어떤 아들을 낳아 놓은 건지 모르겠다. 골골거리면서 여자들이 벌어 오는 거나 넙죽넙죽 받아먹는 녀석이라니. 그래도 신은 참 친절하시지. 열심히 일하는 딸과 며느리를 주셨으니. 암호랑이처럼 든든한 내 새끼들."

무슨 말을 해도 남편이 대꾸를 하지 않으면, 사수바이는 공격의 방향을 나에게 돌렸다.

"네 남편이 게으른 건 다 네 탓이야. 닦달을 해서라도 일을 찾게 해야지 그저 싸고만 도니. 그래서 지금 네 꼴이 이게 뭐냐."

그러다가 사수바이는 통곡을 하며 내 등을 토닥이고 머리를 어루만졌다.

시어머니가 나를 어여삐 봐주는 건 좋았지만, 내 남편은 내가 잘 알았다. 그는 결코 게으르지 않았다. 일자리를 찾으려고 갖은 노력을 다 했고, 하루 종일 배를 곯았다. 그의 몰골은 해골 같았다. 그는 정직했고, 가끔은 고집을 꺾지 않아 문제가 생기기도 했지만 원칙을 놓고 타협하는 법이 없었다.

"아이고, 소니. 네 꼴을 좀 봐라. 다 시들어 뼈만 앙상하구나. 물집 잡힌 손에, 총기 잃은 눈에, 우리 집에 시집와서 이 꼴이 됐네. 네 친정 부모님이 이 모습을 보시면 우리가 무슨 낯으로 그분들을 대하겠니?"

하지만 나는 남편이 얼마나 노력하는지, 얼마나 힘들어하는지 알고 있었다.

하루는 남편이 집을 비웠을 때 락스마이 찾아왔다 차를 끓여 내갔는데, 어쩐지 초조해하는 기색이었다. 한참이 지나서야 나를 여동생처럼 생각한다는 말로 입을 열었다. 남편과 약속을 했지만, 나를 생각해서 그 약속을 깨야겠다는 것이었다. 그러더니 나한테 남편을 잘 돌보겠다는 다짐을 하게 했다. 나는 무슨 소린지 영 알아들을 수가 없었다.

"소누바이, 이 얘기를 어떻게 시작해야 할지 모르겠네요. 한 달쯤 전에 있었던 일인데, 다무가 절대로 말하지 말라고 신신당부를 했거든요. 다무를 놔두고 가버린 나 자신이 용서가 안 되지만 어쩔 수가 없었어요. 소누바이. 정말 어쩔 수 없는 일이었어요."

그가 고개를 절레절레 저었다.

"소누바이, 이건 다 당신이 이마에 계속 쿰쿰(여성의 이마에 찍어 장식하는 주홍색 물감)을 찍을 팔자이기 때문이에요. 다무가 아직 살아 있는 건요."

그는 두서없이 이야기를 했다. 나는 기겁을 하며 외마디 비명을 질렀다.

"걱정 말아요. 지금은 괜찮으니까. 아무 일도 없을 거예요. 그러니까 그게 벌써 나흘째 세 시간을 걸어 피두니로 일자리를 구하러 가던 날이었어요. 며칠 동안 아무 일도 하지 못한 상태였죠. 그래도 희망을 가지고 매일 조금 더 멀리까지 걸어가 봤어요.

다무의 몸이 워낙 약해진 터라 몇 분마다 걸음을 멈추고 숨을 가다듬어야 했어요. 차 한 잔만 마시면 기운이 날 것 같았지만, 어디 차 마실 돈이 있어야죠. 기차표 살 돈도 없는데. 너무 걱정이 됐어요.

그래서 다무한테 표 없이 기차를 타자고 했죠. 돈 없는 사람들이 다들 그러고 다니는데 우리라고 왜 못 하냐고요. 돈이 없으니까 그러지 돈이 있으면 그러겠냐고 했죠. 그렇게 설득을 하려는데, 다무가 버럭 화를 내는 거예요. 발작처럼 기침을 하는 와중에도 야단을 치더군요. 바바사헤브한테서 뭘 배웠냐면서요. 하지만 저도 고집을 부렸어요. 세스가 그날 일을 주겠다고 약속을 했는데, 제시간에 가지 못하면 밖에서 기다리는 사람들이 그 일을 맡게 될 거라고요.

금세 사람들이 몰려들었어요. 한 사람은 미친 듯이 기침을 하고

아버지는 현명하고 의지가 강하신 분이었다. 한번은 내가 형에게 작가가 되고 싶다고 했더니 형은 배를 쫄쫄 굶을 거라고 겁을 줬다. 하지만 아버지는 이렇게 말씀하셨다. "사람들은 말할 거야. 의사가 되라, 엔지니어가 되라, 변호사가 되라… 하지만 누구의 말도 들어서는 안 돼. 네가 원하는 사람이 되어야 해. 하지만 다만 뭘 하든 최고가 되어야 한다. 도둑이 된다면 세상 사람들이 '정말 대단한 도둑'이라고 말할 정도는 되어야 해." 또 한번은 어머니가 여전히 죽어라 일을 해야 한다면 박사학위가 다 무슨 소용이냐고 물으셨다. 아버지는 박사학위는 운전면허증을 따는 것과 같다고 설명하셨다. 운전의 끝이 아니라 시작이라는 것이다. 박사학위를 비유한 최고의 표현이었다.
-나렌드라 자다브

숨을 헐떡이면서 욕을 퍼붓고, 한 사람은 고개를 숙인 채 서 있으니까 볼 만했겠죠. 하지만 소누바이, 그렇게 아픈 친구한테 제가 어떻게 똑같이 응수를 할 수 있었겠어요. 자신의 무력감 때문에 더 화를 낸다는 것도 알고 있었거든요. 애원도 하고 간청도 하다가 결국 두 손을 들고 말았어요.

그는 도저히 참고 볼 수 없는 상태였어요. 텅 빈 뱃속으로 설설 끓는 햇볕 아래 그 먼 길을 가는 건 도저히 불가능했어요. 그런데 그는 다시는 내 꼴도 보기 싫다고 소리를 치더군요.

모여들었던 사람들 사이에서 너도 남자냐는 야유가 터져 나왔어요. 다무도 저보고 너는 남자도 아니라고 소리를 쳤죠. 저는 화를 내며 그 자리를 박차고 나와 혼자서 일자리를 찾겠다고 결심했어요.

한 시간쯤 걸었더니 좀 진정이 되더군요. 그러고는 다무가 걱정되어 왔던 길을 다시 돌아갔어요. 우리가 헤어졌던 자리에 그대로 있기를 간절히 기도했지만, 그의 모습은 보이지 않았어요. 아무래도 소누바이에게 가봐야겠다고 마음을 먹고 돌아오는데, 하누만 사원 근처에 앉아 있는 그가 보이는 거예요. 멍한 표정이었지만 묘하게 차분해 보였어요.

한참 동안 말이 없더니, 내가 가버린 후에 자신이 살아온 한 평생이 주마등처럼 스쳐가더라고 하더군요. 어머니의 잔소리가 계속 들렸대요. 나흘째 먼 길을 걸었는데도 일을 찾지 못했다는 게 너무 막막해져서 죽어 버리기로 결심을 했다는 거예요."

그 말을 듣자 눈물이 주르륵 흘러내렸다. 남편은 나에게 이런 이야기를 한마디도 하지 않았다. 아무리 그래도 그렇지 나는 왜 낌새도 알아채지 못했을까? 락스만에게 이야기를 계속하라고 손짓을 했다.

"정처 없이 걷다 보니 쿠를라와 시온 사이의 강이 나오더래요. 그 다리에 서서 강물을 바라보다가 몸을 던지기로 했다더군요. 사는 게 아무 의미도 없고, 자신이 완전히 실패했다는 생각으로요. 어머니와 당신 얼굴을 더는 볼 수가 없었대요.

몸을 던지려고 다리 끝의 송전탑에 올라갔다더군요. 몸은 후들거리고 현기증이 나고 강물에 반사되는 햇살에 눈이 시큰거렸대요. 반쯤 올라가 숨을 가다듬으며 뛰어내려도 될 만한 높이인지 아래를 내려다봤대요.

눈이 시큰거려서 몇 번 깜빡이는데, 탑 아래쪽에 자주색 옷을 입은 사람이 자기를 보고 손을 흔들더라는 거예요. 환영인가 싶어 눈을 비볐지만, 성자의 목소리까지 들리더래요.

'이보게, 그러지 말고 내려오게. 자네는 더 큰 일을 해야 할 사람이야. 일단 내려와서 차분히 생각해 보게나. 지금의 절망은 잠깐이고, 곧 지나갈 거야. 어서 내려오게.'

성자의 목소리는 아주 부드럽고 다정했대요.

다무는 얼이 빠졌고, 멍해져서 내려왔대요. 주위를 돌아다니며 자주색 옷의 성자를 찾아다녔지만, 길은 텅 비어 있고 아무도 없더라는 거예요. 어리둥절해서 집으로 걸어가기 시작했는데, 집이 가까워오자 어머니를 볼 생각, 또다시 언성을 높이고 말다툼이 벌어질 생각에 하누만 사원 옆에서 잠시 앉아 있었다더군요.

정말로 성자를 본 건지, 환영이었는지, 그것도 아니면 양심의 소리였는지 생각하고 또 생각했대요."

나는 할 말을 잃었다.

어느 날 남편이 심란한 표정으로 일어났다. 밤새 한숨도 못 잤다는 것이었다.
"왜 그렇게 걱정을 해요? 곧 일자리를 찾게 될 거예요. 신이 제 기도를 들어 주실 테니까요. 잠을 잘 자야 몸을 추스르죠."
나는 그의 마음을 달래려고 했다.
"걱정을 해서 그런 게 아냐. 배가 고파서 그래. 매콤한 양고기 산적 생각 때문에 잠이 와야지."
남편이 소리쳤다. 나는 멍한 표정으로 그를 쳐다보았다.
"먹어도 죽고, 먹지 않아도 죽을 거라는 거 알아. 꿈에도 먹는 것만 나와. 매콤한 양고기 산적이랑 바크리 좀 만들어 줘. 이왕 죽을 거라면 행복하게 죽고 싶어."
속이 상했지만 그의 애원을 모르는 척할 수가 없었다. 물론 수중에 고기 살 돈이 있었던 것도 아니었다. 하지만 고기 산적 하나 먹고 싶다는데, 그를 실망시킬 수는 없었다. 월세를 내기 위해 모아 두었던 11루피가 생각났다. 산적고기는 3루피면 살 수 있었고, 월세 내는 날은 열흘 후였다.

푸줏간에 가서 고기를 아주 곱고 부드럽게 갈아 달라고 했다. 양념도 아주 순하게 했다. 그리고 바크리도 부드럽게 구웠다. 오랜만에 남편이 마음껏 먹는 모습을 보니 나도 행복했다. 그날 밤에 그는 아주 달게 잤다.

그리고 아침이 되자 놀랍게도 눈동자를 반짝이며 기분 좋게 일어났다. 일자리를 찾아 집을 나섰고, 공사판에서 몇 시간이나마

일도 했다. 일을 하고 잘 먹으니까 병도 낫는 것 같았다. 우리는 행복했고 마침내 기도에 응답을 받은 것 같았다.

༺ 다무 ༻

칼라람 사원 시위에 참가하고 뭄바이로 돌아온 지도 몇 달이 지났다. 일을 구하려고 죽을힘을 다해 돌아다녔다. 어딜 가나 돌아오는 소리는 대공황이라는 말뿐이었다. 어머니는 일을 하라고 성화였지만, 나도 이해하지 못하는 걸 어머니에게 설명할 재주는 없었다. 그저 계속 노력하는 수밖에 없었는데, 어머니의 말은 갈수록 가시가 돋쳤다. 토 마스터한테 가서 도움을 청하라는 소리도 몇 번이나 했다. 마지못해 그러기로 했다.

1931년 3월의 어느 일요일 아침이었다. 토 마스터는 나를 보더니 환하게 미소를 지었다.

"아이고 이게 누구냐. 어서 오너라. 그동안 어디에 꽁꽁 숨어 있었기에 얼굴 보기가 힘들었니. 아니, 그나저나 왜 이렇게 야위었어?"

나는 중언부언 얼버무릴 뿐, 마음속에 있는 말은 꺼내지 못했다.

"너희 부부가 한 일에 대해 들었단다. 칼라람 사원 시위에 참가했었다며. 애썼다. 그 이야기를 듣고 어찌나 자랑스럽던지."

"요즘 상황은 어떤가요?"

이야기를 이어 가려고 말을 거들었다. 그의 이야기보따리를 푸는 데는 그걸로 충분했다.

"다무, 너는 어디 딴 세상에 살고 있니? 바바사헤브가 얼마 전에 영국에 갔다 온 걸 모른단 말이야? 영국 왕실에 가서 우리의 사정을 말했어! 우리는 권리를 획득했어. 바바사헤브의 운동으로 우리가 무엇을 이루어 냈는지 보렴!"

나는 무슨 말인지 모르겠다는 표정으로 그를 쳐다보았다.

"1930년 11월에 영국 정부에서 역사적인 원탁회의를 소집했단다. 바바사헤브는 인도의 달리트 대표 중 한 명이었어. 다무, 세상 돌아가는 소식 좀 듣고 살아라. 신문도 안 보니? 글을 잘 못 읽는다는 건 알지만, 그래도 노력을 해야지. 자, 이걸 좀 봐. 바바사헤브가 새로 창간한 마라티어 격주간지야. 〈자나타〉, 민중이라는 뜻이지."

토 마스터가 나에게 준 신문에는 바바사헤브의 활동과 그가 한 연설, 그리고 달리트와 관련된 기사들이 자세하게 실려 있었다.

"최소한 〈자나타〉는 꼭 읽도록 해라."

토 마스터는 나를 배웅하면서 말했고, 나는 고개를 끄덕였다.

나는 이렇게 말하고 싶었다. 저도 신문을 읽고 싶어요. 저도 바바사헤브에 대한 소식들을 하나도 빼놓지 않고 듣고 싶어요. 바바사헤브가 이끄는 운동에 온몸을 바치고 싶어요. 하지만 마음 한구석에서는 또 이렇게 소리쳤다.

"하지만 먼저 이것부터 알려 주세요. 제 가족들을 어떻게 먹여 살릴지 말이에요!"

이런 생각을 하는 나 자신이 부끄러웠다. 바바사헤브는 달리트를 위해 수많은 일을 하고 있는데, 어떻게 나는 내 가족만 생각할 수 있지. 나도 최소한의 노력은 해야 했다. 그것은 한 가족, 그리고 나 자신의 삶을 향상시키는 것이었다. 내 자식들이 최고의 교육을 받고, 공공과 더불어 살도록 하겠다고 다짐했다. 그게 내가 맡은 의무일 것이다. 하지만 당장 집안을 꾸려 가려면 일자리가 절실했다. 계속 일을 찾아다녀야 했다.

다시 일자리 순례에 나섰다. 가족을 부양하는 책임과 함께 내가 감수해야 했던 건 어머니의 모진 말이었다. 평온을 유지하기가 쉽지 않았다. 주변은 온통 암담했지만, 그래도 나는 미래를 꿈꾸었다.

마음은 계속 사회운동으로 향했다. 찻집에 모인 사람들의 도움을 받아 〈자나타〉를 읽었다. 그리고 일자리를 찾는 틈틈이 집회에 참가했다. 가족을 부양할 책임과 사회운동이라는 소명 사이에서 갈등할 때가 많았다. 하지만 1931년 12월에 마하트마 간디에 대한 항의의 뜻으로 흑색 깃발 시위가 열렸을 때는 어느 것도 나를 막을 수 없었다.

12월 그 추운 밤에 수백 명의 달리트가 몰레 역(뭄바이 항만 터미널)에 집결했다. 두 번째 원탁회의를 마치고 런던에서 배편으로 돌아올 간디를 이제나저제나 기다렸다. 간디가 달리트들에게 무자비한 입장을 취하고, 바바사헤브 암베드카르에 강력히 반대했다는 말이 들렸다(간디는 달리트의 의회 내 별도 의석 요구를 좌절시키기 위해 이슬람 연맹과 비밀 협약을 체결했다). 바바사헤브가 첫 번째 원탁회의에 참가하러 런던으로 떠날 때 간디의 지지자들이 흑색 깃발을 들고 시위를 벌였는데, 이번에는 우리가 간디에게 똑같이 갚아 주려고 나선 것이었다!

밤은 깊어 가고 우리는 몸을 덜덜 떨며 기다렸다. 의회운동가 수백 명도 간디를 맞으러 나와 있었다. 배가 항구에 도착해서 간디가 모습을 드러낸 건 아침 6시였다. 내가 간디를 직접 본 건 그때가 처음이었다. 물레를 돌려서 만든 단순한 옷차림에 인자한 얼굴, 겸손한 태도. 간디는 자애로운 아버지 같은 인상이었다. 먼발치에서 그 모습을 보는 것만으로도 화난 마음이 저절로 녹아 사라지는 듯했다. 그때 달리트 시위대가 구호를 외치기 시작했다. 지지자들의 환호성은 우리의 구호에 묻혀 버렸다. 간디는 차분함을 잃지 않았다. 구호의 충돌은 금세 물리적인 충돌로 발전했다. 돌멩이와 막대기, 병이 난무했다. 경찰은 군중을 통제하는 데 애를 먹었고, 여러 사람이 다쳤다. 비폭력의 사도라고 불리는 그의 등장이 과격한 폭력을 낳았다는 게 모순되게 느껴졌다.

시간이 흐를수록 바바사헤브와 간디의 차이점은 점점 더 날카로워졌다. 1932년 9월에 푸나 협정* 이야기가 들렸다. 어떤 과정을 거쳐서 그런 상황으로 이어졌는지 혼자서는 이해하기가 힘들었다. 도 마스터를 찾아가 이야기를 나누고 싶은 마음이 간절했다. 그러던 어느 날, 기회는 예기치 않게 찾아왔다.

1932년 11월이었던 걸로 기억된다. 오자르 마을의 청년 한 명이 우리를 불쑥 찾아왔다. 큰 키에 호리호리하고 이목구비가 뚜렷한

* 인도의 불가촉천민들에게 권리를 승인하기 위해 인도의 힌두교 지도자들이 맺은 협정으로, 다양한 성격을 지닌 인도의 입법부를 서로 다른 계급의 사람들에게 할당하자는 안건에 대해 인도 정당들이 합의를 이루지 못하자 1932년 8월 4일 영국 정부가 공동체 간의 협상을 주선하여 공동체 대표들 간의 합의를 이끌어 냄으로써 체결되었다.

그 청년은 두툼한 안경을 써서 학자 같은 인상을 풍겼는데, 우리와는 먼 친척뻘이라고 자신을 소개했다. 대입시험을 통과했으며 뭄바이에 있는 대학에 들어가길 바란다고 했다. 그는 몇 가지 일을 처리할 때까지 며칠간 우리 집에 머물고 싶어 했다. 이름은 라마였지만, 영어의 첫 글자를 따서 알디(RD)라고 불러 달라고 했다.

쪼들리는 우리 살림에 군입을 더하는 건 흉년이 한 달 더 늘어난 것과 마찬가지였다. 하지만 어머니는 마을과의 고리가 다시 이어졌다는 생각에 알디를 반겼다. 하루에 한 끼니 먹는 것도 힘들어한다는 이야기가 오자르 사람들 귀에 들어갈까 봐 어디서 돈까지 빌려 왔다.

알디가 우리와 함께 지내는 동안 뭄바이를 구경시켜 주는 책임은 내가 맡았다. 그 다음 주에 알디가 면접을 보기로 되어 있어서 그 준비도 해야 했다.

셔츠와 바지, 타이, 그리고 신발만으로 우리는 알디를 완벽하게 세련된 신사로 만들었다. 고라 사헤브 밑에서 일했던 경험 덕분에 서양식 옷차림에 대해서는 조금 알고 있었다. 그를 데리고 가게를 여기저기 돌아다녔는데, 처음에는 쫓겨날까 봐 겁이 났지만 면접에 입고 갈 옷이 필요하다고 하면 아무 문제가 없었다. 알디는 타이 매는 법을 몰랐다. 내가 가게 점원에게 어떻게 매는지 알려 달라고 부탁했다. 알디는 여전히 감을 못 잡았지만, 나는 그런 대로 잘했다.

평생 신발이라는 걸 신어 본 적이 없는 알디에게 신발을 신겨 놓았더니 걷기는커녕 균형도 제대로 못 잡는 모습이 우스웠다. 다음날 아침에 알디에게 옷 입는 법을 연습시켰다. 새 옷에 새 신을 신긴 다음 락스만과 내가 양옆에 붙어서 걸어 보게 했다. 다다르에서 비쿨라까지 전차 노선을 따라 8킬로미터 정도를 걸었다. 수줍고 어색해하는 알디를 사이에 두고 누렇게 바랜 옷차림의 우리가 걸어가는 모습이 꽤나 볼 만했을 것이다. 이상한 모양새 때문에 알디는 더 어색해했지만, 결국 신발에는 익숙해졌다.

알디가 괜찮은 일자리를 얻어 돌아왔을 때는 집안에 경사가 난 것 같았다. 어머니는 알디를 데리고 토 마스터를 찾아가라고 했고, 토 마스터도 알디를 보고 반가워했다. 우리의 대화는 곧 바바사헤브의 활동과 간디와의 갈등으로 흘러갔다.

"왜 위대한 지도자들끼리 직접 얼굴을 맞대고 차이점을 풀어 내지 않는 거죠?"

"그러려고 해봤지만 실패했단다."

토 마스터는 미소 띤 얼굴로 대답했다. 그리고 이런 설명을 덧붙였다.

"작년에 간디의 요청으로 바바사헤브가 그를 방문했어. 그게 잘 안 되었다고 하디구니.* 간디가 바바사헤브를 달리트로 생각하지 않았었다는 거 아니? 그냥 달리트에 호의적이고 그 문제에 관심

간디는 바바사헤브에게 의회가 불가촉천민의 지위 향상을 위해 2000만 루피를 투자했다고 말했다. 그리고 바바사헤브는 그 문제를 공식적으로 인정한 것 말고는 의회는 아무 일도 하지 않았다고 반박했다. 의회가 본연의 의무에 좀 더 충실했다면, 불가촉 제도에 반대하는 것을 의원의 전제조건으로 정했을 것이라고 주장했다. 간디를 만난 자리에서 바바사헤브는 간디에게 '심경의 변화'를 근거로 불가촉천민 문제를 다루는 간디의 접근 방식은 실효성이 없다고 말했다. 그는 달리트들이 자조와 자존을 믿으며, 지도자들과 마하트마들을 신봉할 준비가 되어 있지 않다고 했다. 그리고 역사는 '마하트마들이 덧없는 환영처럼 먼지만 일으킬 뿐, 삶의 수준을 높여 주지 않음'을 말해 준다고 했다.

이 많아서 흥분을 잘하는 브라만인 줄 알았다는 거야."

"설마. 정말이요?"

"달리트 문제에 접근하는 두 사람의 방법은 근본적으로 달라. 하리잔(신의 자식들)이라는 표현만 봐도 알 수 있잖니. 간디는 달리트를 부를 말로 '신의 자식들'이라는 뜻의 이 말을 만들어 냈어. 내 생각에 간디는 달리트 문제에 동정심이 필요하다는 걸 강조하려고 했던 것 같아. 바바사헤브는 선심 쓰려는 태도라고 생각해서 그 표현을 아주 혐오하지. 바바사헤브는 우리가 원하는 것은 인권이지 동정이 아니라고 말하잖아."

"원탁회의가 열렸다던데 결과는 어떻게 됐나요?"

"신랄했지. 바바사헤브는 간디에게 '옹졸'하다고 응수했고, 그의 행동이 '마하트마(위대한 영혼)라는 표현에 걸맞지 않는다.'고 말했어. 달리트의 친구는커녕 정직한 적수조차 아니라고 했지."

"그것 때문에 사람들이 바바사헤브를 비난하는 건가요?"

내가 물었다.

토 마스터가 뭐라고 대답하기도 전에 알디가 끼어들었다.

"사람들은 바바사헤브의 행동을 욕하지만, 왜 그는 그렇게 말하면 안 되는 거죠? 우리는 그들의 마음이 바뀌길 오랫동안 기다려왔잖아요. 정치적인 노예 생활 150년이 영국에 대한 극한투쟁을 정당화할 수 있다면 달리트의 독설 정도는 너무나 당연한 거 아닌가요."

알디가 새롭게 보였다.

"이건 전략적인 문제니만큼 지도자들에게 맡겨 놓는 게 상책이야."

토 마스터가 미소를 지으며 말했다.

"하지만 결국에는 화해한 건가요? 푸나 협정에 대한 얘기가 계속 들리던데요."

내가 말했다.

"8월에 영국에서 지방 의회에 달리트만의 별도 의석을 승인했단다."

"와, 바바사헤브가 이겼군요."

내가 웃으며 말했다. 토 마스터의 이야기는 아직 끝나지 않았다.

"하지만 간디도 가만히 있지 않았고, 달리트만의 별도 선거구가 폐지될 때까지 죽기를 각오하고 단식을 하겠다고 선언했어."

"그건 감정에 호소하는 공갈협박이에요!"

알디가 외쳤다.

"그건 자네가 제대로 이해하지 못하는 거야. 마하트마 쪽에서는 공갈협박을 하는 게 아니야. 그들은 도덕적인 압력을 행사하는 것 뿐이지. 바바사헤브에 대해 격렬히 반대하는 운동이 전개됐어. 괴물이라느니, 매국노라느니, 청부업자라는 말까지 나왔으니까. 위대한 지도자의 목숨과 달리트의 이익 사이에서 바바사헤브는 딜레마에 빠졌지. 푸나 협정은 두 사람이 도출해 낸 타협인 거야."

토 마스터가 웃으면서 말했다. 이야기에 열중한 나머지 시간이 어떻게 가는지도 모르고 있었다. 토 마스터의 부인이 우리를 땅으로 끌어내렸다.

"점심도 정치로 때우실 거죠?"

우리는 웃음을 터뜨렸고, 알디와 나는 자리에서 일어났다. 부인이 토 마스터를 보며 물었다.

"다무에게 고정된 일자리를 찾았는지 정도는 물어보셨겠죠? 너무 핼쑥해 보이네요."

토 마스터가 눈빛으로 질문을 대신했다. 나는 아직 못 구했다고 우물거렸다.

"왜 진작 말하지 않았니?"

그러더니 잠시 뭔가를 생각하다가 이렇게 말했다.

"어디 보자. 내일 유나이티드 밀스에 있는 사람에게 말을 해놓을 테니, 이삼 일 있다가 작업감독을 찾아가 봐. 내가 보내서 왔다고 하면 어떻게 해줄 거야."

나는 행여 눈가에 맺힌 눈물을 들킬까 봐 서둘러 밖으로 나왔다.

소누

바바사헤브운동에 참여하는 지역운동가 중에 영향력 있는 인사가 한 명 있었다. 그분 덕에 남편은 파렐에 있는 유나이티드 밀스라는 곳에 들어갔다. 너무나 오랫동안 고정된 일자리 없이 전전했던 터라 남편은 너무 좋아했다.

8시간마다 교대하고 정해진 생산량을 채워야 했다. 그걸 넘기면 초과 수당이 나왔다. 남편은 동트기 전에 일어나서 출근 준비를 했고, 교대 시간 한참 전에 공장에 나갔다. 숙련공들이 작업하는 걸 지켜보면서 이야기를 나누었다. 일을 익히겠다고 굳게 결심하고 열심히 배웠다. 몇 달이 지나지 않아 제일 경험이 많은 숙련공에 버금가는 수준이 되었지만, 남편은 거기서 만족하지 않았다.

그는 최고가 되고 싶어 했다.

어느 날은 퇴근해서 돌아와 할당량보다 훨씬 많이 생산했다는 이야기를 신이 나서 떠들어 댔다. 남편은 최고에 집착했다. 그런가 하면 속이 상해서 말을 하지 않는 날도 있었다. 그런 날은 자신이 정해 놓은 목표를 달성하지 못했다고 입이 부어서 앉아 있었다.

사수바이와 내가 뭘 그렇게 안달하냐고 놀리면, 남편은 공장에 걸려 있는 표어 이야기를 했다.

"노동은 종교다."

그러고는 이렇게 덧붙였다.

"나는 그 종교를 믿어."

그리고 다음날 아침이 되면 다시 새벽같이 일어나 우리가 잠에서 깨기도 전에 출근 준비를 서둘렀다.

얼마 지나지 않아 남편은 승진을 했다. 거기서는 속도보다 기술이 중요했다. 이번에 옮겨 간 곳에서는 기계가 빠른 속도로 돌아가고, 그걸 조작하는 기사는 레버에 정신을 집중해야 했다. 월급이 2루피 올랐다. 더 어려웠지만 그만큼 더 신나는 일이었다.

자신의 일이 자랑스러웠던 남편이 하루는 나를 공장에 데려갔다. 다양한 막대와 손잡이를 이것저것 밀고 당기면서 기계를 어떻게 작동하는지 보여 주었다.

나는 온갖 질문을 해댔다.

"이 막대를 먼저 당기면 어떻게 돼요? 이 손잡이는 뭐에 쓰는 거예요? 중간에 기계를 멈추면 어떻게 돼요?"

남편이 껄껄 웃었다.

"이 아줌마야, 천이 엉망이 돼서 나오지."

한쪽 구석에 앉아 남편이 일하는 모습을 지켜보았다. 눈이라도 마주칠까 하고 열심히 쳐다보았지만 그는 작업에 푹 빠져 있었다. 그래도 한숨 돌릴 때면 나를 보며 미소를 지었다. 몇 시간이고 그렇게 눈빛으로 남편을 쓰다듬으며 앉아 있어도 좋겠다는 생각이 들었고, 그런 생각을 하는 내 마음에서는 사랑이 넘쳐흘렀다.

교대 시간이 가까워졌을 때 남편이 나를 다른 곳으로 데려갔다. 사람들이 길게 줄을 서 있었다. 우리는 줄 끝에 가서 섰다. 줄은 느리게 한 걸음씩 줄어들었다. 남편이 서류에 서명을 하고 월급을 받았다.

"자, 소니. 오늘은 월급을 당신한테 줄게."

남편이 미소 띤 얼굴로 말했다. 나는 그걸 받았다가 다시 그에게 맡겼다. 그렇게 큰돈을 지니고 다니기가 겁났다.

공장을 나서다가 사람들에게 뭇매를 맞고 있는 남자를 보게 되었다. 매를 맞는 남자가 소리를 질렀다.

"아내와 아이들이 굶어요. 조금만 남겨 주세요…… 다음 달에 꼭 갚을게요."

남자는 매를 맞으면서 비명을 질렀다.

고리대금업자들의 옷차림은 독특했다. 색이 요란한 터번을 쓰고, 통이 크고 흐느적거리는 바지에 겉옷은 무릎까지 내려왔다. 눈에는 화장먹을 칠해서 사나운 인상이었다.

남편은 대부분의 직원이 아프가니스탄의 파탄 족에게 돈을 빌려 쓴다고 설명했다.

"월급날이 되면 파탄 족 사람들이 밖에서 지키고 있다가 돈을 뺏어 가. 이자가 굉장히 높고, 못 배운 사람들이라고 속임수를 쓸 때도 많아. 개중에는 아무에게도 알리지 않고 숨어 버리거나 도망을 치는 사람도 있지. 술집이나 노름판으로 직행하는 사람도 있고."

"저 여자들은 여기서 무슨 일을 해요?"

내가 물었다.

"부인들이야. 남편이 돈을 흔전만전 써버릴까 봐 나와 있는 거야."

그 말을 듣자 사회 활동과 강연 참석이 유일한 취미인 남편을 둔 게 너무 다행스러웠다. 남편은 월급을 받으면 봉투째 사수바이에게 건네주었다. 그날은 그걸 나에게 주어서 기분이 좋았다.

집까지는 한참을 걸어야 했지만, 그날은 웬일로 남편이 나한테 보조를 맞추었다. 그러다 낯선 동네가 나와 깜짝 놀랐다. 남편은 어디로 가는지 말해 주지 않았다. 여기저기를 가리키며 뭐라고 설명을 했지만, 나는 뭐가 뭔지 알 수가 없었다.

"지금 어디 가는 거예요? 집에 가요. 피곤하단 말이에요."

나는 이 말을 꽃노래처럼 읊어 댔다. 그러다 눈앞에 불쑥 드넓은 바다가 펼쳐졌다. 우리는 해변에 와 있었다. 고향의 강이 생각났다. 엄청난 파도가 밀려와 부서지는 바다의 모습이 왠지 무서워 보였다. 고향의 강 같은 고요함은 찾아볼 수 없었다.

은빛 백사장을 맨발로 걸었더니 모래가 발바닥을 간질였다. 모래가 미끄덩거려서 균형을 잡고 걷기까지 한참이 걸렸다. 남편은 파도가 밀려왔다 빠져나가는 가장자리를 따라 걸으면서 나보고도 같이 걷자고 손짓했다.

내가 무서워서 싫다고 하면 바다 쪽으로 더 내려갔다. 나는 울음을 터뜨리기 직전이었고, 그런 내가 안쓰러웠는지 결국 내가 있는 곳으로 왔다.

우리는 땅콩을 먹으며 해변을 걸었다. 고향에서는 땅콩을 자게리에 버무려 먹었는데, 뭄바이에서는 소금을 뿌려 먹었다. 내가 목이 마르다고 하자 남편이 이렇게 놀렸다.

"바다에 물이 저렇게 많잖아. 원하는 만큼 실컷 마셔."

그는 장난스럽게 웃으면서 말했다. 말은 그렇게 했지만 남편은 잘 익은 코코넛을 사주었다. 뼈가 앙상한 소년이 길고 날카로운 칼을 날렵하게 휘둘러 껍질을 쳐내는 모습이 신기했다. 칼을 요령 있게 두세 번 휘둘러서 코코넛 물을 한 방울도 흘리지 않고 껍질을 벗겨 냈다. 그러고는 그만큼이나 쉽게 부드럽고 하얀 코코넛 속살을 긁어 냈다.

달콤한 코코넛 물을 마시며 지는 해를 바라볼 때 머리카락 사이로 산들바람이 지나갔다.

날은 어둡고 돌아갈 길은 멀었다. 잠깐 쉬길 바라며 부지런히 따라가는데도 남편은 생각에 잠겨 성큼성큼 걸어갔다. 피곤했지만 불평은 하지 않기로 했다. 걷고 있는데 어디선가 달콤한 것을 튀기는 냄새가 풍겼다.

"흠흠, 갓 튀겨서 뜨거운 잘레비 냄새인가 보네. 이런 천상의 달콤함을 어떻게 그냥 지나칠 수 있겠어?"

남편이 나를 보며 말했다. 우리는 늘어선 수레들 중 한 곳에서 걸음을 멈추었다. 그리고 노릇노릇 황금빛이 도는 잘레비를 시럽 단지에 담가 선 채로 달콤한 그 맛을 즐겼다. 마지막 하나 남은 걸 남편이 집어 들더니 내 입에 넣어 주었을 때는 깜짝 놀랐다. 누가 봤을까 봐 겁이 나서 얼른 주위를 살폈다.

결혼한 지 8년이 다 되었지만 우리 사이에는 아직 아이가 없었다. 사수바이는 손자를 보고 싶어 했다. 사수바이의 친척과 친구들이 더 안달이었다. 사수바이는 내가 몸도 약한데 고된 일을 하기 때문에 아이가 들어서지 않는다고 말했다. 그 말을 믿는 사람은 아무도 없었다. 다들 자기네 예를 들었다.

"우리는 뭐 다른가요? 우리도 힘들게 일하지만 건강한 아이를 쑥쑥 낳았다고요."

한 친구는 이렇게 말했다.

"얘, 너도 평생을 일했는데, 그러면 네 아이들은 어디서 주워 왔니?"

사수바이가 아무 말이 없자, 사람들이 입을 모아 이런저런 말을 했다.

"농사꾼 딸이니 잘 알잖아요. 여자들이 밭에서 얼마나 열심히 일을 해요. 하지만 그러면서도 아이만 잘 낳잖아요."

"뭄바이 여자들도 열심히 일하면서 아이를 낳아 길러요."

참다못한 사수바이가 소리를 쳤다.

"그래서 무슨 얘기가 하고 싶은 거야?"

한번은 사수바이의 친구 몇 명이 우리가 새로 이사 간 집을 구경하러 왔다.

"라히바이, 손주들은 어디 있어? 아이들 주려고 과자를 가져왔는데."

권리를 구걸하지 말고 투쟁하라 • 233

"아들이 결혼한 지 얼마나 됐지?"

"8년쯤 됐어."

사수바이가 얼버무렸다.

"벌써? 예쁘고 고운 며느리 봤다고 자랑하던 게 엊그제 같은데."

"아니 며느리한테 무슨 문제라도 있어?"

누군가 물었다.

"그걸 말이라고 해? 아이를 못 갖는 게 분명하잖아."

또 다른 친구가 대신 대답을 했다.

"예쁜 며느리 얻었다고 그렇게 자랑을 하더니. 아이고, 못 생기고 시커먼 며느리라면 벌써 손자를 몇 명은 낳아서 노년에 재미를 보게 해주었을 텐데."

"정말 안됐다, 라히바이. 너무 안됐어…… 성을 물려줄 후손이 없다니. 어쩌겠어? 팔자려니 해야지."

나는 차를 끓이고 있었고, 그 사람들은 내가 듣는 걸 뻔히 알면서도 나에게 상처가 될 그런 이야기를 아무렇지 않게 하고 있었다.

그 다음 사람의 말에는 더 날카로운 가시가 돋쳐 있었다.

"아니, 왜 어쩔 수가 없어? 아들이 아직 젊은데 다시 결혼시키면 되지."

"그래, 내 생각도 같아. 둘째 부인을 얻어 줘."

누군가 맞장구를 쳤고, 또 다른 사람이 끼어들었다.

"성을 물려줄 후손은 있어야지. 그렇지 않으면 어떻게 마음 편히 눈을 감겠어?"

"내가 뭘 어떻게 해. 이 집에서 누가 내 말을 들어야 말이지."

사수바이가 사리 끝자락을 들어 눈물을 훔쳤다. 그러고는 나를 쳐다보며 말했다.

"다무한테 다른 부인을 얻어 주는 문제에 대해 곰곰이 생각해 왔단다. 소누, 너를 내 딸처럼 사랑하지만, 죽기 전에 내 손자를 보고 싶구나."

나는 더 이상 참을 수가 없어 얼굴을 무릎 사이에 묻고 숨죽여 울었다.

"유난 떨 것 없다. 모든 걸 다 가질 수는 없는 거야. 신은 너를 예쁘게 만들었지만, 아이는 못 갖게 한 것뿐이야. 복잡하게 생각할 것 없어."

사수바이의 친구들이 야멸차게 말했다. 이야기를 듣고 있던 이웃 사람까지 합세했다.

"소니, 울지 마. 이렇게 생각하면 돼. 다른 여자가 아이를 낳고, 너는 그 아이들을 키울 수 있어."

"너희들이 내 아들을 앉혀 놓고 알아듣게 얘기 좀 해봐. 너희들 말은 들을지도 모르잖아."

사수바이가 말했다. 사수바이의 친구 두 명이 방 한쪽에 조용히 앉아 처음부터 이야기를 듣고 있던 남편에게 다가갔다. 그러고는 자신들이 사수바이를 얼마나 아끼는지, 사수바이가 마음 편히 눈을 감게 하려면 손자를 안겨 주는 게 얼마나 중요한지 설명했다.

"너는 아직 젊잖니. 다른 부인을 들여라. 금방 아이가 생길 거야."

"어머니가 얼마나 좋아하실지 생각해 봐."

남편은 잠자코 이야기를 들었다. 하지만 화가 나서 귀가 빨갛게 달아오른 게 보였다. 표정이 딱딱했다. 구석에서 울고 있는 나를 보곤 벌떡 일어섰다. 산처럼 버티고 서서 모두를 내려다보았다.

"어머니, 제 집에서 어머니 친구분들을 두 번 다시 보고 싶지 않습니다. 제 말 알아들으시겠어요?"

그의 목소리는 날카로웠다. 그는 사수바이를 향해 눈을 부릅뜨며 말을 이었다.

"결혼은 두 번 다시 하지 않습니다. 그 얘기는 이걸로 끝이에요. 후손이 없어서 걱정일 만큼 재산이 많은 것도 아니고, 아이가 없어도 상관없어요. 그렇게 손자에게 애정을 쏟고 싶으시면 동네 개구쟁이들 모아서 돌봐 주시면 되잖아요."

사수바이는 놀라서 말도 하지 못했다.

"원하시는 게 오로지 후손이라면 하나 입양하죠. 이분들하고는 이제 다시 볼 일 없을 거예요."

그리고 이번에는 사수바이의 친구들을 보며 말했다.

"다시는 우리 어머니 충동질하지 마세요. 무례하게 굴고 싶지는 않습니다만, 마지막 경고입니다."

사수바이에게도 경고를 했다.

"이분들 집에서 누가 죽더라도 조문을 안 갈 거고, 여기서 누가 죽어도 오실 필요 없다고 하세요. 아무도 저한테 이래라저래라 하지 못해요."

남편은 바닥을 쿵쿵 울리며 단숨에 나에게 다가왔다.

"이 일로 당신이 또 우는 걸 보고 싶지 않아. 다른 여자하고는 절대로 결혼하지 않을 거야."

그러고는 다정하게 속삭였다.

"자…… 그러니 이제 좀 웃어 봐."

하루는 저녁 먹을 시간이 지났는데도 남편이 돌아올 생각을 하지 않았다. 슬슬 걱정이 되었다.

"뭐 때문에 걱정하니? 무슨 강연이라도 들으러 간 모양이지."

사수바이는 나를 안심시키려고 했다. 하지만 뭔가 잘못되었다는 느낌이 들었다. 문가에 서서 길을 훑어보았다. 이웃에는 술을 마시거나 노름을 하다가 늦게야 집에 오는 남자들이 있었다. 하지만 남편은 결혼을 해서 이제까지 한 번도 그런 적이 없었다.

몇 시간이 지나서야 남편이 웬 남자 두 명과 함께 걸어오는 게 보였다. 한편으로는 안심이 되면서도 처음 보는 남자들이 옆에 있다는 게 어쩐지 꺼림칙했다. 거리가 가까워지자 남편이 팔을 목에 걸고, 손바닥과 엄지손가락에 붕대를 감은 게 보였다. 눈물을 애써 참으며 급히 달려갔다.

셔츠가 피로 얼룩지고 붕대에도 핏자국이 있었다. 사수바이를 소리쳐 불렀다.

"무슨 일이냐, 다무. 뭘 어쨌기에 소니가 미친 여자처럼 소리를 지르게 만든 거냐?"

사수바이가 집에서 나오며 물었다. 같이 온 남자 한 명이 입을 열었다.

"바이(손위 여성을 부르는 격의 없는 존칭), 남편이 엄지손가락을 잘렸어요. 기계에 끼어서 그만. 지금 병원에서 오는 길입니다."

"의사가 뭐래요? 괜찮대요?"

나는 목소리도 나오지 않는 걸 간신히 물었다. 아무도 대답을 하지 않았고, 나는 미쳐서 펄쩍펄쩍 뛰기 시작했다.

"소누, 진정해. 엄지손가락이 잘린 것뿐이야."

남편이 말했다.

남자들 중 한 명이 미안하다는 듯이 말했다.

"잘려 나간 손가락이 기계 밑에 들어가 심하게 뭉개지는 바람에 의사도 어떻게 해볼 수가 없었어요. 상처 난 곳을 몇 바늘 꿰매고 약을 받아 왔습니다."

다음날 아침이 되자 남편은 평소처럼 일어나 출근 준비를 했다. 사수바이가 마음을 돌려 보려고 했지만 그의 결심은 더 굳어질 뿐이었다. 그런데 12시가 되기도 전에 화가 잔뜩 나서 열을 내며 돌아왔다.

"내가 할 일이 없대. 엄지손가락이 없으면 위험하다는 거야. 공장에서 제일 뛰어난 일꾼이었는데, 보상금이라며 50루피를 주고 내쫓다니."

남편은 충격에 빠졌고, 그건 우리도 마찬가지였다. 하루 사이에 우리의 삶이 완전히 달라졌다는 걸 믿을 수 없었다. 고된 나날이 다시 시작되었다.

∽ 다무 ∽

엄지손가락을 잃은 것은 또 한 번의 타격이었다. 잡역부로 전전하며 1~2루피를 벌던 시절에도 좌절감을 느꼈지만, 지금의 심정은 뭐라고 설명할 수가 없었다. 붕대를 감은 손가락 때문에 번번이 문전박대를 당했다. 어떻게 해야 할지 도무지 알 수 없었고, 손가락이 아물기를 기다리며 집에 있는 편이 낫다는 걸 알면서도 계속 일거리를 찾아 돌아다녔다. 무엇보다 집에서 어머니와 소누를 볼 낯이 없었다.

자기가 나가서 돈을 벌어 올 방법을 궁리하는 소누를 몰아붙였던 것도 상황을 더 힘들게 만들었다. 아내가 나가서 돈을 벌어 온다는 건 도저히 받아들일 수 없었다. 그건 오로지 내가 이번에도 아내를 실망시켰다는 뼈저린 깨달음만 더해 줄 뿐이었다.

어머니는 소누를 아낌없이 도와주었다. 소누가 나간 동안 병든 노구를 이끌고 집안일을 할 수 있는 한 무엇이든 했다. 소누는 내 역정에도 아랑곳하지 않고 아침 일찍 도매시장에서 과일과 채소를 떼다 팔았다. 아침마다 공장 근처 나무 밑에 바구니들을 가지런히 늘어놓았다.

소누는 말주변이 좋았다. 공장직원들과도 금세 친해져서 언니, 동생 하는 사이가 되었다. 가족의 안부를 챙기고 이런저런 조언도 해주었다. 락스만에게 잘 지켜봐 달라고 부탁을 했더니, 그도 소누의 장사 수완에 입을 떡 벌렸다. 소누는 하루에 8~10루피 정도를 집에 가져왔다. 하지만 나는 그걸 절대로 인정하지 않았다. 소누는 자기 용돈벌이나 해야 한다는 게 내 생각이었다. 나도 내 앞가림을 해야 했다. 품삯이 아무리 적은 허드렛일이라도 찾아보기로 했다.

하루는 세 시간이 넘도록 하염없이 걷다가 포스터 한 뭉치와 풀 양동이를 든 남자 아이 둘을 보게 되었다. 아이들은 담벼락마다 포스터를 붙이고 다녔다. 간간이 거꾸로 붙어 있는 포스터를 보니 아이들이 글을 못 읽는다는 걸 알 수 있었다. 내가 그걸 지적하자 아이들은 웃음을 터뜨렸다.

포스터를 열심히 읽어 보았다. 바바사헤브의 이름을 찾아 읽을 수 있었다. 그 다음에는 아이들과 함께 다니면서 포스터가 제대로 붙어 있는지를 확인했다. 이야기를 하다 보니 바바사헤브의 강연을 준비하는 토 마스터의 모임에서 시킨 일이었다. 당장 토 마스터를 찾아갔다. 그는 언제나 그랬던 것처럼 나를 반갑게 맞아 주었다. 그러다 붕대를 감은 손을 보더니 일을 하기 힘들겠다며 걱정했다. 나는 손은 아무렇지 않다며, 그저 무슨 일이든 할 수 있으면 좋겠다고 말했다. 시간을 무료하게 보내지 않고 몇 푼이라도 벌 수 있으면 충분하다고 했다.

토 마스터는 잠시 생각에 잠긴 눈치였다. 그러더니 종이에 뭔가를 써주었고, 근처에 사는 움슘 구루지(구루지는 선생님이나 웃어른에게 붙이는 호칭이다)를 찾아가면 일을 마련해 줄 거라고 했다. 나는 그곳에 가기가 망설여져서 토 마스터 밑에서 일을 하게 해달라고 부탁해 보았다. 그러나 그는 단호한 태도로 나를 내보내며, 어떻게 되었는지 나중에 알려 달라고 했다.

움슘 구루지의 집에는 사람들이 버글거렸다. 일을 계획하고 분담하는 활동가들이었다. 알고 보니 움슘 구루지는 바바사헤브의 열성적인 추종자이자 달리트운동의 지역 지도자였다. 몇 시간을 기다린 끝에 그를 만날 수 있었다. 하지만 그가 내뿜는 기운에 압도되었는지 아무 말도 나오지 않았다. 나는 그냥 말없이 토 마스터가 적어 준 종이를 내밀었다.

"일을 하고 싶다고. 음…… 나시크와 마하드 대회에도 갔었군 그래. 시위에 여러 번 참가했던 모양이야. 그런데 말은 못 하나?"

나는 너무나 기쁜 나머지, 바바사헤브에 대해 내가 알고 있는 모든 것을 폭포수처럼 쏟아 냈다. 그러다 모든 사람들의 시선이 나에게 쏠린 것을 알고서야 민망해서 입을 다물었다. 그러고는 조용히 대답했다.

"네, 말을 할 줄 압니다. 뭐든 시키시는 대로 열심히 하겠습니다."

움슘 구루지는 다음날 아침에 다시 찾아오라고 했다. 일을 하면 하루에 3루피를 받았다. 처음에는 포스터를 만들어 붙이거나 가게마다 돌아다니며 기부금을 모으기도 하고, 구루지의 강연을 홍보하는 잡다한 일을 했다. 그렇게 한 달이 지난 후에는 구루지를 수행하는 비서가 되었고 하루에 4루피를 받았다. 그뿐만 아니라 다른 활동가들도 존경의 눈으로 나를 바라보았다.

비서가 되려면 무엇보다 글을 잘 읽어야 했다. 신문을 잘 읽지 못해 떠듬거리는 모습을 구루지에게 들켰을 때는 부끄러워 얼굴을 들 수 없었다.

"다무, 글을 잘 못 읽는군. 그래서야 자식들을 어찌 가르치겠나. 자식들에게 좋은 본보기가 되어야지. 내일부터 신문을 읽고 어떤 기사가 실렸는지 나에게 말해 주게."

그보다 더 효과적인 자극은 있을 수 없었다. 그날부터 시간이 날 때마다 손가락으로 짚어 가며 뚫어져라 신문을 읽었다. 토 마스터에게서 들었던 마하트마 풀레의 이야기, 사회의 분노를 무릅쓰고 아내인 사비트리에게 글을 가르쳤던 그의 이야기가 떠올랐다.

"소누, 사비트리가 여자들에게 글을 가르치기 위해 여자들만의 학교를 세웠다는 거 알아? 그 여자가 학교에 갈 때면 사람들이 돌을 던지고 욕을 했대. 그런데도 단념하지 않고 학교에 가서 사람들을 가르쳤어."

이 말에 소누도 관심을 가졌고, 얼마 후부터 글을 배우기 시작했다. 아내에게 석판과 분필을 사주고, 저녁을 먹고 나면 매일 글쓰는 연습을 시켰다. 처음에는 못마땅한 눈으로 바라만 보던 어머니가 결국 더는 참지 못하는 지경에 이르렀다.

"소누가 변호사라도 될 거라니?"

어머니는 비아냥거리는 투로 물었다.

"그렇지는 않지만 글을 배워 두면 우리 아이들은 변호사 이상으로 키울 수 있겠죠."

내가 대답했다.

"그럼 자식들을 가르치면 되지, 왜 소누를 붙들고 그러니?"

"아이들도 가르칠 거예요. 하지만 소누도 글을 배우길 원해요. 그러면 아이들을 더 잘 키울 거 아니에요."

"자꾸 아이들 아이들 하는데 도대체 그 아이들은 어디 있는 거냐?"

그 말에 소누는 울음을 터뜨렸고, 나는 할 말을 잃었다.

1935년이 되자 독립 투쟁의 열기도 많이 식었다.* 시간이 지나면서 나는 정치적 상황을 더 잘 이해하게 되었다. 처음에는 토마스터의 도움을 받았고, 나중에는 신문을 통해 바바사헤브의 활동을 접했다.

우리 달리트운동은 추진력을 상실했다. 바바사헤브는 뭄바이에

* 인도 국민회의가 시민불복종운동을 중단했다. 영국 의회에서는 1935년에 인도의 주정부와 영국령 인도 사이에 연방 관계를 맺는 헌법적 기초를 마련한 인도 정부법을 통과시켰으며, 주의 연방 가입 절차가 마련되었다. 또한 이 법은 연방과 주정부 차원의 입법부의 틀을 마련했다. 간디는 이 법안의 테두리 안에서 노력하는 것에 동의했다.

있는 국립법과대학의 학장직을 수락했고, 뭄바이 고등법원의 판사가 되거나 새 내각의 장관으로 등용될 거라는 말이 돌았다. 바바사헤브는 우리의 운동에 전국적인 관심을 불러일으켰고, 달리트의 의식을 깨워서 단결시키는 데 성공했다. 그런데 그것이 난국에 봉착했다. 시위도 몇 차례 벌이고 간간히 대중 집회도 열었지만 예전 같은 열기는 찾아볼 수 없었다. 마하드 초다르 저수지와 나시크의 칼라람 사원에서 벌였던 두 번의 대규모 궐기대회는 안타깝게도 소송으로 번졌다. 바바사헤브는 소송을 맡아 싸웠고, 재판은 한없이 늘어졌다.

움슙 구루지 밑에서 일을 하면서 정치판의 뒷이야기도 많이 접하게 되었다. 그러다 우리 공동체를 분노하게 만드는 소식이 들려왔다. 마하드에서 열린 재판에 출두했다가 뭄바이로 돌아오는 길에 바바사헤브의 차가 고장 났는데, 비가 내리는데도 불가촉천민이라며 음식이나 비를 피할 거처를 내주려는 사람이 아무도 없었다는 것이다. 비에 젖고 허기진 몸으로 나무 밑에서 밤을 새우고 뭄바이에 돌아온 바바사헤브는 너무나 상심한 나머지 방에서 나오지도 않았다고 한다.

폭풍 같은 소식은 그것으로 끝나지 않았다. 바바사헤브가 달리트들에게 힌두교를 버리고 개종을 촉구하는 선언을 할 예정이라는 기사가 지방 신문에 실렸다. 움슙 구루지에게 달려갔더니 벌써 열띤 토론이 벌어졌다.

"다무, 어서 오게."

그가 말했다. 나는 곧장 본론으로 들어갔다.

"개종 얘기가 들리던데, 어떻게 된 건가요? 우리가 전부 종교를 바꾸게 되는 건가요?"

"바바사헤브가 힌두교를 버리는 문제에 대해 오래전부터 고민해 온 것은 사실이야."

"하지만 왜요? 바바사헤브는 지금까지 힌두교를 개혁할 방법은 내부에서 싸우는 것뿐이라고 말했잖아요."

누군가 알 수 없다는 듯이 말했다.

모두들 흥분해서 질문을 쏟아 냈다.

"첫 번째 원탁회의에서도 우리 불가촉천민을 힌두교의 분리 종파로 취급해야 한다고 주장하지 않았습니까."

"무슨 복안을 갖고 계신 걸까요? 우리에게 뭘 원하는지 왜 분명하게 말씀하시지 않는 거죠?"

읍슙 구루지는 한꺼번에 터져 나오는 질문에도 전혀 당황한 기색 없이 빈랑나무 열매를 저몄다. 가끔은 그런 차분한 모습에 속이 터지기도 했지만, 지혜로운 사람만이 보여 줄 수 있는 태도라는 것도 알고 있었다.

한참 빈랑나무 열매를 씹던 그는 차분하지만 단호한 목소리로 말했다.

"벌써 오래전부터 나왔던 얘기라네. 지난 10년 동안 바바사헤브는 힌두교의 울타리 안에서 달리트의 정당한 입지를 마련하기 위해 노력해 왔지만, 상층 카스트는 꿈쩍도 하지 않았어. 그런 좌절감 때문에 개종을 심각하게 고려하게 된 거지. 바바사헤브는 힌두교 체제가 짓누르는 한 우리 달리트들이 잠재력을 마음껏 발휘할 여지가 없다고 확신하고 있어. 이제 필요한 건 우리를 받아들여서 우리의 자존심을 회복시켜 줄 새로운 종교야."

"그렇다면 어떤 종교를 받아들이길 원하시나요? 이슬람? 기독교?"

내가 물었다. 혁명의 기운에 심장이 쿵쾅거렸다.

"너무 앞서가지 말게. 바바사헤브가 섣부른 결정을 내리지 않으리라는 걸 잘 알지 않나. 때가 되면 우리 모두를 위해 최선의 결정을 내릴 거야."

잠시 침묵이 흐른 뒤 그루지가 말을 이었다.

"바바사헤브는 10월에 나시크 근처에 있는 예올라라는 작은 마을에서 집회를 열고 인도 정부법에 비추어 지금의 상황을 검토하고, 차별에 맞서 싸워 온 10년간의 투쟁에 미칠 효과를 따져 볼 예정이야."

그리고 구루지는 목소리를 높여 이렇게 말했다.

"모두들 동참해 주길 바라네. 이렇게 큰 규모의 집회를 여는 것은 쉽지 않고 그만큼 할 일도 많을 거야. 동지들, 다 함께 힘을 합쳐 보세나."

정식 활동가로 인정받는 것은 신나는 일이었다. 정치판에서 일어나는 상황도 세세한 것까지 모두 알았고, 구루지의 활동을 보면서 많은 것을 배웠다. 1만 명 이상의 참가가 예상되는 이번 집회를 준비하는 데 수백 명의 활동가가 뛰어들었고, 나도 그중 한 명이었다. 이번에 소누는 함께하지 않았다. 어머니가 못하게 막았다. 우리는 전단지를 만들어 뿌리고 집회를 알리는 포스터를 붙였다. 자금이 턱없이 부족했다. 회의를 일주일 앞두고 세부사항을 점검하기 위해 활동가 몇 명이 미리 예올라로 출발했다. 몸은 녹초가 되었지만 신이 나서 미친 듯이 일을 했다. 바바사헤브가 발표할 내용에 대해서도 많은 이야기가 오갔다.

마침내 기다리던 그날이 밝았고, 예올라에는 수천 명이 운집했다. 우렁찬 환호 속에 바바사헤브는 투쟁을 통해 보여 준 우리의 단합된 모습을 치하하고, 상층 카스트의 일방적인 질서 속에서 우리가 겪는 고통에 대해 이야기했다.

바바사헤브는 지난 10년 동안 힌두 사회에서 인간의 기본권과 동등한 지위를 쟁취하기 위해 싸워 온 우리의 노력이 어떻게 실패했는지를 설명했다. 그러고는 힌두교를 포기하고, 우리에게 아무 제약 없이 동등한 지위를 인정해 줄 새로운 종교를 받아들이는 편이 낫지 않겠냐고 물었다.

침묵이 고동치는 가운데 그가 이렇게 선언했다.

"나는 힌두 불가촉천민으로 태어났습니다. 안타깝지만 그건 내 힘으로 어떻게 할 수 없는 일이었습니다. 그러나 치욕과 모욕 속에서 살기를 거부하는 것은 얼마든지 내 힘으로 할 수 있는 일입니다. 나는 여러분 앞에서 힌두교도로 죽지 않을 것을 엄숙히 다짐합니다."

그런 다음 투쟁 전략의 변화를 선언했다. 힌두 사원에 출입하기 위한 싸움 같은 성과 없는 노력에 힘을 낭비하지 말고, 교육을 통해 존엄과 독립, 그리고 평등을 쟁취하는 것으로 투쟁의 방향을 바꾸자고 설득했다.

바바사헤브의 선언은 온 나라를 충격에 빠트렸다. 일부에서는 주목을 끌기 위한 정치 쇼라고 일축하기도 했다. 하지만 바바사헤브라는 인물이 지닌 힘을 아는 사람이라면 그의 결심을 의심할 수 없었다. 한쪽에서는 그를 구세주로 추앙했고, 한쪽에서는 자살 행위라고 우려했다.

모두가 간디의 반응에 촉각을 세웠고, 오래 지나지 않아 이런 발표가 나왔다.

"종교는 마음대로 바꿀 수 있는 집이나 시계 같은 것이 아니다. 그것은 인간의 몸보다는 자아를 이루는 중요한 부분이다. 믿음을 바꾼다고 해서 그들이 품은 대의에 보탬이 되리라고는 생각하지 않는다."

간디는 수백만의 못 배우고 순박한 달리트들은 바바사헤브의 '관심을 끌려는 쇼'보다 하루하루 먹고사는 일에 급급하기 때문에 믿음을 버리지 않을 것이라고 내다봤다.* 하지만 이슬람이나 기독교, 시크교 같은 소수 종교의 관계자들에게는 간디의 그런 예측이 설득력을 갖지 못했다. 그들에게는 달리트를 받아들여 세력을 키울 엄청난 기회였다. 바바사헤브의 집에는 편지와 전보가 몰려들었다. 자신의 종교가 우월한 이유를 미사여구로 치장한 웅변이 대부분이었지만, 현실적인 보상을 약속한 경우도 있었다. 혈서를 보낸 힌두 광신자들의 편지도 많았다고 한다.

우리의 운동은 새롭고 흥분된 전기를 맞았다. 이제는 돌이킬 수

* 1936년 5월 30일에 뭄바이에서 열린 회의석상에서 바바사헤브는 힌두교에서 개종하려는 그의 결정을 정당화하기 위해 폭넓게 이야기를 했다. "죽은 이후를 다루는 종교가 무슨 소용인가? 삶 그 자체의 질은 어쩌란 말인가? 이 세상에서 좋은 지위를 차지하고 풍요롭게 사는 사람들만이 죽음 이후의 삶을 성찰하며 살 여유를 누릴 수 있다. 하지만 왜 우리는 음식과 물과 보금자리 같은 기본적인 욕구는 물론이고 생존의 존엄성마저 박탈해 버린 종교의 울타리 안에서 살아야만 하는가?"

없었다.

예올라에 이어 나시크와 푸네에서, 그리고 1936년에는 뭄바이에서 대대적인 집회가 열렸다. 나를 포함한 수백 명의 활동가들이 발 벗고 나서서 집회를 준비했다. 사소한 것 하나까지 소홀히 다루지 않았고, 새로운 종교로 개종하는 것의 가치에 대해 토론을 벌였다. 바바사헤브는 달리트들이 새로운 자유를 성취하게 될 것임을 추호도 의심하지 않았다.

"인도는 독립으로 무엇을 얻게 됩니까? 인도에게 독립이 필요하듯이 달리트에게는 종교의 변화가 필요합니다. 힌두교가 우리를 불가촉천민으로 만들었고, 힌두교를 포기하는 것만이 우리가 가촉민이 될 유일한 길입니다. 인도의 독립운동과 우리 개종운동의 근본적인 추진력은 모두 자유를 향한 열망인 것입니다."

바바사헤브의 말은 전국에 울려 퍼졌다. 그는 종교가 인간을 위한 것이지, 인간이 종교를 위한 게 아니라고 말했다. 불가촉천민을 인간으로 인정하지 않고, 짐승보다 못하게 취급하며, 공용 우물에서 물도 마시지 못하게 하는 종교라면 그것은 종교로 불릴 가치가 없다고 주장했다.

그는 우리에게 논리와 이성에 의지할 것을 촉구했다. 그것이 그가 우리에게 보내는 메시지의 핵심이었고, 나는 깊은 충격에 싸였다. 개종에 대해 수없이 생각했다. 나는 바바사헤브가 우리를 위해 닦아 놓은 길을 한 점의 의구심도 없이 신뢰했지만, 힌두의 생활 방식이 몸에 밴 어머니와 아내를 설득하기는 쉽지 않으리라는 걸 알았다.

바바사헤브는 수백만 달리트에게 아버지와 같은 위상을 갖게 되었다. 우리는 그를 한 가족으로 여겼다. 나빠진 그의 건강은 모두에게 걱정을 안겨 주었다. 1935년에 부인을 잃은 후 무척 외로워했으며, 그를 보살펴 줄 사람이 없었다. 건강이 크게 악화되는 일이 반복되자, 기후가 다른 지역으로 가서 요양을 하라는 권고를 받았다. 하지만 그는 1936년 말에야 시간을 내서 유럽으로 건너갔다.

한동안 바바사헤브에게서는 아무 소식도 들려오지 않았고, 상황은 잠잠해졌다. 1937년에 바바사헤브가 런던에서 영국 여자와 결혼을 했으며 함께 인도로 돌아오는 중이라는 특종 기사가 유력 주간지에 실렸다. 달리트 사회는 당연히 술렁였다. 사실인지 아닌지를 아는 사람은 아무도 없었다. 그런 생각 자체를 불편하게 여기는 사람은 많지만, 바바사헤브를 비판할 수 있는 사람은 아무도 없었다.

소누는 물을 길러 갔다가 떠도는 소문을 듣고 왔다.

"바바사헤브에게 달리트 여자들은 전부 누이나 딸, 아니면 어머니 같은 존재잖아요. 그래서 달리트와는 결혼을 할 수 없기 때문에 외국인이랑 결혼을 한 거래요!"

바바사헤브가 도착하는 날, 수백 명의 달리트들이 그와 그의 부인을 맞으러 나갔다. 여자들은 화환과 등불을 들고 전통적인 환영 인사를 준비했다. 조금이라도 더 잘 보려고 자리다툼을 하는 무리 속에 소누와 나도 끼어 있었다. 특유의 펠트 모자를 쓰고 배에서 내려오는 바바사헤브가 보였다. 같이 오는 사람을 보려고 목을 늘였지만 웬걸, 그는 혼자였다. 바바사헤브는 백인 여자와 결혼하지 않았다.

첫 번째 총선거 날짜가 1937년 2월로 정해졌다. 유럽에서 돌아온 바바사헤브는 독립노동당을 만들었다. 그리고 땅이 없는 소작농과 농부, 노동자들의 고충을 해소해 줄 포괄적인 공약이 마련되었다. 읍슙 구루지는 당의 사무관으로 발탁되었고, 그의 오른팔이었던 나도 선거전에 돌입했다.

우리 당에는 선거에 경험이 있는 사람이 아무도 없었다. 단지 바바사헤브를 위해 모든 것을 걸고 열심히 노력할 뿐이었다. 밤낮없이 일을 했다. 전단을 돌리고, 가까운 곳들을 돌며 집회 일정을 잡고, 집집마다 찾아다니며 홍보를 했다. 힘들고 고단했지만, 우리 후보 몇 명이 뽑혔고 바바사헤브는 압도적인 다수의 지지를 얻어 당선되었다.

1937년에는 기쁜 소식들이 줄을 이었다. 뭄바이 고등법원에서 오랜 시간을 끌어 온 마하드 재판에 종지부를 찍고, 달리트들에게 초다르 저수지 사용권을 허용했다. 모두가 기쁨에 넘쳤다.

선거 기간에, 그리고 그전부터도 나는 풀뿌리 활동가의 역할에 전념했다. 일은 뿌듯했지만 꾸준한 수입이 없었다. 자원봉사가 주된 직업이 되고, 남는 시간에 여기저기서 잡일을 했다. 그러나 선거가 끝나자 활동가가 할 일은 많지 않았다.

집에서는 갈등이 쌓였고, 한 푼도 없이 집에 들어가 내일은 형편이 나아질 거라고 어머니를 구슬러야 하는 하루하루가 끔찍했다. 집에 가지 않고 구루지의 집 베란다에서 자는 날이 많아졌다. 그런데 얼마 지나지 않아 포트 트러스트 철도회사에 정식 직원으로 들어가게 되었다.

믿을 수 없을 만큼 큰 행운이었다. 아직도 그날이 기억난다. 1937

년 5월이었다. 한참을 캐물으며 귀찮게 했더니, 소누는 병든 어머니가 직원에게 뇌물을 주고 나를 집어넣었다는 사실을 털어 놓았다. 화가 치밀었지만 소누가 애걸복걸을 해서 입을 다물었다.

새 직장에 들어가자 꾸준한 수입뿐만 아니라 직원용 숙소인 작은 아파트도 생겼다. 다 쓰러져 가는 쿠를라의 촐을 떠나 와달라의 번듯한 새 집으로 들어갈 생각에 마음이 들떴다.

∽ 소누 ∽

뭄바이 포트 트러스트 철도회사에서 남편에게 직원용 숙소를 내주었다. 쿠를라의 단칸방을 벗어나 와달라의 세 칸짜리 아파트로 이사를 갔다. 나주카도 뭄바이 포트 트러스트에 다니는 남편과 함께 가까이 살았다. 우리는 새로운 생활에 대한 기대에 부풀었다.

하지만 쿠를라를 떠나는 마음이 가볍지만은 않았다. 그동안의 추억이 너무 많았다. 마지막으로 한 번 더 보려고 고개를 돌렸더니 문지방에서 쌀 종지를 발로 차며 들어갔던 게 기억났다. 겁 많고 수줍던 새색시 시절. 첫날밤을 떠올리자 생각만으로도 가슴이 뛰었다. 나주카를 따라 물을 길러 나갔을 때 물동이를 놓쳐서 산산조각 냈던 일, 남편이 일자리를 잃었던 것. 추억이 꼬리를 물었고, 생각해 보면 전체적으로 행복한 나날이었다. 새로 이사 가는 집은 우리에게 또 어떤 행복을 안겨 줄까 궁금했다.

아파트의 널찍한 방과 아늑한 분위기는 금세 우리의 마음을 사로잡았다. 이웃에는 달리트가 많았고, 동지애의 기운이 느껴졌다.

이웃 아이들이 함께 어울려 뛰놀고, 모두 자기 아이들처럼 보살폈다. 우리도 금방 자리를 잡고 와달라에서의 생활을 즐기기 시작했다.

"소누, 좋은 소식이 있을 모양이네."

나이가 지긋한 이웃의 라크슈미 아주머니가 눈을 반짝이며 말했다. 아침에 먹은 걸 토하고 있었는데, 지나가다가 그걸 본 것이었다. 가슴이 쿵 내려앉았다. 정말 그것 때문일까. 하지만 그 여부를 따져 보기가 겁났다.

초조한 2주를 보냈다. 아침마다 생리가 시작되었는지 확인했다. 징후가 없다는 것조차 깨닫지 못했었다. 그러다 아침이면 속이 메스껍기 시작했다. 차를 내갔다가 한 모금도 마시기 전에 속이 뒤집혀서 밖으로 달려 나가곤 했다.

"입덧을 하는 게 분명해. 어디 내가 한번 볼게."

라크슈미 아주머니가 다정하게 말했다.

남편이 나간 후에 아주머니가 우리 집으로 건너왔다. 바닥에 눕히더니 배를 구석구석 만졌다. 그리고 뭘 하는 건지 알아차리기도 전에 블라우스를 걷고 내 젖꼭지를 유심히 들여다보았다. 민망한 노릇이었지만 아주머니는 자기한테 맡겨 두라고 했다. 그러더니 임신 6주라고 했다. 믿을 수가 없었다. 그게 정말이냐고 몇 번을 물었는지 모른다.

"하지만 그게 말이 돼요? 12년 동안 임신을 못했는데, 어떻게 지금 그게 가능하냐고요. 라크슈미 아주머니, 정말 확실해요? 다들 저한테 문제가 있다고 했거든요."

"소니, 신의 뜻을 의심하지 마. 신이 선물을 주셨으면 감사히 받으면 되는 거야. 나는 며느리가 셋인데 다들 어찌나 쑥쑥 낳아 대는지, 다 돌봐 줄 수 없을 지경이었어. 걱정 말고 사수바이에게 알릴 생각이나 해."

창문마다 돌아다니면서 밖을 내다보았다. 너무 기뻐서 소리를 치고 싶을 지경이었다. 이 기쁜 소식을 저 파란 하늘과 지저귀는 새들에게, 그리고 푸르른 나무들에게 소리쳐 알리고 싶었다. 지나는 사람마다 붙잡고 모르는 사람에게라도 그 사실을 말해 주고 싶었다.

웃음이 떠나지 않았다. 거울 앞으로 달려가 한참을 들여다보았다. 얼굴에서 희미하게 빛이 나는 것 같았다. 그건 그만큼이나 기쁜 소식이었다. 창가에 서서 남편이 오기만을 기다렸다.

어떻게 말을 할까? 남편은 뭐라고 할까?

남편이 오는 걸 보고 얼른 달려 나가다가 문득 부끄러운 마음이 들어 다시 돌아섰다. 그에게 줄 차를 만들려고 부엌으로 갔다. 가슴이 정신없이 쿵쾅거렸다.

"누구는 오늘 굉장히 행복해 보이네."

남편이 농담을 걸었다. 그를 쳐다보았지만 아무 말도 나오지 않았다.

차를 주면서 말을 해보려고 했지만 너무 부끄러워서 입이 떨어지지 않았다. 다른 식으로 알아차리게 해야겠다고 생각했다.

"이제 돈이 더 많이 나가게 생겼어요."

그리고 또 이렇게 덧붙였다.

"얼마 안 있으면 밤에도 편히 잘 수 없을 거예요."

"그래, 가나파티 축제가 얼마 안 남았으니 새 옷도 사야겠지. 밤 늦게까지 음악을 크게 연주하는데 어떻게 잠을 자겠어!"

나는 어이가 없어서 고개를 절레절레 저었다. 그렇게 똑똑하다는 사람이 어쩌면 이렇게 둔할 수 있담.

"이제 책임질 일도 더 늘어날 거예요."

남편은 여전히 감을 잡지 못했다. 용기를 내는 수밖에 없었다.

"제 말은요……."

남편이 어서 말하라는 눈빛으로 쳐다보자 나는 또 머뭇거렸다.

"사수바이에게 전갈을 보내서 최대한 빨리 뭄바이로 오시게 하면 어떨까요?"

"왜? 무슨 일 있어? 가신 지 얼마 안 됐는데 당분간 나시크에 계시게 하지."

다시 한 번 말문이 막혔다. 또 다른 언질을 생각해 냈다.

"요즘 들어 과일열매랑 타마린드랑 신선한 망고 피클이 자꾸 당겨요. 사수바이가 마을에서 그걸 좀 가져다주면 좋을 텐데."

남편이 갑자기 나를 뚫어지게 쳐다보았다.

"당신이…… 내가…… 그러니까 우리가……."

그는 더듬댔다. 나는 수줍게 그의 눈길을 피하며 고개를 끄덕였다. 그는 너무나 기쁜 나머지 나를 번쩍 안아 빙글빙글 돌렸다. 그러다가 뚝 멈추고는 조심스레 나를 내려놓았다.

"이런, 내가 무슨 짓을 하는 거야? 당신…… 그러니까 아기 괜찮아?"

나는 부끄러워서 얼굴이 빨개졌다. 그는 사수바이에게 이 소식을 전해 줄 인편을 구하러 밖으로 달려 나갔다.

다시 돌아왔을 때까지도 흥분이 가라앉지 않은 남편은 화덕 앞에 있던 나를 데려다가 자기 옆에 앉혔다.

"오늘 저녁은 내가 차릴게. 당신은 쉬어야 해. 어머니가 언제쯤 오실까? 뭘 해야 할지 모르겠네."

남편이 서성대기 시작했다.

"당장 병원에 가서 확실히 알아보자."

남편은 대단한 생각이라도 난 것처럼 말했다.

"하지만 의사는 전부 남잔데, 남자가 이런 걸 어떻게 알아요?"

"아유, 멍청하긴. 이제 당신도 어른이 돼야지. 여자도 의사가 될 수 있어. 여자 의사를 찾아가면 되지."

남편은 귀엽다는 듯이 내 코를 살짝 비틀며 말했다.

"그런데 의사가 왜 필요해요? 내 말을 못 믿어요? 라크슈미 아주머니가 나를 살펴봤다니까요. 아주머니가 임신 6주라고 했어요."

"병원에 가는 게 좋아. 한참 만에 들어선 아이니까 확실히 해야지."

남편이 나를 어찌나 애지중지하는지 내가 다 민망할 지경이었다. 보다 못한 이웃 사람들이 나는 병이 난 게 아니라 아이를 가졌을 뿐이라고 꾸짖었을 정도다. 하지만 남편은 들은 척도 하지 않았다.

"어머니가 오실 때까지는 제가 돌봐 주어야 해요. 아내한테 무슨 일이라도 생기면 제가 절 용서하지 못할 뿐만 아니라, 어머니도 절 살려 두지 않을 테니까요."

사수바이는 과일열매와 이것저것을 한 보따리 싸들고 부랴부랴 돌아왔다. 사수바이의 시누이가 밤새 물을 틀어 놓아서 엉망이 된 귀한 양파 농사도 내팽개치고 달려왔다. 남편이 보낸 소식을 듣고 사수바이는 이렇게 말했다고 한다.

"아무렴 어떠냐, 아무려면 양파 농사가 아기와 소누바이보다 소중할까 보냐."

이번에는 사수바이가 나를 애지중지 다루기 시작했다. 먹을 걸 잔뜩 챙겨 주는데도 나는 전혀 먹지를 못했다. 먹는 족족 토하기 일쑤였다.

"먹기만 하면 토하는데 왜 자꾸 먹으라고 하세요?"

사수바이는 내 배에 손을 얹고 말했다.

"아기가 자라려면 먹어야 하니까 그렇지. 너희 둘을 위해 먹어야만 해."

"그런데 이 녀석은 왜 자꾸 토하는 거죠?"

시어머니는 내가 뱃속의 아기를 '녀석'이라고 부르자 빙긋이 웃었다.

"이 녀석이 음식을 받아먹으면서 점점 튼튼해지는데, 그럴수록 뱃속에서 더 많은 공간이 필요하기 때문에 먹은 걸 토하게 하는 거란다. 이제 곧 괜찮아질 거야."

남편은 여자 의사를 찾아가 보자고 고집을 피웠다. 의사는 약을 주며 잘 먹고 잘 자야 한다고 했다. 사수바이가 일에는 손도 못 대게 했지만 의사는 일상적인 일은 계속하라고 했다. 석 달이 지나 내가 안정을 찾자, 사수바이는 밭을 가꾸러 마을로 돌아갔다.

사수바이는 내 상태가 완벽하게 정상이며 아무 일도 없을 거라고 안심을 시켰다.

날은 더디 흘렀다. 임신 6개월이 되자 쉽게 피곤해졌다.

뱃속에서 아기가 움직이면 기분이 좋았다. 내 살과 피가 움직이며 발길질을 했다. 물려줄 건 많지 않아도 후손이 생긴다는 사실에 마음이 든든했다.

힘든 하루를 보내고 온 남편이 내 옆에 누워 뱃속 아기의 움직임을 함께 느낄 때면 온 세상이 다 내 것 같았다. 남편은 내 몸의 변화를 눈여겨보았다. 내 배뿐만 아니라, 골반, 내 가슴, 내 허리, 심지어 내가 숨을 쉴 때의 코까지도. 자랑스럽기도 하고 수줍기도 했다. '아들일까, 딸일까'를 따져 보는 놀이도 자주 했다.

혹시 딸이면 사수바이가 실망할까? 사수바이와 나주카가 어떤 이름을 지을지도 궁금했다. 나주카는 고모로서 아기의 이름을 지을 자격이 있었지만, 그러면 우리는? 우리 아기 이름인데 우리가 지어 주어야 하는 거 아니야?

아기가 태어나기도 전에 벌써부터 소유욕을 느끼고 있었다. 남편은 아들이긴 딸이긴 상관없으며, 건강한 아기를 얻는 것에 감사해야 한다는 말을 계속했다.

아이가 생기길 기다리며 보낸 오랜 세월을 돌이켜보았다. 결혼한 지도 벌써 12년이 되었다. 처음 남편의 집으로 들어왔을 때는 너무 어려서 임신 생각은 하지도 못했다. 그때는 내가 아이 취급을 받았다. 결혼은 그저 남편의 집으로 가서 그곳 사람들 말에 순종하며 열심히 사는 건 줄로만 알았다.

남편에게서 많은 걸 배웠다. 남자와 여자가 모두 배워야 한다는 바바사헤브의 가르침에 대해서도 많은 이야기를 들었지만 내가 학교에 가서 글을 배우는 건 상상할 수 없었다. 아이가 없는 12년 동안 남편은 계속해서 사비트리처럼 학교에 가고 사회 활동을 하라고 격려했다. 그러나 그게 내 길이 아니라는 건 내가 더 잘 알았다.

평생 아기를 갖지 못할 거라는 생각에 마음고생도 많이 했다. 이웃 사람들에게 임신 비법도 전수받고, 심지어 이웃의 친구와 친척들도 찾아갔다. 하라는 대로 다 해보았다. 이삼 일씩 굶어도 보았고, 그 기간에는 물 한 모금 입에 대지 않았다. 사원마다 찾아다니며 제를 지내고 공물을 바쳤다. 마힘에 있는 교회에 가서 값비싼 밀랍으로 만든 아기 인형도 바쳤다.

사두(힌두 수행자), 피르(이슬람의 성직자), 파키르(이슬람의 성자) 등, 영험하다는 사람마다 찾아가 의논을 하고, 마리아이를 비롯한 마을신에게 헌물을 바쳤다. 무당도 찾아갔다. 수많은 가지와 뿌리를 뻗고 일 년 내내 열매가 맺히는 보리수에게 제사도 지냈다.

예전에는 성냥공장에 다니면서 살림까지 했다. 매일 파김치가 되었다. 그러면서도 사람들이 남편에게 다른 부인을 얻어 줄까 봐 걱정이 되었다. 단식과 고된 일상에 몸이 상했다.

첫 아이를 임신했을 때는 병원을 뻔질나게 들락거렸다. 그런데 현대식을 좋아하지 않는 사수바이는 그것을 못마땅하게 여겼다.

몸을 풀 때가 되자 모두들 나를 놓고 호들갑을 떨었다. 진통이 약한 게 걱정이었다. 내 기분을 띄우려고 애쓰면서 뭔가 잘못되었다는 느낌을 갖지 않게 하려고 노력했다. 양수가 터져서 태아가 말라 갔다. 머리는 보이는데 아기가 통 나오려고 하지 않았다. 수술을 해야 하나 고민하고 있을 때, 나는 창자가 쏟아져라 비명을 질렀고 단 한 번의 찢어질 듯한 고통스런 진통 끝에 아기가 나왔다.

아기가 울지 않아서 엉덩이를 때려야 했다.

"아들입니다! 축하드려요, 아들이에요!"

간호사가 사수바이와 남편에게 말했다. 1938년 7월 13일에 우리의 첫 아기가 태어났다.

사수바이는 손자를 안고 싶어 했지만, 의사는 아기의 몸무게가 1.58킬로그램에 불과해서 대단히 약한 상태라고 했다. 간호사는 남편에게 면 담요 두 개를 가져오게 했고, 우리에게는 아기를 담요로 꽁꽁 싸두라고 했다. 의사는 각별히 주의해야 한다고 신신당부를 했다.

사수바이가 바라던 바였다. 그때부터 아기를 다룰 수 있는 사람은 사수바이뿐이었다. 아기를 목욕시키고, 기저귀를 갈고, 그걸 빠는 것까지 혼자 도맡아 했다. 나는 젖을 물릴 때만 간신히 아기를 품에 안을 수 있었다 아기가 너무 작아 한 번에 많이 먹지 못해서 젖을 자주 물려야 했던 게 다행이라면 다행이었다.

사수바이는 온갖 종교 의식을 치르고 민간에서 전해 내려오는 약초 달인 물을 먹였다. 의사가 그러지 말라고 했지만 사수바이는 개의치 않았다. 결정권은 사수바이에게 있었고, 아무도 반대하지 못했다. 아기 키우는 것에 대해서는 우리 둘 다 아는 게 없었다.

이름을 짓는 의식인 명명식에 맞추어 나주카를 초대했다. 고모로서 그녀에게 자격이 있었지만, 사수바이는 이미 자나르단이라는 이름을 지어 놓았다. 손수 만든 옷을 입히고, 목과 팔, 그리고 발에도 악귀를 물리친다는 검은 구슬을 채웠다. 그걸로도 부족했는지 사수바이는 아기의 이마와 뺨, 그리고 턱에 먹으로 검은 점을 찍었다.

아기를 보러 온 사람들마다 칭찬이 끊이지 않았다. 사람들마다 돌아가며 끌어안고 어르는데, 배가 고파진 아기가 집이 떠나가라 울기 시작했다. 얼굴 전체에 먹이 번져서 새끼 원숭이처럼 보였다. 그 모습을 보자 웃음이 나왔다.

"우리 원숭이 좀 봐. 산처럼 까만 것이 제 아빠랑 똑같네!"

∽ 소누 ∾

첫 아이가 태어나고 몇 년이 지났다. 집안에 처음으로 아기가 생긴 흥분도 오래전에 가셨다. 첫 아이 이후 몇 명이 더 태어났다. 사실은 우리가 감당할 수 없을 만큼 많이 태어났다. 아들 넷(자누, 수다, 디나, 그리고 츠호투)에 딸 둘(릴라와 트루샤), 이렇게 모두 여섯 명의 자식을 보았다. 전부 3년 터울이었고, 다들 별 탈 없이 잘 자랐다. 아직 걸음마를 하는 츠호투를 제외하면 모두 학교에 다닐 나이였다.

우리가 불교로 개종할 거라는 남편의 선언은 격한 부부싸움의 씨앗이 되었다. 지금껏 모든 것을 그가 결정했고, 군소리 없이 그 결정에 따랐지만 이번만큼은 달랐다. 나에게 논리적으로 생각하고 판단하라고 가르쳐 준 건 남편이었고, 그래서 그렇게 했다.

"지금 힌두교가 마음에 안 든다고 바꾸자는 거예요? 종교가 옷이에요? 마음에 안 든다고 바꾸게?"

"소누, 뭐 잘못 먹었어? 그냥 내가 시키는 대로 해."

그가 호통을 쳤다.

"언제나 당신, 당신, 당신! 다모다르 룬자지 자다브뿐이죠. 나는 뭐예요? 나는 미천한 소누라서 당신이 하는 말에 무조건 고개를 끄덕이고, 그림자처럼 뒤에서 걸어야 하나요?"

"나는 개종을 할 거고, 내 아이들도 그럴 거야."

"당신 아이들? 당신 아이들이라고요?"

내가 악을 썼다.

"그리고 당신도."

"우리가 전부 개종할 이유는 없어요."

나는 물러서지 않았다.

"내 말대로 해."

그가 딱 잘라 말했다.

"당신 말대로 하고 있는 거예요…… 혼자 힘으로 생각하라고 했잖아요. 그래서 지금 그렇게 하고 있어요. 고개만 끄덕이면 짐승이나 다름없다면서요……."

남편은 충격을 받았다. 눈을 치켜뜨고 나를 쳐다보았다. 나는 엉덩이에 손을 얹고 그 앞에 버티고 서서 같이 쏘아보았다. 뭔가에 홀리기라도 한 것 같았다.

"나는 내 아이들이 자라서 당당하게 살아가길 원해. 존경받는 사람이 되길 원한다고. 바바사헤브의 말대로 학교에도 보낼 거야. 그런데 힌두교도로 남는 한 계속해서 열등한 인간 취급을 받을 게 분명해. 사회에서 존경받는 위치에도 결코 오를 수 없을 거야. 내 아이들은 우리 같은 고통을 겪게 하고 싶지 않아."

"당신 아이들이라고요? 내 배 아파 낳은 아이들이에요!"

내가 소리를 빽 질렀다. 목소리가 덜덜 떨렸지만 물러날 수는 없었다.

"바바사헤브의 가르침에 따라 아이들을 학교에 보낸다고 세상이 당신을 칭찬할지는 몰라도, 그런다고 아이들이 당신 게 되나요? 그 아이들을 낳은 게 누군데요? 열 달 동안 뱃속에 품고 있었던 게 누군데요? 그 고통스런 진통을 치른 게 누군데요?"

남편은 지금 이 사람이 자기가 화를 내면 겁이 나서 덜덜 떨던 소누가 맞는지 모르겠다는 듯이 어리둥절한 표정이었다. 그동안 남편은 결혼할 때의 소누, 말 잘 듣고 수줍음 많고 고개를 숙여 눈을 피하던 소누의 모습에 익숙해져 있었다. 하지만 그는 혼자 힘으로 생각하는 법을 가르쳐 주었고, 나도 이제는 내 생각을 말할 배짱이 생겼다. 나는 손을 정신없이 흔들어 댔고 목소리는 점점 높아졌다.

집에 와 있던 나주카가 깜짝 놀랐다.

"어머, 언니. 왜 그래요? 이제 오빠를 함부로 대하는 거예요? 내가 우리 집에서 그렇게 소리를 질렀으면 지금쯤 눈두덩이 시퍼래졌을 거예요."

"나주카, 오빠라고 무조건 편들지 말아요. 말 좀 해봐요. 아이를 낳아서 키우고 흙투성이가 된 몸을 씻기고 엉덩이를 닦아 준 게 누구예요? 아침 5시에 일어나서 갓 구운 바크리를 만들어 준 게 누구냐고요. 오빠가 이불 밑에서 코를 골 때 나는 일을 했어요. 아이들이 이몸살을 앓을 때, 그리고 아플 때마다 밤새도록 그 옆을 지킨 게 누구죠? 오빠는 자기가 아이들을 학교에 보냈다고 생각하고, 그래서 자기가 대단한 줄 알아요. 허! 그래요, 오빠는 대단하고 나는 아무것도 아니죠…… 나는 있으나마나예요."

나는 길길이 날뛰었다. 그동안 꾹꾹 참아 왔던 게 둑이라도 터진 듯이 쏟아져 나왔다. 당황한 남편은 구석에 말없이 앉아 있었고, 나는 언쟁을 잠시 미루어 둔 채 나주카를 붙들고 하소연을 했다.

"나는 열 살도 안 돼서 시집을 왔어요. 그때 아가씨는 꼬맹이였죠…… 그런데 세상에, 우리가 결혼하고 벌써 30년이 흘렀어요. 그 먼 길을 걸어오는 동안 나는 이 사람 그림자나 다름없었어요. 뒤에서 그의 발자국만 따라 걸었죠. 좋건 싫건 군소리 없이 따라 왔어요. 내 기분이 어떤지 누가 관심이나 있었나요?

그런데 저이가 나한테 생각하고 이의를 제기하는 걸 가르쳐 주었어요. 자기와 토론하고, 자기 말에 반박하라고 격려해 주었죠. 내가 자기한테 반발하는 게 재미있으니까, 그 재미로 그런 거예요. 그런데 이제 재미는 끝났고 현실로 돌아와서 자다브 씨가 원하는 대로 하라는 거잖아요."

무심코 나온 말에 얼굴이 화끈 달아올랐다. 그때까지 남편을 성으로 지칭한 적은 한 번도 없었다. 그건 밖에서 사람들이 존경의 뜻으로 부르는 방식이었다. 나주카는 한바탕 웃으면서 내 기분을 풀어 주려고 했다. 하지만 한번 터진 둑을 막을 수는 없었다.

"이제 나도 그럴 때가 됐어요, 나주카. 마침내 내 혀를 찾았다고요. 지난 세월 동안 혼자 힘으로 생각하는 법을 배웠지만, 지금까지는 남편 말에 토를 달 배짱이 없었죠. 인상을 쓰고 못마땅한 듯이 쳐다보는 눈빛 한 번이면 말이 혀끝까지 나왔다가도 쑥 들어가

버렸으니까요. 내가 오빠를 무시한다는 건 아니에요. 그건 아가씨도 봐서 알잖아요. 아주 오래전에 내가 이 집에 왔을 때부터 봤으니까 알 거 아니에요."

이번에는 눈물까지 터졌고, 나주카의 어깨에 기대어 엉엉 울었다. 할 말이 없어진 남편은 우리만 두고 밖으로 나가 버렸다.

마음이 날아갈 것처럼 가벼웠다. 꽁꽁 틀어쥐고 있던 걸 다 털어 내자 기분이 그렇게 좋을 수 없었다. 나는 선을 그었고, 내 목소리를 냄으로써 정체성이라는 걸 만들었다. 그렇다고 현실이 바뀐 건 아니었다. 나는 여전히 남편에게 매여 있었다.

나주카는 나를 달래려고 열심히 노력했지만, 끝내는 나주카의 눈에도 눈물이 맺혔다. 나주카는 사수바이가 부르던 노랫가락을 떠올렸다.

> 우리 여자들은 집안을 다스리지.
> 하지만 왜냐고 묻는 건 우리 몫이 아니라네……
> 우리에게 주어진 몫은 일하다 죽을 팔자와
> 절대 말대꾸를 할 수 없는 남편뿐이지.

나는 평생 남편의 뜻에 따라 살아왔다. 하지만 더 이상은 순순히 따라갈 수 없었다.

다음날 남편이 신문을 들고 집에 돌아왔다. 그건 일종의 의식이었다. 남편은 이웃 사람들을 모아 놓고 신문을 샅샅이 읽고, 귀를 쫑긋 세운 사람들에게 신이 나서 설명을 해주었다.

나는 불교 신자다. 나는 불교가 올바른 마음과 행동을 가르쳐 주는 종교라고 생각하며, 설사 내가 불교 신자가 아니었더라도 넓은 의미에서 불교의 개념을 따랐을 것이다. 내가 상층카스트 힌두교도 아내를 맞이할 때도 주위의 반대에도 불구하고 불교 의식에 따라 혼례를 올렸다. 하지만 힌두의 여러 신들을 좋아한다는 것도 고백해야 할 것 같다. 힌두교의 신들은 너무나 멋진 상징이다. 특히 가네샤 신을 좋아한다.
-나렌드라 자다브

나는 남편이 글을 잘 못 읽는다는 걸 알았기 때문에 진짜로 신문에서 읽은 게 얼마고, 전해 들은 게 얼마일지 궁금했다. 남편은 소식이 떨어질 때가 없었고, 모르는 게 없는 것 같았다. 토 마스터와 함께 있을 때건 친구들과 함께 있을 때건, 그가 하는 이야기는 오로지 최근의 운동 경향에 대한 것뿐이었다.

하긴 남자들이 정치 이야기를 하는 건 자연스러웠다. 바바사헤브가 어떤 선언을 했고, 간디가 어떻게 반대를 했고, 누가 개최한 집회에 더 많은 군중이 모였다더라 하는 이야기들. 우리 여자들은 우물가에서 누가 무슨 음식을 만들었고, 누구는 또 딸을 낳았고, 혼인 지참금으로 얼마를 주었다느니, 다가오는 축제를 위해 누가 뭘 샀다느니 하는 이야기로 꽃을 피웠다. 내가 사람들 뒷이야기를 하면 남편은 눈살을 찌푸렸고, 못마땅한 기색이 얼굴에 가득했다.

"아유, 소니. 그런 쓸데없는 얘기를 재잘거려서 얻는 게 뭐야. 노새 수준은 벗어나야지. 이 나라에서 어떤 일이 벌어지는지, 달리트의 대의를 위해 할 수 있는 일이 뭔지 생각해 봐. 이리 와서 뭔가 쓸모 있는 걸 좀 읽어 보두록 해."

그러면서 남편은 신이 나서 나를 옆에 앉혀 놓고 읽기 연습을 시켰다. 결혼하고 얼마 지나지 않아 남편은 자기도 잘 알지 못하는 얄팍한 밑천으로 나를 가르쳐 보려고 진득하게 노력했지만, 아직도 나는 혼자서 글을 읽지 못했다. 살림을 하고, 아이들을 키우고, 이런저런 일을 하며 돈을 버느라 늘 바빴다. 그리고 사수바이도 마땅치 않아 했다.

"다무, 네 마누라를 학자로 만들 거면 집안일을 할 아내가 따로 필요할 게다."

하지만 남편은 사수바이의 말을 들은 척도 하지 않아서 그 화를 전부 내가 감당하게 만들었다.

남편의 말이 법이라는 건 우리 집안의 불문율이었다. 남편 옆에 앉아 글을 배울 때면 피곤해서 눈꺼풀이 스르르 감겼지만 불평은 하지 않았다. 하루 중에서 그나마 한 자리에 조용히 앉아 있을 유일한 기회였기 때문이다. 남편은 바바사헤브나 다른 사회운동가가 달리트를 위해 쓴 책을 떠듬떠듬 읽으면서 나에게 한 문장, 한 문장 따라 읽으라고 했다. 하지만 조금 지나면 책의 내용에 빠져 혼자서 내처 읽어 나갔다. 그러면 나는 마음 편하게 졸기 시작했다. 그렇다고 뭔가를 놓치는 것도 아니었다. 지치지도 않는지 누가 찾아올 때마다 몇 번이고 신이 나서 반복했기 때문에 이미 다 알고 있는 내용이었다. 들어 줄 사람이 없으면 나주카나 사수바이를 붙들고 이야기를 했다. 두 사람이 그다지 관심이 없다는 것쯤은 아랑곳하지 않았다.

그런 식으로라도 바바사헤브의 가르침에 대해 들은 것이 나주카와 나에게 영향을 미쳤다. 우리는 청결과 단정한 차림새에 대한 바바사헤브의 생각에 감명을 받았다. 사람들에게서 인정받고 달리트로서 자긍심을 느끼기 위한 첫걸음은 철저한 위생과 단정하고 깨끗한 옷차림이라고 했다. 우리는 매일 목욕을 하기 시작했고, 깨끗이 빤 옷을 단정하게 차려 입었으며, 머리는 깔끔하게 쪽을 지었다. 집 안을 깨끗하게 치웠고, 황동 솥과 냄비도 반짝반짝 윤이 나게 닦았다.

밖에서의 행동거지에도 변화가 생겼다. 달리트라는 사실을 떳

떳하게 밝혔다. 예전에 시위나 집회에 나갔을 때는 오로지 남편이 참가해서 따라갔을 뿐이다. 그러다가 차츰 나도 믿음을 갖게 되었다. 바바사헤브가 우리 공동체를 위해 하는 일들의 결과를 내 눈으로 보고 느낄 수 있었다. 가나파티 행진 중에 난투에 휘말린 다음부터는 거리 시위에 거의 빠짐없이 참가했고, 사원출입 행진에도 참가했다.

헌신적인 참가자가 되었는데도 여전히 남편의 제안이 껄끄러운 경우가 있었다. 이제 남편의 말에 토를 달기 두려워하던 겁 많고 얌전한 새색시는 아니지만, 실질적으로 달라진 건 없었다. 늘 그가 이겼으니까. 하지만 내 주장을 펴기 시작한 후, 최소한 내 말을 끝까지 듣기는 했다. 결국에는 그의 뜻을 따라야만 했던 나에게 그건 유일한 만족이었다.

사람들을 모아 놓고 서서 신문을 읽던 남편이 평소와는 달리 신문을 비난했다. 달리트에게 힌두교를 버리라고 촉구하는 바바사헤브의 주장을 매도했다는 이유였다. 남편은 바바사헤브의 말이라면 무엇이든 따라야 했다. 아무 이유가 없었다. 남편은 화를 냈다. 목소리가 커지고 눈동자가 이글거렸다. 그리고 이런 연설을 단숨에 쏟아 냈다.

"이 사람들은 대체 뭘 원하는 거야? 같은 신도에게 사원에도 못 들어가게 하는 그런 종교를 순순히 따라가란 말이야? 불가촉 제도와 차별을 조장하는 종교를 어째서 믿어야 한다는 거야? 대체 누가 브라만에게 우리의 운명을 좌지우지할 권리를 준 거냐고? 우리 운명의 주인은 우리이고, 사회 안에서의 정당한 지위를 찾아야만 해. 우리는 힌두교를 버릴 거야. 바바사헤브 만세, 우리의 지도자이며 구세주인 위대한 바바사헤브 만세!"

주변 사람들은 잠잠했다. 우리가 최하층 카스트이며, 힌두교 사원에 들어가지 못하는 신세라는 건 더 말할 필요도 없었다. 하지만 가는 곳마다 차별을 받더라도 우리는 여전히 힌두교도였다. 나는 살아오면서 쭉 들어 온 것들을 기준으로 모든 것을 따져 보았다. 만물의 현상은 모두 신의 뜻이다. 우리가 냉대받는 것은 전생에 지은 악행 때문이다.

그리고 속으로 생각했다. 이게 우리의 운명이라면 그것을 받아들이고 감수하며, 신을 숭배하는 데에서 구원을 찾아야 한다고. 마리아이, 칸도바, 그리고 판다르푸르의 비토바 같은 우리의 신들. 우리를 재앙에서 구할 수 있는 건 오로지 신들뿐이다. 아이를 갖게 해달라고 간절히 기도하고, 그때 한 맹세를 모두 지키려고 노력했던 것을 나는 기억한다. 어렸을 때는 친정어머니의 깊은 신심을 보며 자랐고, 결혼한 후에는 사수바이가 가족신의 황동 신상을 나에게 넘겨주었다. 그때 사수바이가 한 말을 나는 지금도 기억한다.

"소니, 이 신상을 잘 모시면 신들이 언제까지나 너를 보살펴 주실 게다."

그 말씀에 따라 나는 하루도 빼놓지 않고 신상 앞에서 기도를 했다. 마음에 근심이 있을 때도 기도를 올렸다. 남편이 일자리를 잃었을 때는 신들에게 간청을 했고, 남편이 병원에 입원했을 때는 남편을 낫게 해달라고 애원했다. 아이들이 병을 앓을 때는 내 눈물로 신상을 씻어 냈다.

그리고 늘 응답을 받았다. 신들은 결코 나를 저버리지 않았다. 그런데 지금 남편은 또 뭐에 씌었기에 저러는 걸까? 바바사헤브를 숭배하는 것과 그가 하는 말이라면 무엇이든 무턱대고 따라가는 건 다르다. 나에게 생각하고 반박하라고 가르친 게 남편이 아니었던가. 그런데 정작 본인은 생각 없이 휩쓸려 갔다. 나는 넌덜머리가 나서 고개를 저었다.

"소니, 왜 그래? 가까운 사람이 죽기라도 한 듯한 표정인 걸……."

"맞아요. 당신이 내 믿음을 죽이려고 하잖아요."

내 목소리에 담긴 독기는 내가 듣기에도 섬뜩했다.

"그렇지 않아. 지금 우리가 하는 행동은 인간으로서 우리 자신에 대한 믿음을 되살리기 위한 거야. 우리를 반기지 않는 종교를 포기하는 것뿐이라고."

"우리는 힌두교도로 태어났고, 우리 조상들도 전부 아무 이의 없이 힌두교도로 살았어요. 이제 와서 그걸 포기한다는 당신의 말 한마디에 우리가 힌두교도가 아닌 게 되진 않는다고요. 말은 하고 싶은 대로 할 수 있지만 과거를 지워 버릴 수는 없어요."

남편은 껄껄 웃었다.

"와, 소니! 말솜씨가 보통이 아닌 걸!"

나는 눈을 부릅떴다.

"얼마든지 비웃어요. 상관없으니까. 아무튼 내 생각과 느낌은 그래요. 당신은 늘 나보고 생각도 못 한다고 그랬지만 당신이 틀렸어요. 누구나 먹고 마시고 살면서 행복과 슬픔을 느낄 수 있듯이 생각할 수 있는 능력은 누구에게나 있어요. 전에는 내가 어린 데다 당신이 무섭기도 했고, 내 생각을 다른 사람한테 어떻게 말해야 할지 몰랐던 것뿐이에요."

"그동안 오냐오냐했더니 머리가 어떻게 됐나 보군. 바락바락 대드는 것 좀 봐."

그날 나는 늦도록 잠을 이루지 못했다. 이번에는 남편이 우리 모두를 대신해서 내린 결정을 순순히 따르지 않을 작정이었다. 바바사헤브의 말대로 우리는 우리의 권리를 위해 싸우고 존엄성을 되찾아야 한다. 맞는 말이다. 하지만 그렇다고 신과 종교까지 주물럭거려야 하나? 그건 너무 지나친 처사가 아닌가. 마음 저 깊은 곳에서는 결국 남편을 따르게 될까 봐 겁이 났다. 나는 옳은 일을 할 수 있는 힘을 달라고 마리아이에게 조용히 기도했다. 그런데 어찌된 일인지 남편이 나를 뭄바이로 데려가던 날 친정어머니가 들려준 말이 떠올랐다.

"소니, 네 남편이 너의 신이다. 토 달지 말고 무조건 순종해야 한다. 그가 무슨 일을 하건 그를 온전히 받아들여라. 이제 너에게는 남편뿐이야. 죽어야만 그의 옆을 떠나게 될 거야."

힌두교를 저버리는 것은 영혼의 죽음과 같을 것이다. 이웃 중에는 이슬람이나 기독교를 믿는 사람도 있고, 파르시인(조로아스터교를 믿는 인도인을 지칭하는 말)과 유대인을 만난 적도 있다. 다들 좋은 사람이었다. 저마다 다른 사원에 가서 다른 방식으로 신을 섬기지만, 어려서부터 그렇게 해왔고 그들의 부모와 조부모도 그렇게 살아왔다. 그들을 좋아하고 존중했지만, 그렇다고 해서 우리 종교를 포기하고 그들을 따라가야 한다는 뜻은 아니다!

우리가 다른 종교를 믿는 게 신의 뜻이었다면 우리를 그 종교 안에서 태어나게 하셨을 것이다. 어쩌다가 교회에 가거나 두르가

(이슬람의 능)에 갔다고 해서 우리 힌두 신들에게 무슨 불만이 있었던 것은 아니다. 신의 뜻이나 힌두교 종교 자체에 의문을 품은 적도 없고, 그것에 반하는 짓은 결코 한 적이 없다. 마리아이 여신은 우리에게는 어머니와 같았다. 여신의 모습이 눈앞에 둥둥 떠다니는 것만 같아 왈칵 눈물이 솟구쳤다. 우리는 판다르푸르의 비토바 신도 섬겼다. 그 신은 우리처럼 피부색이 짙고 미소를 머금은 다정한 얼굴을 하고 있었다. 다정하고 자애로우며, 용기를 주는 신이다. 나는 평소에 제일 좋아하던 아반가(찬가)를 흥얼거리기 시작했다.

"신이시여, 당신께 쌀죽을 올립니다. 저에게 아무것도 없을 때라면 꽃 한 송이, 꽃 이파리 하나라도 당신께 바칩니다. 저에게 아무것도 없을 때라면 물을 떠서 당신께 바치고, 엎드려 마음과 영혼을 다해 당신의 이름을 외웁니다. 그러면 저는 행복합니다."

비토바 신은 사랑과 믿음 외에는 아무것도 바라지 않는다. 그런데 사랑하는 우리의 신을 모두 저버리고 부처를 섬기기 시작하란다.

어쩌면 힌두의 신들과 함께 부처를 섬기자고 남편을 설득할 수 있을지도 모른다. 잠에 빠져들면서도 이번만큼은 남편의 말을 무조건 따르지 않겠다고 굳게 결심했다. 내일 남편에게 내 믿음을 포기하지 않겠다고 말해야지.

다음날 아침에는 음식을 만들고 아이들에게 밥을 먹여 학교에 보내느라 이 문제는 까맣게 잊고 말았다. 그런데 오후에 물을 길러 나갔더니 여자들이 온통 똑같은 이야기로 열을 올리고 있었다.

힌두교를 포기할 마음의 준비가 된 사람은 아무도 없었지만, 남편에게 감히 이런 이야기를 할 엄두를 내지 못했다. 잠자코 이야기를 듣고 있었는데, 결국 다들 남편의 뜻을 따르겠다고 결론을 내리자 분통이 터졌다.

나에게는 최악의 상황이었다. 머리는 지끈거리고 힘이 하나도 없었다. 건성건성 집안일을 했다. 속 시원히 엉엉 울고 싶은 마음뿐이었다. 마리아이 앞에 엎드려 신의 뜻을 알려 달라고 애원하고 싶었다.

남편은 내 침묵이 거슬렸는지 처음으로 아이들 앞에서 나에게 언성을 높였다.

"소니, 나 아직 안 죽었어. 남편 초상 치른 것처럼 굴지 좀 마. 당신이 운다고 달라지는 건 하나도 없어. 내 결정은 바뀌지 않아."

저녁 늦게 남편은 나를 바짝 끌어다 앉히더니 힌두의 신과 부처를 모두 섬길 수는 없다고 설명했다. 부처가 힌두 신 중 하나인 비슈누의 현신이라고 주장하며 섬기는 힌두교도들도 있었다. 바바사헤브는 그것이 불교를 힌두교 안으로 흡수해 들이려는 태도라고 말했다. 일부 힌두교 지도자들은 인도를 힌두교의 나라라는 의미를 지닌 힌두스탄이라고 불렀다. 그러면서 힌두스탄에서 태어나는 사람은 모두 힌두교도라고 말했다. 바바사헤브는 힌두스탄이 아니라 바라트라는 표현을 썼다. 그런 언쟁에 휘말리고 싶은 생각은 눈곱만큼도 없었다. 힌두교도들이 부처에게 기도한다고 해도 상관없었다. 나는 그저 아이들을 잘 키우고 우리의 신을 섬기고 싶을 뿐이었지만, 마음 깊은 곳에서는 내가 지는 게 정해진 일이라는 걸 잘 알았다.

하루는 집에 돌아온 남편이 이슬람 율법학자들이 달리트를 위해 이슬람을 받아들이라며 바바사헤브에게 접근했다는 이야기를 들려주었다. 그러면서 이 나라를 힌두의 나라와 이슬람의 나라, 이렇게 둘로 나누자는 자신들의 주장을 지지해 주길 원했다는 것이다. 남편은 바바사헤브가 그런 제안에 절대로 응하지 않을 거라고 확신했다. 바바사헤브는 인도를 깊이 사랑했고, 이 나라의 발전을 위해 평생을 헌신했다. 바바사헤브는 인도가 영국으로부터 독립하고, 달리트는 차별로부터 자유로워지기를 원했다.

기독교의 선교사들도 달리트의 개종에 정성을 쏟았다. 심지어 온 가족이 개종에 동의하는 집에는 돈을 주기도 했다. 바바사헤브는 분노했다. 우리는 누구의 자비를 원하는 게 아니며, 달리트는 열심히 일해서 당당하게 밥벌이를 하려는 것임을 분명히 밝혔다.

남편의 이야기를 들으면서 우리가 기독교로 개종한다면 짧은 원피스에 굽이 높은 신발을 신고 교회에 가야 하는 걸까 궁금했다. 그리고 시크교로 개종한다면 남편은 머리를 길게 길러 묶은 다음 터번으로 감싸고, 팔목에 쇠로 된 팔찌도 찰 거라고 생각했다. 하루는 남편이 부처의 그림을 한 장 가져왔다. 이웃 사람들이 모여들었다. 다들 그림을 돌려보았고, 손을 모아 절을 하는 사람도 있었다. 신이라기보다 성자처럼 보인다고 말하는 사람도 있었다. 나도 그림을 보았다. 축복을 하듯 한 손을 들고, 얼굴에는 고요한 미소를 머금었으며 마음에 안정을 주는 모습이었다. 나는 대대로 물려받은 우리의 신을 헌신짝처럼 내버리라고 하지만 않는다면 부처를 섬기는 것에 반대하지 않겠다고 말했다. 부처를 다른 신들과 함께 우리 사원에 모시면 왜 안 된다는 걸까?

나는 친정어머니에게서 받은 황동과 황토 신상 옆에 부처의 그림을 올려놓았다. 그리고 우리의 신들과 함께 부처에게 기도를 하고 공물을 바치겠다고 말했다.

"소니, 알아듣게 얘기했잖아…… 그럴 수 없다고. 새로운 종교를 받아들이면 힌두의 신들은 전부 내버려야 해."

남편이 소리쳤다. 생각만 해도 끔찍했다.

"그럼 이제 사원에 가지 못한다는 말이에요? 우리의 마을신인 마리아이와 축제는 어쩌고요? 사수바이는 어떻게 해요? 우리 아이들은요? 디왈리와 홀리(디왈리는 10월에 열리는 등불축제이고, 홀리는 풍년을 기원하는 봄축제로 인도의 2대 축제로 불린다)를 한 번도 기념하지 못한단 말인가요?"

눈물이 왈칵 쏟아졌다.

남편은 개종하는 것을 기뻐했다. 그에게 바바사헤브는 언제나 옳았다. 바바사헤브는 우리 모두를 대신해서 생각했고, 불교가 우리에게 이롭다는 걸 확신했기 때문에 개종을 선택했다. 남편은 바바사헤브의 주장을 그대로 읊었다.

"불교에는 성직자 계급이 없을 뿐만 아니라 불가촉천민 취급을 받는 사람도 없어. 모든 남자와 여자가 동등하고 똑같은 대우를 받아. 의식과 의례도 없고, 엄격한 규율도 없어. 가슴과 신심만 있으면 돼."

그러고는 나에게 확신을 주려고 이렇게 말했다.

"이게 얼마나 멋진 일이야, 소니. 우리가 뭘 더 바라겠어? 나시크에 있는 칼라람 사원에서 쫓겨나고 무시당했던 일 기억 안 나? 이제 그런 일은 절대로 없어."

남편은 매일 새로운 이야기를 들려주었다. 나는 그 이야기를 항상 이해할 수는 없었고, 어쩌다 질문이 넘친다 싶으면 남편은 평정심을 잃고 자기가 하는 말을 이해해 보려고 노력조차 하지 않는다고 야단을 쳤다. 어쩌면 남편의 말이 옳았는지도 모른다. 나는 그런 것들을 이해하고 싶지 않았다.

하루는 남편이 잔뜩 흥분해서 돌아왔다. 바바사헤브가 드디어 개종 일자를 정했다는 것이다. 불교에 입문하는 수계식은 나그푸르에서 열리게 되었다. 달리트들이 운집한 가운데 불교의 승려들이 진언을 외우고 바바사헤브를 개종시킬 것이다. 그런 다음, 바바사헤브가 그의 뜻을 따르고 싶어 하는 달리트들을 불교로 입문시키기로 했다.

남편에게 왜 장소를 뭄바이가 아닌 나그푸르로 정했냐고 물었다. 남편은 불교의 이름 높은 승려이자 학자인 나가르주나가 살았던 신성한 곳이기 때문에 그렇다고 설명했다.

바바사헤브는 순회강연에 나섰고 가는 곳마다 사람들이 구름처럼 모였다. 모두 한 마음으로 바바사헤브가 선택한 새로운 종교를 받아들였다. 바바사헤브는 대규모 수계식을 거행하게 되었다. 사람들은 불교를 받아들이고, 그에 따라 집의 제단에 모셨던 신상은 그 직전에 모두 치워 버리기로 했다.

오랜 세월 동안 자신의 안녕을 지켜 준 신을 그렇게 쉽게 저버릴 수 있다는 게 마음 아팠다. 어려움에 처해서 신을 돌볼 수 없는 처지가 되면 신상을 근처 사원에 맡긴다는 이야기를 들은 적이 있다. 이처럼 적어도 누군가에게 신상을 부탁했지, 그냥 내버리지는 않았다.

이런 생각을 하면 할수록 우리의 신들을 어딘가 아무도 찾지 못할 곳에 감추어야겠다는 결심이 굳어졌다. 아무도 모르게 나 혼자 모시다가 이 미친바람이 잠잠해지면 꺼내겠다고 마음먹었다. 나 같이 생각하는 여자들이 많을 것 같았다. 단지 배신자로 낙인 찍힐 게 두려워 드러내놓고 의논을 하기는커녕 입 밖에도 내지 못하는 것뿐이다. 가슴이 터질 것 같았다. 어쩌다 나주카와 이야기를 해보려고 해도, 지레 겁을 먹고는 나에게 입을 다물라고만 했다.

남편은 진작부터 우리가 다 함께 나그푸르에 가서 바바사헤브의 개종식을 지켜볼 거라고 정해 버렸다. 그 의식에 대해 신이 나서 떠들어 댔고, 집집마다 다니면서 이번 기회를 놓치지 말라고 다그쳤다.

"생각해 봐. 그 의식을 우리 눈으로 직접 보고, 그 다음에는 바바사헤브의 손을 통해 새로운 종교에 입문하는 거야."

"왜 나그푸르로 가는 거지? 뭄바이에서도 충분히 할 수 있는데."

하지만 남편은 들은 척도 하지 않았다. 모두에게 나그푸르에 갈 준비를 하라고 했다. 이제 대가족이 된 우리와 나주카까지 함께 가기로 했다. 열여덟 시간이 넘게 걸리는 먼 길이었고, 전부 다 가려면 여비도 만만치 않았다. 여행사에는 사람들이 구름처럼 모이고 다들 표를 구하지 못할 거라고 이야기했지만, 남편은 아는 사람을 통해 표를 손에 넣었다. 그 다음으로 할 일은 새 옷을 사는 것이었다. 여자들은 흰 사리, 남자들은 흰 셔츠를 샀다.

나주카와 나는 4~5일 먹을 음식을 준비하기 시작했다. 나그푸르에서 해먹을 수 있게 쌀과 렌틸콩도 조금 챙겼다. 돗자리를 말고 담요를 쌌다. 나그푸르는 밤이면 기온이 떨어진다고 했고, 어쩌면 한뎃잠을 자게 될지도 모르는 일이었다. 남편은 나그푸르에 같이 가자며 사람들을 설득하고 다녔다.

마침내 모든 준비가 끝났다. 개종 자체가 내키지 않았기 때문에 준비하는 일은 고역이었다. 남편은 신이 나서 이제 세상이 좋아질 거라는 말을 끊임없이 떠들어 댔다. 한 점의 의혹도 없었던 그는 나를 확신시키려고 필사적으로 노력했다. 아이들도 신이 났다. 물론 순전히 기차여행 때문이었다. 기차는 이루 말할 수 없이 붐볐다. 통로는 물론이고 화장실 앞까지 사람들로 빼곡했다. 우리도 처음에는 한 구석에 모여 앉았지만 차츰 흩어졌다. 아들 녀석들은 자기들끼리 자리를 잡았고, 남편은 여기저기 돌아다니며 소식을 주고받느라 정신이 없었다. 사람들이 워낙 많아서 창문으로 들어오는 한기가 느껴지지 않을 만큼 훈훈했다. 자리를 놓고 말다툼을 벌이거나 주먹다짐을 하는 사람이 단 한 명도 없다는 사실은 놀라웠다. 우리는 옆에 있는 사람들과 음식을 나누어 먹고, 졸리면 서로의 어깨에 기대어 눈을 붙였으며, 의자에 앉은 사람들은 어린아이들을 무릎에 앉혔다.

함께 노래를 부르고 바바사헤브 만세를 외쳤다. 그리고 개종식이 어떻게 진행될지에 대해 이야기를 나누었다. 뭄바이 전역에서 모여든 사람들이었지만, 모두가 똑같은 언어로 말했고 대부분의 노래와 아반가를 알았다. 거기서 느껴지는 동지의식은 엄청났고, 우리는 전쟁터로 나가는 명예로운 병사가 된 심정이었다. 우리 공동체에서 이렇게 많은 사람들이 개종을 하겠다고 나선 걸 보자 한 구석에 남아 있던 의구심이 옅어지는 듯했다.

나그푸르에 도착한 건 다음날 아침이었다. 내 눈을 믿을 수 없었다. 이미 수십만 명이 그곳에 와 있었다. 내 평생 그렇게 많은 사람은 본 적이 없었다. 사람들은 걷거나 자전거를 타거나 트럭과 버스에 매달려 갔다. 모두 개종식이 열릴 천막으로 향했고, 우리도 그 흐름에 몸을 실었다. 사마타 사이니크 달(평등을 위해 싸우는 군사들이라는 뜻으로, 바바사헤브를 지지하는 청년단의 이름이다)의 진행요원들이 밤을 보낼 천막을 일러 주었는데 도착하기도 전에 자리가 없다는 걸 알 수 있었다. 사람들은 길가에까지 나와 앉아 있었고, 몇몇은 나뭇가지를 모아 불을 피우기도 했다. 아침으로 먹을 바크리를 굽는 사람들도 눈에 띄었다.

남편은 나그푸르에 사는 아는 사람들을 찾아가 보기로 했다. 아무리 돌아다녀도 남은 방이 없었다. 어디를 가나 사람들로 발 디딜 틈이 없었고, 베란다와 앞마당까지 차지하고 있었다. 근처의 공원도 사정은 비슷했다. 지친 몸으로 시무룩하게 앉아 있는데, 누가 우리를 소리쳐 불렀다. 어렸을 때 남편과 함께 신문을 팔던 나라얀이었다. 그가 집의 테라스를 내주었다. 우리는 대만족이었다. 이제 다음날 아침에 기운차게 일어나 깨끗이 씻고 개종식을 위해 준비한 흰 옷으로 갈아입을 수 있었다. 나라얀의 부인과 함께 바크리를 만들어 먹은 후, 하늘 아래에 돗자리를 펴고 누웠다. 다음날이 밝았을 때 우리는 그의 친절에 감사하고 또 감사했다.

진행요원으로 참여한 나라얀은 잊지 못할 순간이 될 거라고 장담했다. 아무도, 심지어 바바사헤브조차도 이 정도의 인파가 모이리라고는 예상하지 못했을 것이다. 이미 빈틈이라곤 남아 있지 않았는데도 기차가 도착할 때마다 기대에 부푼 달리트들이 한 무리씩 쏟아져 나왔다. 진행요원들의 일처리에는 저절로 감탄이 나왔다. 바바사헤브가 이끌었던 사원출입 시위에서 사람들이 한꺼번에 우르르 도망쳤던 게 떠올랐다. 남편은 바바사헤브의 집회에는 늘 많은 사람들이 참가하지만, 어느 누구도 바바사헤브가 부끄러워할 만한 행동은 차마 하려 들지 않는다고 했다. 내가 옆에서 꾸벅꾸벅 졸 때도 남편은 나라얀과 밤이 깊도록 이야기를 나누었고, 어쩌면 밤을 꼴딱 샜을지도 모른다. 우리는 동이 트기 전에 일어나 몸을 씻고, 준비한 새 옷으로 갈아입었다. 바크리와 차로 간단히 아침을 먹고 서둘러 집을 나섰다. 개종식이 열리는 디크샤 부미(이전의 불가촉천민이 불교로 개종하는 장소)는 걸어서 금방이었지만, 사람이 워낙 많았기 때문에 슬슬 기어가야 했다.

아침 6시밖에 안 되었는데도 비질을 깨끗이 한 거리에서는 순수함과 신성함이 느껴졌다. 진행요원들이 행사장 안으로 들어갈 사람들에게 줄을 서도록 안내하고 있었다. 우리는 다행히 자리를 구했고, 행사장 안은 하얀 파도가 출렁이는 바다처럼 보였다. 진행요원들은 한 번씩 호각을 불어 사람들이 조용히 하도록 했다.

그날은 1956년 10월 14일, 악마의 왕 라바나의 우상에 폭죽을 채워 태우면서 악을 물리친, 선의 승리를 축하하는 두세라 축제날(라마 신이 추방에서 돌아온 것을 축하하는 축제)이었다. 이날은 번영과 화합을 상징하는 샤미 나뭇잎을 주고받는 게 전통이었다. 남자들이 외부의 침략으로부터 나라를 지킨다는 상징적인 의미로 무기를 높이 들고 국경을 넘는 날이기도 했다.

종류는 다르지만, 오늘 우리도 하나의 경계선을 넘으려고 한다는 생각이 들었다. 우리는 바바사헤브의 뒤를 따라 힌두교의 경계를 넘어 평등과 자비, 그리고 이해의 새 종교로 들어가려 하고 있었다.

내 마음속에서는 아직도 불교에 대한 의구심이 완전히 풀리지 않았고, 그것이 우리에게 뭘 해줄 수 있을지 확신이 서지 않았다. 하지만 이렇게 많은 사람이 하나의 뜻을 품고 모인 걸 보자 마음이 놓였다. 희망이 차올랐다. 우리의 존엄성을 쟁취하기 위해 용기 있고 결의에 찬 첫걸음을 내딛을 바바사헤브의 등장이 기다려졌다.

사르나스의 산치 사원을 본떠 만든 무대 중앙 연단에는 흰색 천을 둘렀다. 청년단원들이 행사의 진행 과정을 그때그때 설명해 주었다. 무대에는 색색의 거대한 깃발이 펄럭였다. 크고 작은 기가 사방에 내걸렸다. 탁자 위에는 절하듯 엎드린 호랑이 상 두 마리 사이에 커다란 황동 불상이 모셔져 있었다. 그 앞에는 향로가 놓였다. 9시가 되자 삭발한 승려 네 명이 자주색 승복을 입고 죽장과 사발을 들고 입장했다. 무척 인상적인 광경이었다.

잠시 후 바바사헤브가 수행비서와 1948년에 결혼한 부인 마이사헤브를 양쪽에 대동하고 등장했다. 바바사헤브는 흰색 실크 도티와 재킷을, 마이사헤브는 우리처럼 흰색 사리를 입었다. 진행요원이 바바사헤브의 크고 여윈 몸을 부축하고 나왔다. 환한 광채를 발하긴 했지만, 앙상하게 여윈 몸에서 병색이 느껴졌다.

모두가 일어나 기쁨에 겨운 환호성으로 그를 맞았다. '자이 빔'

과 '바바사헤브는 승리한다.'는 구호가 터져 나와, 이러다 천막이 날아가지 않을까 걱정될 정도였다. 한 여자가 무대에 나와 아름다운 목소리로 바바사헤브를 찬양하는 노래를 불렀고, 다 함께 따라 불렀다. 그 다음에는 바바사헤브의 선친을 기리기 위해 자리에서 일어나 1분간 묵념을 했다.

 이어 수계식이 시작되었고, 기자들이 카메라를 들고 앞으로 달려 나갔다. 노승이 시자승과 함께 팔리어로 독송을 하기 시작했고, 바바사헤브와 마이사헤브는 절을 했다. 팔리어 진언은 곧바로 마라티어로도 반복되었다.

 붓담 사라남 가차미, 부처님께 귀의합니다.
 담맘 사라남 가차미, 가르침에 귀의합니다.
 상감 사라남 가차미, 스님들께 귀의합니다.

 그 뒤를 이어 판츠실이라고 하는 불교의 다섯 계율을 암송했다. 살생하지 않고, 도둑질하지 않고, 술을 마시지 않고, 거짓말을 하지 않고, 사음에 빠지지 않겠다는 약속, 즉 바른 길을 걷겠다는 다짐이었다. 바바사헤브와 마이사헤브는 절을 세 번 하고, 합장한 채 기도한 후 불상 앞에 흰 연꽃을 바쳤다.

 두 사람의 개종이 정식으로 선언되었고, 사람들은 목청껏 환호하며 부처와 바바사헤브의 이름을 외쳤다. 많은 사람들이 무대로 올라가 바바사헤브에게 꽃목걸이를 걸어 주었다. 자주색 복장의 승려는 마이사헤브에게 불상을 선물했다. 바바사헤브가 연설을 시작했다. 이제 자신이 불교도로 다시 태어났으며, 폭압적인 힌두교의 굴레를 벗어났음을 선언했다. 그는 부처가 걸어간 길을 따라 걷겠노라고 맹세했다.

바바사헤브는 더 이상은 힌두 전통에 따라 부모님의 기일을 모시지 않겠다고 선언했다. 이제부터는 지혜와 바른 행실, 모든 생명에 대한 사랑이라는 불교의 가르침을 따르겠다고 말했다. 그 순간의 강렬함에 몸이 부들부들 떨릴 지경이었다. 눈물이 뺨을 적시고, 바바사헤브가 발하는 광채가 느껴졌다. 바바사헤브가 인도 전역에서 모인 우리들 남녀노소 모두에게 자리에서 일어나라고 말한 순간은 평생 잊을 수 없을 것이다. 우리는 감격에 겨워 자리에서 일어났다. 바바사헤브는 보다 나은 삶으로, 카스트가 없고 모두가 평등한 세계로 우리를 이끌어 줄 우리의 지도자이자 구원자였다.

바바사헤브가 자신을 따라 세 가지 서원을 외우라고 했다. 그는 맑게 울리면서도, 감정이 북받쳐 갈라지는 목소리로 서원을 하나씩 외쳤다. 그의 눈에서는 하염없이 눈물이 흘렀고, 온몸으로 말하는 듯했다. 정말로 다시 태어난 것 같았다.

다시 태어나는 건 결코 쉬운 일이 아니다. 자궁을 벗어난 아기는 첫 숨을 내쉬면서 울음부터 터뜨리고, 엄마와 헤어지는 슬픔을 겪는다. 하지만 그것은 행복한 순간이기도 해서 그 눈물에는 기쁨과 슬픔이 섞여 있다. 바바사헤브의 연설을 듣는 것은 참으로 감격적인 경험이었다. 나만을 보고 이야기하는 것 같았고, 감정의 파도가 온몸을 휩쓸고 지나갔다.

처음에 나올 때는 불편하고 약해 보였지만, 바바사헤브는 식이 진행될수록 힘이 솟는 듯했다. 자신이 우리 모두의 책임을 대신하며, 우리를 이곳까지 무사히 이끌고 올 수 있어서 기쁜 듯했다. 이제 우리가 용기를 내서 확신을 가지고 자신의 뒤를 따르길 바랐다. 그의 말이 끝나자 모두가 바바사헤브와 마이사헤브를 외쳤다. 몇 명이 무대에 나와 노래를 부르는 것으로 식이 모두 끝났다. 사람들이 자리에서 일어났지만, 우리는 그곳을 떠나기가 싫었다. 느릿느릿 걸어 밖으로 나왔더니 먹을거리를 파는 간이 수레들이 늘어서 있었다. 불경과 불상을 파는 곳도 있었다. 부처의 그림 몇 장과 바바사헤브의 커다란 포스터를 한 장 샀다. 불교 사찰의 그림들을 구경하기도 했다. 나는 고요한 표정에 미소를 머금은 황동 불상에 마음을 빼앗겼다.

집으로 돌아오는 길은 멀었다. 기차는 여전히 사람들로 붐볐지만, 축제라도 열린 듯한 분위기였다. 내 가슴속은 이번 행사의 고요한 기운이 채 가시지 않았고, 영영 사라지지 않기를 바랐다. 바바사헤브가 우리에게 해방의 길을 보여 준 것은 너무나 크나큰 축복이었다. 행사를 치르면서 마음 한쪽을 짓눌렀던 불안과 의구심이 모두 사라진 것 같았다. 너무나 뿌듯했고, 돌아오는 내내 불상을 품에서 내려놓지 않았다.

집에 와서는 밥상을 차리고 짐을 푸느라 정신이 없었다. 가족들은 몸을 씻고, 밥을 먹기 위해 자리에 앉았다. 나는 조용히 신들을 모셔 두던 제단으로 갔다. 그곳은 텅 비어 있었다. 말없이 신들에게 용서를 빌었다. 신상들은 이미 침대 밑바닥에 넣고 꿰매 두었다.

제단에 불상을 올리고 꽃잎을 뿌린 후 버터기름등을 켜고 향을 피웠다. 남편이 힌두의 신상들을 어디에 치웠냐고 묻지 않기만을 바라며 밥상으로 돌아왔다. 그는 바바사헤브의 포스터를 벽에 거느라 여념이 없었다. 허기를 참지 못한 아이들은 뭐가 달라졌냐는 듯이 허겁지겁 밥을 먹었다.

다무

1956년 12월 6일.
황량한 아침이 밝았다. 그 소식은 삽시간에 퍼졌다. 사람들은 차마 목소리를 높이지도 못하고 수군거렸다. 다들 소식을 들었지만, 아무도 믿으려고 하지 않았다.
"아니야, 그럴 리가 없어요. 바바사헤브 없이 어떻게 살아요?"
소누는 내 옷자락을 움켜잡고 흔들며 소리쳤다.
"그렇지 않다고 말해 줘요."
아내는 울부짖었다. 하지만 난들 무슨 말을 할 수 있었겠는가. 충격에 빠지긴 나도 마찬가지였는데.
신문에는 바바사헤브의 병세에 대한 새로운 소식이 하루도 빠짐없이 실렸다. 완치될 수 없는 당뇨병으로 걷기조차 힘든 지경이라고 했다. 그는 전문가의 보살핌을 받고 있었다. 첫째 부인이 세상을 떠난 후 빡빡한 일정 속에서 스스로를 돌보기가 힘들었던 그는 결국 마이사헤브와 결혼했는데, 그녀는 의사였다. 이제 안심을 해도 될 것 같았다. 이런 상황이 벌어지리라곤 누구도 예상하지 못했다. 내가 바바사헤브를 마지막으로 본 건 나그푸르 개종식 때였다.

그는 마르고 약해 보였다. 무대에 올라올 때도 부축을 받았다.

건강이 악화되었는데도 바바사헤브는 여전히 하루 10시간 넘게 일을 했다. 곳곳을 찾아다니며 연설을 하고 사람들의 참여를 호소했다. 책을 집필하고, 논문을 쓰고, 편지를 보냈다. 오로지 일에만 매달렸다.

그는 전국 방방곡곡을 돌아다녔고, 어디서나 수많은 달리트들이 그의 말을 듣기 위해 모여들었다. 그건 바바사헤브의 건강에 타격을 입혔다. 죽음의 사자가 찾아온 날, 그는 델리에 있었다. 그 전날에는 기력이 하나도 없어 보였고 비서인 라투와 몇 시간 동안 이야기를 했다고 한다. 그는 뭄바이에 사는 옛날 정원사의 안부를 묻고 그에게 돈을 조금 보내라고 지시했다. 그리고 자신의 개를 라투에게 부탁했다. 떠날 순간이 머지않았다는 걸 직감한 듯했다.

온 나라가 바바사헤브를 잃은 슬픔에 잠겼다. 상층 카스트에게는 논란만 일으키던 인물이었지만, 해박한 지식만큼은 모두가 존경했다. 그는 헌법의 기초를 놓은 인도 헌법의 아버지이기도 했다.

신문미디 온통 그의 죽음에 대한 기사뿐이었다. 심지어 〈뉴욕타임스〉 같은 외국 신문에도 그의 부고가 실렸다고 한다. 상세한 기사와 사설, 기고, 그의 발자취를 정리한 특집이 마련되었다. 어린 시절과 결혼식, 연설, 그리고 사후의 모습이 사진으로 실렸다. 델리에서 마지막 연설을 하는 그의 모습은 행복해 보였다. 뭄바이 개종식을 준비 중이었고, 다음날 자이나교(마하비라가 12년 고행 끝에 창설한 종교이며 구걸을 위한 식기와 옷가지마저 휴대하지 않을 만큼 철저한 무소유를 지향한다) 승려들을 만나기로 되어 있었다. 그가 어떻게 우리를 두고 떠날 수 있단 말인가?

우리는 한자리에 모여 모든 신문을 샅샅이 읽었다. 그가 떠났으니 이제 우리는 어떻게 될까? 라디오에서도 자세한 소식을 반복해서 내보내며 마지막 며칠 동안의 상황을 알려 주었다. 우리는 함께 방송을 들으며 서로를 위로했지만 눈물이 마를 새가 없었다.

그가 떠나는 길에는 마지막 인사를 하기 위해 모인 장관과 정치인, 그리고 그를 따르던 추종자들이 장사진을 이루었다. 자와할랄 네루 총리가 급히 달려와 마이사헤브를 위로했다. 운구는 뭄바이로 이송하기로 결정되었다. 델리에서는 그를 마지막으로 보려는 사람들이 몰려드는 바람에 운구가 공항에 도착하는 데에만 다섯 시간이 걸렸다.

비행기가 델리를 출발했다는 소식이 들리자마자 우리는 공항으로 달려갔다. 새벽부터 기다렸다. 군중이 통제할 수 있는 수준을 넘어서자 결국 경찰과 군대까지 파견되었다. 비행기가 도착했다는 발표가 들리는 순간, 통곡과 구호가 하늘을 찢을 듯했다. 운구는 꽃상여에 실렸다. 한참 만에 마이사헤브와 라투, 그리고 관리 몇 명이 비행기에서 내려 오픈카를 타고 상여 뒤를 따라갔다. 모두 초췌해 보였고, 라투는 슬픔과 상실감에 정신을 차리지 못했다. 마이사헤브는 사랑하는 지도자를 잘 보살펴 달라며 믿고 맡긴 우리들을 볼 면목이 없다는 말만 반복했다. 죽음이 자신의 눈앞에서 소중한 보물을 앗아 갔다며 울부짖었다. 바바사헤브를 잃은 우리는 고아가 된 심정이었다.

뭄바이 라지그리하에 있는 바바사헤브의 집으로 가는 길은 사람들로 발 디딜 틈이 없었다. 마하라슈트라 곳곳에서 사람들은 기차, 트럭, 자전거, 배 등 가능한 한 모든 교통수단을 동원해서 뭄바이로 달려왔다. 모두가 운구를 지고 싶어 했다. 넋을 잃고 말을 잃은 채, 그저 마지막으로 한 번 더 그를 보고 싶어 했다. 뭄바이는 길마다 사람이 가득 차서 차가 지나다닐 틈이 없었기 때문에 오직 걸어서만 다닐 수 있었다. 진행을 도우러 나선 사람들이 군중을 안내했고, 운구행렬이 뭄바이의 요지들을 거쳐서 지나갈 거라는 발표가 나왔다.

가족이 죽으면 음식을 만들지 않는 게 우리의 전통이었고, 그때는 다른 집에서 상을 당한 가족들을 위해 음식을 가져왔다. 그런데 달리트는 누구나 바바사헤브를 가족으로 여겼기 때문에 그날은 아무도 음식은커녕 물 한 모금도 입에 대지 않았다. 그를 보기 위해 몇 시간을 걷고 기다렸다. 떠나는 그에게 꽃잎을 뿌리기 전에는 돌아설 수 없었다. 마지막으로 그를 보고 싶었고, 그를 보자 죽음을 받아들일 수밖에 없었다.

마침내 3킬로미터가 넘는 행렬이 꽃으로 덮은 바바사헤브의 운구를 앞세워 라지그리하에 도착했다. 재스민과 백합 냄새기 대기에 가득했다. 그의 머리맡에는 불상이 놓여 있었다. 꽃잎과 화환이 비처럼 쏟아져서 사람들이 그의 얼굴을 볼 수 있도록 계속 쓸어 내야 했다. 승려들이 눈물을 흘리며 불경을 독송했다. 나무 위에도, 건물의 발코니에도 사람들이 빼곡했다. 조금이라도 잘 보려고 목을 길게 늘였지만 사람이 너무 많았다.

다시 행렬이 움직이기 시작했을 때, 나는 목이 메도록 통곡을 하고 말았다. 우리가 늘 알아 왔던 크고 강한 바바사헤브가, 달리트의 고통을 전부 짊어질 만큼 넓은 어깨를 가졌던 그가 움직이지 않은 채 가만히 누워 있었다. 우리를 위해 평생을 바친 사람이, 그러느라 몸을 혹사했던 사람이 이렇게 우리를 위해 죽었다.

사람들의 한숨이 한데 모여 거대한 신음이 되었고, 상여가 움직이기 시작하자 사람들은 바바사헤브가 지금이라도 자리를 털고 일어나 이야기해 주기를 바라며 앞으로 달려 나갔다. 손을 모아 기도했고, 누군가 이렇게 울부짖는 소리가 들렸다.

"저희에게는 당신이 필요합니다…… 왜 저희를 버리고 가시는 겁니까? ……말씀을 해주세요!"

상여는 앞으로 나아갔고, 모두가 잠잠해졌다. 그에게 묻고 말할 게 수천 가지나 남았는데, 이제 그는 아무 소리도 들리지 않는 곳으로, 모든 행복과 슬픔을 넘어선 곳으로 가버렸다.

점점 불어나는 사람들이 구호를 외치며 그 뒤를 따랐고, 통곡이 멎지 않았다. "바바사헤브 아마르 라헤(바바사헤브여 영원하소서)." 그는 세상을 떠났지만 그의 추억은 영원히 사라지지 않을 것이다. 행렬은 일곱 시간 만에 화장장에 닿았다. 수백 명의 경찰과 장교들이 행렬을 호위하며 질서를 유지시켰다. 나중에 라디오에서는 장례식에 모인 인파가 50만 명이 넘었다고 전했다.

그의 몸을 태울 장작더미에 불을 붙이기에 앞서, 아버지와 같았던 그의 마지막 당부(바바사헤브는 "부처의 길을 따르라."는 말을 남겼다)에 따라 10만여 명이 계를 받고 불교에 입문했다. 불교의 진언이 귀가 먹먹해질 정도로 크게 울려 퍼지는 가운데, 바바사헤브의 아들인 예샤완트가 장작에 불을 붙였다.

무거운 가슴과 황폐한 심정으로 집에 돌아왔다. 일상을 되찾기까지 한참이 걸렸다. 열흘간의 공식 추도 기간이 선포되었고, 전국에 조기가 걸렸다. 그는 언제나 우리의 마음속에 살아 있고, 그가 남긴 말은 영원히 우리의 귓가를 떠나지 않을 것이다. 그는 역사에 지워지지 않을 자취를 남겼다.

마하라슈트라 정부에서는 바바사헤브의 생일을 국경일로 지정했다. 첫 개종식이 열렸던 나그푸르의 땅은 불교단체에 기증되었다. 그의 몸을 다비한 차이티야 부미(뭄바이에 있는 바바사헤브 암베드카르 박사의 기념비)에는 아름다운 돔을 세워 달리트들이 그를 기릴 수 있게 했다. 현재 뭄바이 사무국 옆에는 그의 동상이 서 있다.

소누와 나는 바바사헤브의 가르침을 충실히 지켜 나간다는 데서 위안을 얻었다. 그를 만났던 건 우리에게 커다란 행복이었다. 여러 복잡한 사정으로 뭄바이에 오게 되었지만, 이 도시는 우리의 삶에 바바사헤브를 보내 주었다. 그는 우리를 비롯한 수백만 명의 인생을 영원히 바꾸어 놓았다.

바바사헤브의 충실한 추종자로서 소누와 나는 가족의 교육에 힘썼다. 바바사헤브는 교육이야말로 우리가 처한 모든 고통의 해결책이라는 깊은 믿음을 심어 주었다. 나는 눈을 감고 서서 바바사헤브를 기리며 내 아이들에게 최고의 교육 기회를 마련해 주는 것을 인생의 소명으로 삼겠다고 다짐했다. 아이들은 바바사헤브의 꿈과 내 꿈을 이루어 줄 것이다.

내 존엄성은 내가 입증한다

1997년 12월 22일.

그날 저녁, 뭄바이 국제공항에는 유난히 사람이 많았다. 나도 그 속에 섞여 있었지만 이상하게도 남의 일만 같았다. 누군가 다른 사람에게 일어나는 상황 같았다.

공항은 활기에 넘쳐 북적였다. 사랑하는 이를 떠나보내러 나온 수많은 인파 속에서 사람들은 내 손을 잡아 악수하며 축하의 말을 건네고 행운을 빌었다. 나는 국제통화기금에서 일하기 위해 워싱턴으로 떠나는 길이었다. 사람들 사이를 옮겨 다니며 가벼운 이야기를 나눌 때 내 얼굴에는 풀로 붙여 놓은 듯한 미소가 떠나지 않았다.

그때 만류하는 손을 뿌리치며 달려오는 한 여인이 있었다.

"이것 놔라. 두르바를 불러 봐. 잠깐만 내 아들과 함께 있게 해

다오. 아들은 일곱 바다 너머로 떠나고 나는 언제 죽을지 모르는 몸이다. 벌써 한 발은 무덤 속에 들어가 있는 늙은이란 말이다."

어머니는 늙었지만 의지가 대단한 분이라, 양쪽에서 붙잡는 남자들을 모두 뿌리치고 내가 있는 쪽으로 왔다.

"바이."

나는 얼른 어머니에게 달려가 무릎을 꿇고 어머니의 발을 만지며 축복을 빌었다. 어머니는 언제나처럼 거침없이 몰아붙였다.

"그렇게 열심히 이룬 것들을 내버리고 가는 이유가 뭐냐. 여기서 찾지 못한 걸 일곱 바다 너머에서 찾겠다는 거냐? 두 끼 든든히 먹고, 그 배가 충분히 차고 넘칠 만큼 많은 것을 가졌잖니. 뭘 더 원하는 게야?"

어머니는 따져 물었다.

"너는 어려서부터 이렇게 늘 뭔가를 찾아다녔지. 손에 쥔 걸로는 만족을 못 했어. 나 좀 봐라. 이 어미가 살면 얼마나 살겠니. 죽은 내 몸에 눈물을 떨어뜨리지 못하고 뒤늦게 울어 봐야 그게 무슨 소용이겠어."

그러다가 꺽꺽 울기 시작했다.

"네 아버지도 나를 두고 죽더니만 이제 두르바 너마저 내 곁을 떠나는구나."

할 말을 찾으려다 보니, 나도 내가 왜 가족들을 두고 떠나는지 궁금해졌다. 경력에는 보탬이 될 몰라도, 나를 이루는 살과 피의 따뜻함은 찾아볼 수 없는 나라로 왜 떠나려는 걸까. 어머니를 설득할 만한 이유를 찾으려고 했지만 끝내 아무것도 찾지 못했다. 머리에 떠오르는 것은 온통 공허한 말들뿐이었다.

어머니를 안고 있자니 아버지의 추억이 떠올랐다. 아버지가 돌아가신 지도 8년이 지났을 때였다. 바이는 늘 아버지를 추억했지만 그 방식이 독특했다. 당신을 혼자 남겨 두었다고 원망하는 게 바이가 아버지를 그리워하는 방식이었다. 나에게 아버지는 늘 곁에 있고 칭찬을 입 밖에 내는 법이 없는 분이었다. 우리 사이에는 말이 필요 없었다. 반짝반짝 빛나는 눈동자가 모든 걸 말해 주었다. 아버지의 그 표정 한 번이면 나는 산이라도 옮길 수 있었다.

학교에서 좋은 성적을 올리기 시작하던 때가 기억났다. 집에 오는 손님들마다 "커서 뭐가 되고 싶으냐?"고 물었다. 대개는 판에 박힌 재미없는 대답을 하곤 했다. 그런데 어느 날 자누 형이 똑같은 걸 나에게 물었다. 이번에는 솔직하게 대답했다.

"작가가 되고 싶어."

"너는 정말 구제불능이다. 빈털터리 거지가 되고 말 거야. 너, 작가가 잘 사는 거 본 적 있어?"

형이 인상을 쓰며 말했다.

베란다에 서서 훌쩍거리고 있는데 누군가 내 어깨에 손을 얹었다. 나는 형이 달래려는 건 줄 알고 뒤도 돌아보지 않았다. 그런데 아버지가 나를 꼭 끌어안으며 말했다.

"아빠 좀 봐봐. 사람들은 말할 거야. 의사가 돼라, 엔지니어가 돼라, 아니면 변호사가 돼라…… 하지만 누구의 말도 들어서는 안 돼. 네가 원하는 사람이 되어야 해. 그게 옳아. 아빠도 너한테 이게 되라느니 저게 되라느니 말하지 않을 생각이다."

아버지는 중요한 이야기를 할 때면 늘 그랬듯이 차분한 목소리로 말을 이었다.

"아빠가 하고 싶은 얘기는 한 가지뿐이야. 뭘 하든 최고가 되라는 것. 도둑이 되고 싶어? 좋아. 하지만 솜씨가 대단해서 모든 사람들이 인정하게 만들어야 해. 온 세상 사람들이 너를 보고 '야, 진짜 훌륭한 도둑이다! 어쩜 이렇게 솜씨가 대단할까?'라고 감탄하게 만들란 말이야."

나는 웃음을 참을 수 없었고, 아버지도 이가 다 빠진 입을 벌리고 씩 웃었다.

"그것보다 못한 것에 만족해서는 안 돼. 알아들었니?"

이 말을 할 때도 아버지의 눈은 반짝반짝 빛이 났었다.

나이가 들면서 나는 아버지의 투박한 인생철학을 이해하게 되었다. 그건 내 마음 깊은 곳에 영원히 뿌리를 내렸고, 내 야심의 추진력이 되었다.

미국에서 박사학위를 받고 돌아왔을 때도 생각났다. 몇 시간씩 연구를 하던 때였다. 지독한 가난 속에서 여섯 자녀를 키운 어머니는 그만 좀 쉬라고 닦달을 했다. 그러지 않아도 먹고 마실 것 충분한데 뭐가 걱정이 돼서 일만 하냐는 것이었다. 하루는 하도 잔소리를 하니까 아버지가 어머니한테 호통을 쳤다. 그러고는 학위는 운전면허 같은 거라고 설명했다. 면허를 따면 계속 운전을 해야지, 그럼 그걸 그냥 썩히나?

형이 탑승 수속이 곧 시작된다고 알려 주었다. 혹시 어머니를 마지막으로 보는 게 아닐까, 두려움에 가슴이 메어 왔다. 눈을 감자 세상의 모든 것이 사라지고, 어머니가 아이처럼 연약한 몸으로 나를 끌어안는 게 느껴졌다. 이유를 설명할 수 없는 흐느낌이 복

받쳤다. 참지 못하고 결국 눈물을 쏟았더니 어머니의 다정한 손이 내 등을 쓸어내렸다. 당신의 두르바가 감정을 이기지 못한다는 걸 느끼셨는지 와락 껴안을 때만큼이나 서둘러 나를 떼어 냈다.

다른 가족들이 작별의 말을 하려고 나와 있다는 게 기억났다. 형들과 형수들, 크고 작은 자다브 가(家) 3세대들도 나와 있었다. 누나들도 가족과 함께 나왔다. 친척과 지인들도 보였다. 모두가 이별을 아쉬워했고, 심지어 얼마 후면 아이들과 함께 워싱턴으로 올 아내마저 눈물을 글썽였다.

누렇게 바래고 해어진 전통 옷차림의 친척들은 화려한 공항 라운지가 어색한 모양이었다. 비행기에 오른 후에는 영어를 능숙하게 구사하는 인도준비은행의 전문가가 되겠지만, 거기서는 그저 속어가 잔뜩 섞인 마라티어를 쓰던 흙투성이 옆집 아이 두르바일 뿐이었다.

내가 탈 비행기의 탑승 안내방송이 나왔다. 한 바퀴 빙 돌며 악수와 포옹을 한 후, 떨리는 손을 엉거주춤 반쯤 들고 막내아들을 떠나 보내는 어머니의 모습을 가슴에 담고서 보안검색대로 걸어 갔다.

하늘을 날고 있을 때보다 사색에 잠기기 좋은 공간이나 시간은 없다. 하늘과 땅의 중간에 떠 있으면 자기 자신을 돌아보지 않을 수 없다. 비행기는 초음속으로 날지만, 마음은 빛보다 더 빨리 움직인다. 되는 대로 떠도는 것 같아도 언제나 목표를 정해서 날아간다.

나를 배웅하러 공항까지 나왔던 분들의 얼굴을 떠올려 보았다.

모두들 내 카스트를 언급했다. 마을의 한 어르신은 나를 '다무 마하르의 아들'이라고 불렀다. 조금 더 교묘할지는 몰라도 다른 사람들 역시 마찬가지였다. 높은 태생의 누군가는 내가 하층 카스트 출신인데도 크게 성공했다며 칭찬했다.

가장 교묘하게 비꼬았던 경우는 상층 카스트인 학교 때 선생님이었다. 그분은 늘 공개적인 자리에서 나를 '정부의 사위'라고 부르곤 했다. 수업료를 면제받는다는 이유에서였다. 신성한 언어라는 미명하에 수세기 동안 상층 카스트만이 독점했던 산스크리트어 수업에서 내가 다른 아이들보다 월등히 우수한 성적을 내자, 교육 제도 자체에 대한 믿음이 무너지기 시작한다고 말하기도 했다.

백만 번도 더 했던 생각이지만, 이 사람들은 어째서 나를 한 개인으로 보고 평가하지 못하는 건지 궁금했다. 어째서 늘 출신 기준으로 나를 판단해야 했을까?

15세기의 성자이자 시인이었던 카비르의 말이 마음속에서 메아리쳤다.

> 죽어 천국의 문을 두드렸네……
> "너는 누구냐?" 내게 물었지.
> "이승에 사는 동안 제가 누군지 알 수 없었답니다……
> 그래서 당신께 여쭈러 이렇게 찾아왔습니다……."
> 저는 누구인가요?

결론은 늘 하나였다. 내가 비천한 마하르, 달리트, 사회의 최하계층에 속하는 사람이라는 사실. 그것은 비극적인 결함 한 가지를 안고 태어난 것과 같았다. 내가 뭘 하든, 어디를 가든, 어떤 성공을 거두더라도 나는 늘 불가촉천민일 것이다. 비록 성공한 불가촉천민이기는 해도.

그렇다. 나는 마하르 카스트 출신이다. 내 아버지는 간신히 문맹을 면했고 변변찮은 막일로 가족을 먹여 살린 보잘것없는 노동자였다. 내 조상들은 불가촉천민이었다. 그들은 침이 땅을 더럽히지 않도록 오지항아리를 목에 걸고 다녔고 발자국을 즉시 지울 수 있게 엉덩이에 비를 매달고 다녔다. 그리고 그들은 마을의 하인이 되어 이글거리는 태양 밑을 입에 거품을 물고 숨이 끊어지도록 달려서 관리들의 행차를 알려야 했다.

그래서 뭐 어떻다는 말인가? 나는 내 힘으로 존엄성을 입증하지 않았던가? 왜 아직도 내가 태어난 카스트가 거론되어야 하는가?

나는 이런 질문을 자주 받는다.

"이제 사회에서 높은 자리에 올랐는데, 카스트로 인해 불쾌했던 경험은 없었나요?"

아무리 많은 것을 성취하고 아무리 높이 올라가더라도 카스트는 절대 지워지지 않는 것이 우리 사회의 안타까운 현실이다. 그것은 개인의 정체성에서 끝끝내 떼어 낼 수 없다. 카스트는 죽을 때까지 사라지지 않고 경멸과 모욕의 빌미를 제공한다. 다만, 모욕의 방식이 달라질 뿐이다.

뭄바이 외곽에 살 때였다. 교육도 많이 받은 이웃 사람이 나를 부르더니 이렇게 말했다.

"남부에서 오신 신사분이 침이 마르도록 당신을 칭찬하더군요."

"특별한 이유라도 있나요? 그분과는 잘 알지도 못하는 사이인데요."

내가 대답했다.

"다른 게 아니라, 지난번에 차를 태워 드렸다면서요. 그분 말이 우리 고위 태생들은 점점 교양이 없어진다는 거예요. 그런데 자다브를 좀 보라는 거죠. 달리트인데도 그렇게 교양이 있다면서요."

딸 아푸르바를 학교에 데려다 주는 길에 손녀와 함께 걸어가는 노신사를 보았다. 교복을 보니 아푸르바와 같은 학교길래 두 번 생각할 것도 없이 같이 타자고 했다. 흔한 호의였다.

한번은 회사 동료가 어떤 성자 이야기를 꺼냈다.

"자네도 그분을 한번 만나 봐야 해. 스와미지는 너무나 현명하고 너그러워서 심지어 자네처럼 '낮은 카스트'와도 심중을 터놓고 철학적인 얘기를 나눈다네. 꼭 한번 찾아가 봐!"

카스트 제도가 씌운 굴레를 성공적으로 벗어 버린 나 같은 '천민임에도 불구하고' 달리트들이 많다. 그건 바바사헤브, 그리고 그가 우리에게 마련해 준 교육의 기회가 합작해 낸 마술이다. 그렇다고 해서 사람들의 이해와 협조가 당연히 뒤따르는 건 아니다. 스스로를 교양인으로 여기면서도 카스트 제도의 편견에 갇힌 사람들을 너무나 자주 접하게 된다(물론 좋은 의도일 때도 많다).

비행기는 웅장한 산악지대 위를 날고 있었다. 창문 너머에서 나를 바라보는 아버지의 시선이 느껴졌다. 누렇게 바래고 해어진 손바닥만 한 사진을 꺼냈다. 군데군데 주름이 가고, 가장자리는 구겨졌다. 하지만 사진 속에서 나를 쳐다보는 바이와 다다의 눈빛은 여전했다. 고단한 삶의 투쟁은 얼굴에 흔적을 남겼고, 그런 자취는 바이에게서 더 두드러졌다. 다다의 표정은 냉철하면서도 더없이 편해 보였다. 하지만 바이는 뻣뻣하고 불편한 기색에, 눈에는 먼 곳을 바라보는 아득한 표정이 어려 있었다. 박사 과정을 밟으러 미국으로 떠나던 17년 전에도 비슷한 생각에 사로잡혔던 기억이 난다. 인도 정부의 장학금을 받아 떠나던 길이었다.

그때 아버지는 눈시울을 붉혔다. 그러면서 우리 조상들은 마을의 울타리도 넘어가지 못했는데 당신의 아들은 일곱 바다를 건너간다고 말했다.

"나는 다 가졌다. 이제 죽어도 여한이 없어."

다다가 지금 살아 있었으면 무슨 생각을 했을까 궁금했다. 다다는 분명히 바바사헤브가 나를 보고 무슨 생각을 했을지 궁금해했을 것이다. 정해진 수순처럼 다다가 천 번도 넘게 했던 이야기가 떠올랐다. 자누 형과 디나 형이 바바사헤브 암베드카르 박사를 처음 만났을 때의 이야기이다. 다다는 형들을 데리고 바바사헤브의 집회에 참가했다. 형들은 구호를 외치는 군중을 보고 겁에 질렸다. 이리 밀리고 저리 쏠리는 사람들 틈에서 아이들은 밀실공포증을 느끼기 마련이고, 아버지는 사람들을 밀어서 형들을 위한 공간을 만들어 가며 인파를 헤쳐 나왔다. 디나 형은 아버지의 손을 잡고 집에 가자고 칭얼댔다.

그때 갑자기 푸른 셔츠에 타이를 매고 모자를 쓴 사람이 눈앞에 나타났다. 군중과 조금 떨어져 서 있던 그 사람에게서는 당당한 자신감이 느껴졌다. 바로 암베드카르 박사였다. 그가 이야기를 시작하자 주위가 잠잠해졌다.

연설이 끝난 후 다다는 형들의 어깨를 움켜잡고 사람들을 힘껏 밀쳐 내면서 암베드카르 박사 앞으로 나갔다. 형들은 겁에 질렸지만 암베드카르 박사는 형들의 등을 토닥이며 우리 아버지에게 물었다.

"자네 아이들인가, 다무? 학교에 보내게…… 잘 가르쳐…… 틀림없이 큰 인물이 될 거야."

암베드카르 박사는 운전사가 모는 스투드베이커를 타고 사라졌다. 다다는 집에 올 때까지 아무 말이 없었다. 하지만 일단 집에 도착하자, 동네 아이들을 전부 모아 놓고 그 이야기를 들려주었다. 아이들은 신이 나서 서로 우리 아버지 옆에 가까이 앉으려고 투닥거렸다. 아버지는 암베드카르 박사의 이야기와 그분이 외국 대학에서 최고 학위를 받게 된 이야기를 해주었다. 그 이야기는 나에게 깊은 인상을 남겼다.

왜 그런지는 정확히 알지 못했지만 우리가 다른 달리트 집안과 다르다는 걸 어렴풋이 느낄 수 있었다. 나는 학교에 가야 하고, 암베드카르 박사 같은 사람이 되어 그처럼 서류가방을 들고 양복을 입고 다녀야 한다는 생각이 들었다.

내 안에 숨어 있는 백조

어린 시절을 보낸 와달라의 우리 집은 내가 어딜 가든 내 마음속에 작은 세계를 이루고 있다. 뭄바이 외곽에 있는 와달라는 옛것과 새것이 뒤섞여 독특한 분위기를 풍겼다. 뭄바이 포트 트러스트의 직원용 숙소, 안토프 힐, 쉬크 미스리 다르가의 이슬람 사원과 여러 정착촌들까지, 그곳은 다양한 공동체가 어우러진 커다란 문화의 용광로였다. 이슬람, 기독교, 인도 북부, 그리고 인도 남부의 공사장 인부들도 있었지만, 와달라 인구의 절대다수는 나시크를 비롯한 마하라슈트라 전역에서 모여든 달리트였다.

달리트가 대부분을 차지하게 된 이유는 뭐니 뭐니 해도 뭄바이 포트 트러스트 때문이었다. 1947년에 인도가 독립한 후, 포트 트러스트에서는 달리트 지위 향상을 위한 고용 우대 정책을 실시했다. 포트 트러스트는 와달라에 촐 형태의 직원용 숙소가 있었다.

차츰 그 친척과 친지들이 인근에 정착하면서 공동체는 더욱 커져 갔다. 와달라에 와서 고작 일 년을 살고도 이제 다른 곳에서는 못 살겠다고 단언하는 사람들도 있었다. 와달라의 분위기는 묘하게 몸에 배었고, 은퇴를 해서 직원용 숙소를 나가야 할 때가 되어도 사람들은 근처에 작은 아파트를 얻어 그곳을 떠나려고 하지 않았다.

사업도 뿌리를 뻗었다. 그렇게 세대를 이어 전해지다 보니, 와달라는 차츰 번잡하고 더러운 곳이 되어 갔다. 그런데도 아무도 이사를 가려고 하지 않았다. 뭄바이를 벗어났다는 지리적인 조건 때문에 안전한 은신처를 원하는 폭력배와 범법자들이 흘러들어와 자잘한, 때로는 큰 범죄조직을 이루어 활동했다.

우리 형제들은 어린 시절의 대부분을 이 동네에서 보냈다. 우리들의 작은 세계의 중심에는 물론 우리가 다다라고 불렀던 아버지 다무가 있었다.

대부분의 아이들은 아버지를 공손하게 불렀지만 다다는 굳이 '바프'라고 부르게 했다. 투바한 그 표현을 문자 그대로 옮기면, '나를 지으신 이' 정도가 된다. 옆에서 누가 바른 표현으로 고쳐 주려고 하면 다다는 더없이 적절한 말로 반박했다.

"아니, 삽을 삽이라고 부르지 그럼 뭐라고 부르나. 말은 했을 때 의미가 펄떡펄떡 뛰어야 하는 거야. 매콤한 봄빌(뭄바이 해안에서 잡히는 물고기, 물천구라고도 한다) 생선 처트니처럼 톡 쏘는 맛이 있어야 하는 거라고. 쓸데없는 사헤브 같은 겉치레는 개나 물어 가라고 해. 예의는 바른지 어떤지 모르지만, 그런 미적지근한 표현은 삶은 감자처럼 싱거울 뿐이야."

다다는 억세고 못생겼다. 보통 키에 얼굴은 각이 지고 거무튀튀했다. 평소에는 눈빛이 엄격하지만, 우리에게 이야기를 할 때는 반짝반짝 빛이 나면서 표정도 누그러졌다. 으레 도티와 흰 셔츠, 카키색 재킷에 검은 모자 차림이었고, 지팡이는 몸을 지탱하는 것보다 위협의 용도가 더 컸다. 어엿한 중산층 아버지들은 '사무실'에서 퇴근을 했지만, 다다는 '일터'에서 집으로 돌아왔다. 우리를 애지중지하거나 어리광을 받아 주는 모습은 찾아볼 수 없었지만, 가끔 난카타이라는 비스킷을 꼬깃꼬깃한 노란 종이에 싸들고 들어왔다. 나는 아직까지도 그것보다 더 맛있는 과자를 먹어 본 적이 없다.

다다의 성품은 온화했지만 다혈질이기도 했다. 나는 여섯 남매의 막내였다. 내가 태어났을 때 아버지는 50대 초반이었다. 어린 시절에 기억나는 다다는 이가 거의 남지 않은 모습이었다. 그런 아버지가 화를 내면 이가 다 빠진 얼굴이 험악해졌고, 특히 이렇게 소리칠 때면 나는 돌처럼 굳어 버렸다. "비러무글 비스킷!" 하지만 그게 어떤 종류의 비스킷인지는 통 알 길이 없었고, 그냥 '앞으로 맛있는 비스킷을 사주지 않겠다.'는 뜻으로 이해했다.

세월이 한참 흘러서야 그 말의 뜻이 '이 빌어먹을 놈'이라는 것을 알게 되었다. 어른이 된 후 아버지에게 '비러무글 비스킷'이 뭐냐고 물어보았더니, 아버지는 고라 사헤브 밑에서 일할 때 그런 표현을 배웠다고 했다. 그게 욕이라는 건 알았지만, 어정쩡하게 대강 아는 사람이 아니라 고라 사헤브에게서 직접 배웠다는 사실을 무척 자랑스러워했다. 욕도 교육의 일부였고, 아버지는 그 표현이 당신의 성격과 잘 어울린다고 생각했다.

어머니의 이름은 소누다. 대개 어머니를 '아이'라고 부르지만, 우리는 어머니를 바이라고 부르고, 대신 할머니를 아이라고 불렀다. 어머니는 이름(소누는 금이라는 뜻이다)과는 달리 몸에 금붙이를 전혀 하지 않았다. 뭔가를 알 만큼 나이가 들었을 때, 어머니는 아버지가 당신을 부르는 투박한 호칭 '소니'에서 행복을 찾는 법을 터득했다는 걸 깨달았다.

바이와 다다는 그렇게 다를 수 없었다. 바이는 단순하고, 당신을 둘러싼 주변이 세상의 전부였다. 자식들이 거둔 성공이나 경제적인 풍요에도 아랑곳하지 않았다. 지금도 내가 과자를 사들고 들어가면 바이는 이렇게 묻는다.

"오늘 봉급을 받은 게로구나, 응?"

어머니는 이제 꼭 봉급날이 아니어도 과자 정도는 사먹을 여유가 생겼다는 사실을 받아들이지 못한다.

다다의 넓은 마음은 모든 것을 포용했고, 바이의 좁은 폭을 보충해 주었다. 두 분이 말다툼을 하는 것도 당연했다. 가족들에게는 즐거운 구경거리였고, 그 재미를 위해 은근히 부추길 때도 있었다. 바이를 조금만 자극하면 충분했다.

"엄마는 너무 곱고 예쁘잖아요. 그런데 어쩌다 아버지처럼 못생기고 거무튀튀한 사람하고 결혼하셨어요?"

이렇게 말하면 백발백중이었다.

"아이고, 그걸 이제 와서 어떻게 다 말하겠니······."

그리고 다다에게 미끼를 던질 때는 이런 식이었다.

"다다, 이 늙은 할머니가 잔소리나 퍼붓고 바가지를 긁어 대는데, 나가서 새 부인 하나 구해 오세요."

"아이고, 나도 모르는 사이에 사람들이 이 여자하고 나를 묶어 놓은 거란다. 뭐, 처음에야 별로 나쁘지 않았지……."

그러고 나면 두어 시간 동안 재미난 다툼이 벌어진다. 물론 우리도 그게 가벼운 토닥거림에 불과하다는 걸 잘 알고 있었다. 두 분이 펼치는 가벼운 실랑이 뒤에는 속 깊은 사랑이 자리 잡고 있었다.

바이는 종종 나시크에 갔다. 다다는 불과 며칠이라도 바이가 집을 비워서 행복한 것처럼 굴었다. 하지만 바이가 돌아오는 날이 되면 다다는 안절부절못하다가 바이가 도착하는 시간이 오후 4시일 때조차 12시도 되기 전에 역으로 출발했다. 하지만 바이가 기차에서 내리는 순간, 아니나 다를까 꼬투리부터 잡았다.

바이는 다다가 지닌 시각의 폭을 끝내 헤아리지 못했다. 그건 당신도 알고 있었다. 그래도 항상 당신 남편 같은 사람은 세상에 둘도 없다고 자랑스럽게 말했다. 늘 뭔가 다른 것을 시도했고, 당신도 그런 남편을 뒷받침했노라고. 물론 군소리가 없었던 건 아니었다. 공치사를 해서 다다에게 그 사실을 깨닫게 하고야 마는 건 바이의 천성이었다. 사람들은 기차의 헤드라이트에만 관심을 갖는데 정작 일을 하는 건 엔진이라고 했다. 그러면 다다는 이렇게 놀리곤 했다.

"우리 집 엔진이 훌륭하고 믿음직스럽다는 건 두 말할 필요도 없지. 너무 시끄러워서 탈이지만."

1950년 즈음에 우리는 와달라의 2층짜리 출 아래층에 살았다. 건물의 한쪽에서 다른 쪽 끝까지 발코니가 이어지고, 그 발코니를 향해 문이 난, 작은 부엌이 달린 집이었다. 방은 3제곱미터에 불과했다. 세면실은 뒤쪽에 있었다. 거기에 가려면 석유램프를 가지고 들어가야 했다. 그래도 바깥 발코니에는 흐릿한 전구가 달려 있었다. 그 작은 집에서 아홉 명이 살았다. 할머니, 다다와 바이, 그리고 아들 넷에 딸 둘. 제일 맏이인 자누 형이 1938년에 태어났고, 그 뒤를 이어 수다, 디나, 릴라, 트루샤, 그리고 1953년에 내가 태어났다. 전부 세 살 터울이었다. 제일 어린 나는 막내라는 의미의 '츠호투'라는 애칭으로 불렸다.

할머니는 눈이 거의 보이지 않으면서도 우리를 감시하는 데에는 조금의 빈틈도 없었다. 할머니가 목소리를 높이면 다들 덜덜 떨었다. 그래도 기분이 좋을 때는 더없이 다정해서 깊숙이 감추어 두었던 주전부리가 나오기도 했다.

자누 형은 다다르에 있는 츠하빌다스 학교를 다녔고, 그 밑의 동생들은 동네에 있는 포트 트러스트 학교에 다녔다. 선생님들은 대부분 달리트였다. 기독교로 개종한 분들도 있었다. 선생님들은 학생은 물론이고 부모와도 개인적으로 아는 사이였다. 기찻길에는 원래 탈선의 소지가 많은 법이다. 술과 노름, 그리고 도둑질. 하지만 선생님들은 우리를 정성껏 지도했고, 그런 열악한 환경에서도 배움의 중요성을 일깨워 주었다.

우리 집에서 선생님은 존경을 넘어 거의 숭배의 대상이었다. 가정방문이라도 있는 날이면 할머니와 다다는 바이가 사다 놓은 과일과 채소를 잔뜩 내다가 안겨 주었다. 바이의 입장에서는 장사 밑천이 줄어드는 것이었으니 못마땅한 일이었다.

우리에게는 놀 거리가 많지 않았다. 포트 트러스트에는 복지사가 있었는데, 이 아줌마가 가끔씩 촐을 찾아왔다. 모리스 자동차를 타고 와서 아이들을 태워 주기도 했다. 학교에서 좋은 성적을 내면 수건과 물에 둥둥 뜨는 하얀 비누를 주었다. 반에서 1등을 하면 아줌마의 차를 얻어 타는 특별상도 받았다.

집에는 라디오도 없었다. 1964년에 마침내 라디오가 생겼을 때, 나는 친구들을 불러서 라디오를 보여 주었지만, 뜨거워진다는 이유로 오래 틀지는 않았다. 우리 촐 근처에는 포트 트러스트에서 운영하는 복지관이 있었다. 저녁이면 우리는 그곳으로 책을 읽으러 갔다. 처음에는 책이나 잡지를 넘기면서 곁눈으로 누가 나를 지켜보는지 살피는 게 주된 목적이었다. 나는 내가 무슨 신동인 줄 알고 어려운 책만 골라 읽었다. 하지만 나도 별 수 없었다. 새 잡지가 들어오면 그걸 보려고 줄을 섰다. 복지관에서 늦게까지 돌아오지 않으면 바이와 할머니는 걱정을 했다. 바이는 우리에게 무슨 일이라도 난 게 아닌가 싶어 골목 어귀에 나와 기다리곤 했다. 다다는 걱정하는 법이 없었다. 당신의 자식들이 세상에서 무슨 일이 일어나는지 알아야 한다며 책 읽기를 독려했다.

언젠가 수다 형이 몹시 아팠는데 약을 먹어도 병에 차도가 없었다. 혹시 불구가 되지 않을까 겁이 났던 바이는 주술사를 부르자고 할머니를 설득했다. 다다가 집을 비울 때를 골라 시간을 잡았다. 영묘한 치료사가 치료에 쓸 온갖 잡동사니를 바이 앞에 늘어놓았다. 형은 바이의 무릎에 앉아 있었다. 으레 하는 푸자가 끝난 후 그는 신이 들린 것처럼 빙빙 돌며 주문을 외워 댔다. 그런데 예상치 못했던 일이 일어났다. 다다가 집에 돌아온 것이다. 다다는 당신 집에서 펼쳐지는 상황에 잠시 어리둥절해했다. 그러다가 정신을 차리고는 주술사의 뺨을 냅다 후려쳤다. 그 불쌍한 남자는 몽환 상태에서 깨어나 장사 밑천도 내버려 둔 채 도망을 쳤다! 바이는 두려움에 떨며 자리에서 일어섰다. 우리는 다다가 바이도 때리지 않을까 걱정했지만, 엄마와 할머니에게는 아이한테 약을 먹이는 것 말고는 아무 짓도 하지 말라고 타이르기만 했다.

바이는 영락없는 농부의 딸이었다. 집이 손바닥만 하다는 사실에도 아랑곳하지 않고 닭을 치고 염소를 길렀다. 그리고 저녁마다 우리에게 유리등 닦는 일과 닭들을 커다란 바구니 우리에 넣고 염소를 발코니 난간에 묶는 일을 하게 했다. 할머니는 눈이 거의 안 보이면서도 우리를 지켜보는 것처럼 조그맣게 맴을 돌았다. 바이는 채소 장사를 하느라 바빠서 우리를 돌볼 틈이 없었다. 바이의 장사는 살림에 보탬이 되었을 뿐만 아니라 집에서는 신선한 과일과 채소가 떨어지는 날이 없었다.

포트 트러스트에는 공동 숙소에서 동물을 기를 수 없다는 규칙이 있었다. 애완동물도 허용되지 않았다. 하지만 바이는 개의치 않고 염소를 길렀다. 관리들이 실력 행사에 들어간 건 예상했던 일이었다. 염소는 보호소로 끌려갔다. 바이에게는 즉결심판에 출두하라는 통지서가 날아왔다. 동네에서는 이것이 '문맹 법정'으로 통했는데, 거기서는 자기 변론이 불가능했다. 사실 처리해야 할 사건은 산더미 같고, 대부분 처벌이 정해진 경범죄였기 때문에 장황한 발언 기회를 주기도 힘들었다. 바이는 법정이 어떤 곳인지 전혀 몰랐다. 처음 가보는 곳이었으니 그럴 수밖에 없었다. 하지만 당신이 '판사 사헤브'를 설득할 수 있으며, 그가 변명의 기회를 주고 인간적으로 용서를 해줄 거라고 확신했다. 바이의 이름이 호명되었다.

"바이, 집에서 염소를 키웠나요?"
"네, 사헤브."
"10루피의 벌금에 처합니다."
"하지만 우리 가난한 사람들은 염소가 필요해요."
"벌금 15루피."
"사헤브, 우리 아이들에게 젖을 먹여야 해요."
"20루피."
"하지만 사헤브, 우리는 어쩌란 말인가요?"
"25루피."

바이는 망연자실했다. 충격에 할 말을 잃었다. 그러면서 생각했다. '이런 게 사헤브로구나. 우리 아이들도 이런 사헤브가 되게 만들어야겠다.' 그 꿈이 실현되기까지는 오랜 세월이 걸렸다.

저녁이면 우리는 촐에 하나뿐인 발코니의 전구 밑에서 공부를 했다. 공부를 도와줄 사람은 없었다. 동네 어른들 중에는 학교를 다닌 사람이 거의 없었다. 큰 아이들이 어린 동생들을 도와주었고, 공부를 가르친다는 미명하에 누군가를 쥐어박을 기회도 놓치지 않았다. 촐의 어른들이 교육은 받지 못했지만 다들 공경하고 두려워했다. 잘못을 하면 내 집 아이와 남의 집 아이를 가리지 않고 야단을 쳤고, 당신 일이나 신경 쓰라고 말하는 사람은 아무도 없었다. 우리는 모두의 공동 책임이었다.

우리는 저마다 잉크병과 펜촉을 가지고 다녔는데, 어쩌다 이게 엎질러지면 손과 발은 물론이고 옷까지 전부 시퍼렇게 물들었다. 우리 잘못만은 아니었다. 발코니에 매어 둔 염소들이 줄을 당기는 바람에 잉크병이 넘어지고, 책에 시퍼런 염소 발자국이 찍히기도 했다. 그러면 우리는 기다렸다는 듯이 책을 덮고 염소와 놀기 시작했다.

할머니는 학교가 못내 미덥지 않았다. 매일 우리에게 학교에서 뭘 배웠느냐고 물었다. 책에 실린 쟁기 같은 농기구나 옥수수 밭 사진 같은 걸 보여 드리면, 할머니는 이런 식이었다. "무슨 학교가 그 모양이냐?" 그런 것을 배우러 밭이 아니라 학교에 간다는 걸 이해하지 못했다.

할머니는 당신만의 간단한 공식이 있었다. 1학년은 첫 번째 책, 2학년은 두 번째 책 하는 식이었다. 동네 아이들이 놀러 오면 할머니는 이렇게 물었다. "너는 몇 번째 책을 읽니?" 수학은 '셈'이었고, 우리에게 '셈'을 배워서 바이의 장사를 도와주라고 했다.

우리는 공부를 하면서 다 같이 소리 내서 시를 읽곤 했다. 그러다 보니 옆에서 듣던 바이와 할머니가 그걸 외울 때도 많았다. 누가 아프기라도 하면 할머니는 교과서에 있는 시를 읊어 주는 걸로 자장가를 대신했다. "내가 병이 나는 건 학교에 가기 싫어서라네."

바바사헤브 암베드카르는 개종식이 있고 50일이 지나지 않아 세상을 떴다. 달리트가 불교적인 생활 방식을 받아들이기까지는 오랜 시간이 걸렸고, 이런저런 힌두 의식을 계속 지키는 사람들도 많았다. 우리 집 달력에도 몇몇 축제가 표시되었다. 제주리에서 열리는 칸도바 축제는 그중 최고였다. 온갖 과자를 프라사드(신의 축복을 받아 나누어 주는 물건)로 나누어 주고, 맨 마지막에는 양고기 카레로 잔치를 벌였다. 칸도바는 우리 가족의 신이었고, 우리는 그 자트라에 갈 돈을 마련하려고 애썼다. 염소를 신께 바쳤다가 소금과 심황에 잰 고기를 프라사드로 나누어 주는 신도들도 있었다. 나는 지금도 그 고기를 뜻하는 칸두리라는 말만 들으면 저절로 입에 침이 고인다.

'신들의 귀환'이라는 뜻의 의식에는 많은 사람들이 참가한다. 신도들이 꽃수레에 신상을 모시고, 양쪽에서 등과 횃불을 밝히고 행진을 한다. 마을 외곽을 한참 벗어나는 긴 행진이다. 와달라에서도 비슷한 행진을 하는데, 포트 트러스트 학교 뒤의 바위에서 끝난다. 제주리에 다녀오는 신도들은 복을 받은 사람이라고 한다. 그곳에 가서 신을 모실 만큼 행운이 있다는 이유에서다. 그래서 그들은 자기만큼 행운이 따르지 않은 사람들에게 기꺼이 프라사드를 나누어 주려고 한다.

결혼식도 우리네 삶의 꽃이다. 결혼에 관한 모든 결정은 집안의 어른들이 내린다. 신붓감의 첫선을 보는 건 대단히 중요한 일이다. 여자의 나이를 확인하고, 양이나 염소를 사는 것처럼 허벅지를 살펴본다. 그런 다음에는 걸어 봐라, 말을 해봐라, 노래를 해봐라, 이것저것 시키면서 어디가 모자라지는 않는지, 어디에 흠은 없는지 꼼꼼히 살핀다. 그에 못지않게 중요한 것이 음식 솜씨다. 둥그렇게 모양새 좋은 바크리를 만들 수 있는가, 아니면 바크리가 지도 모양으로 찌그러지는가. 맛 좋은 가지 카레나 말린 생선 처트니를 만들 수 없는 여자라면 결혼할 가능성이 희박하다고 보아도 된다.

일단 결혼이 합의되면 혼숫감과 결혼식에 대한 것들을 정해야 한다. 상대방에게 줄 옷감을 사기 위해 각 집안의 '전문가'들이 뭄바이에서도 번화한 상가 지역인 다다르에서 만난다. 신부나 신랑을 데리고 나갈 생각은 아무도 하지 않는다. 서로 상대 집안보다 더 많이 사려고 노력하고, 가겟집 주인만 한몫 단단히 잡는다. 상대에게 받은 물건에 대한 트집과 불평을 곁들여 몇 시간 동안 옥신각신하고 나면 사재기가 끝난다. 그러면 이제 물건 보따리와 눈이 반쯤 감긴 아이들을 끌고 대부대가 근처 공원에 간다. 여유 있는 집안 어른들이 라두나 잘레비 같은 먹을거리를 사면 그 자리는 어느새 소풍 분위기로 변한다.

결혼식은 전통 힌두 의식으로 치러지고, 결혼 생활의 상징으로 신랑 신부가 함께 일곱 걸음을 걸어가는 사프타파디 의식도 빠지지 않았다. 하지만 브라만 사제 대신 공동체의 원로가 주례를 맡았다. 그 역할을 자주 맡았던 살웨 부와는 《힌두 다르마 디피카(Hindu Dharma Dipika)》라는 책을 삶의 방패막이로 삼았다. 그 책만 있으면 귀신도 무서워 도망을 친다고 했고, 우리 아이들은 그 말을 철석같이 믿었다.

결혼식에 온 친척들이 흥을 돋우려다가 싸움으로 번지는 경우가 많았다. 신부 값이 관례인 카스트가 많고, 딸을 돌봐 준다는 약속의 대가로 신랑에게 주던 전통적인 지참금 대신 신랑이 신부의 아버지에게 돈을 주었다. 최근까지 널리 퍼졌던 또 하나의 '진보적인' 관례는 문상객들이 상을 당한 가족에게 경제적인 도움을 주는 것이었다.

결혼식 음식은 대부분 달아서 두어 접시를 먹고 나면 맛이 전부 똑같아졌다. 단맛을 가실 수 있도록 매콤한 요리 몇 가지가 제공되었다. 처음으로 나오는 건 버터와 자게리, 그리고 결이 거친 밀가루로 만든 죽이었다. 여기에 매콤한 뭉 우살, 그러니까 렌틸콩 카레가 곁들여졌다. 하객들은 바닥에 앉아 나뭇잎을 접시 삼아 음식을 먹었다. 일단 넘치게 받았다가 남은 음식은 작은 덩어리로 말려서 며칠을 두고 먹었다. 유난히 뻔뻔한 사람은 아예 커다란 그릇을 챙겨 오기도 했다.

촐에 살면서도 사람들의 뿌리는 고향 마을이었다. 대부분 정기적으로 고향에 가려고 애썼다. 바이는 할머니와 오자르에 자주 갔지만, 거기서 불과 몇 시간 거리인 친정 마을에는 좀처럼 가지 못했다. 생각해 보면 다다가 우리들에게 함께 가라고 한 적이 한 번도 없다는 건 조금 놀라운 일이다. 다다는 우리를 너무나 끔찍하게 생각했기 때문에, 행여 마을에 갔다가 나태해져서 돌아올까 봐 걱정했다. 시골에는 아이들에게 저주를 내리는 귀신이 있다는 바이의 말에 콧방귀를 뀌었지만, 바이가 오자르에 가서 아이들과 당신만 남게 되면 무척 기뻐했다.

와달라를 찾아온 친척들은 마을의 집에 비해 훨씬 작은 집을 보고서도 우리가 호사스럽게 산다고 생각했다. 그들의 발음에 따르면 우리는 '맘바이'에 살았고, 매 끼니마다 제대로 된 식사에 갖가지 채소도 챙겨 먹었다. 바다가 가까워서 신선한 생선도 부족하지 않았다. 친척들은 빵이며 말린 봄빌 생선을 바리바리 챙겨 갔다. 우리에게는 그걸 챙겨 줄 의무가 있었다. 그들도 밭에서 어린 조와르나 바지라(조와르와 바지라는 모두 수수의 일종이다) 속을 가져다주었다는 이유에서였다.

도시에서는 달리트를 받아들이기 시작했지만 마을에 가면 여전히 불가촉천민 취급을 받았다. 마을에서는 신발도 신을 수 없었기

때문에 손에 들고 있다가 마을을 한참 벗어난 다음에야 비로소 신발을 신었다. 심지어 뭄바이에서도 누가 신발을 신었다고 호통이라도 칠까 봐 전전긍긍했다. 우리는 집에서 포트 트러스트 학교를 한참 지날 때까지 신발을 들고 갔다. 한번은 대학에 입학한 달리트가 카스트를 숨긴 채 상층 카스트 지역에 거처를 구했다. 그런데 어느 날 그의 장모가 찾아왔다. 장모는 손에 샌들을 벗어 들고 다니는 버릇이 몸에 밴 사람이었다. 이걸 본 이웃들은 당장 '하층 카스트'냐고 그를 추궁했다.

뭄바이로 진출한 달리트들은 마을 사람들끼리 모임을 갖는다. 마을을 도와줄 방법을 의논하고, 1루피씩 회비도 걷어서 그 기금으로 마을의 자잘한 것들을 보수하거나 어려움에 처한 사람을 돕는다. 1루피씩 내는 것도 희생이라면 희생이지만, 마을을 진심으로 아끼고 소속감이 강하기 때문에 거르는 법이 없다. 그러나 마을에 갈 때마다 그들을 반기는 건 달리트에 대한 오랜 모욕과 조롱이다. 찻집에 들어서면 주인은 빈정거리며 소리를 친다.
"은잔 좀 꺼내 와라…… 뭄바이에서 사헤브님들이 오셨다!"
그러고는 가난한 달리트용으로 쓰는 유난히 더럽고 깨진 컵을 내온다.

1955년에 포트 트러스트에서는 다다에게 와달라의 또 다른 지역에 새로운 숙소를 제공했다. 할머니와 바이는 이사를 가고 싶어 하지 않았다. 새로 이사 갈 안토프 힐이라는 곳은 평판이 좋지 않아서 행여 아이들이 나쁜 물이 들까 봐 걱정했다. 하지만 다다의 생각은 달랐다. 새 집이 더 크고 전기도 들어오기 때문에 공부에 도움이 될 거라고 했다. 다다는 당신 세대의 대부분의 남자들보다 지위 향상에 적극적이었다.

안토프 힐은 모든 것을 그 안에서 처리할 수 있도록 잘 설계된 하나의 마을 같은 공동체였다. 문화 생활의 중심이었던 YMCA에는 공부방과 놀이터, 심지어 체육관까지 있었다. 당시에는 꽤 드물었던 라디오도 있었다. 그곳을 제외하면 우리 주변에 라디오가 있는 곳은 3층의 어느 집뿐이었다. 저녁이면 그 아래에 사람들이 모여 라디오에서 흘러나오는 노래를 들었다.

약국도 있었다. 두통부터 암까지 똑같은 빨간색 물약을 주는 것 같았지만, 사람들은 '으사선상님'(의사가 아니라)에 대한 신뢰가 대단했다. 그는 "잘 흔든 후 마시라는 말은 병을 흔들라는 것이지 환자를 흔들라는 게 아니라"는 농담을 물리지도 않고 반복했다.

그 동네에서는 현실적으로 선과 악 사이에 선을 긋기가 쉽지 않았다. 사기꾼과 악당들이 법을 지키고 본분에 충실한 사람들과 뺨을 맞대고 살았다. 그런 폭력배들은 '우스타드', 즉 두목이라고 불렀다. 패싸움도 일상적이었다. 그들을 지배하는 것은 정글의 법칙이었다. 포트 트러스트의 화물차를 털고, 불법으로 밀주를 담그고, 노름판을 벌이는 것 등이 공공연히 자행되었고, 싸우고 화해하고 또 싸우는 악순환이 끊이지 않았다.

하프타, 그러니까 상납금을 챙기러 올 때를 제외하면 경찰의 존재는 거의 느낄 수 없었다. 특수부의 사복 경찰은 조금 위압적이었지만, 이들을 알아보는 것은 어렵지 않았다. 숱이 무성하고 끝이 말려 올라간 콧수염과 오만한 표정, 튼튼한 군화, 그리고 더럽혀지지 않도록 밑단을 클립으로 접은 바지는 유니폼이나 다름없었다. 가끔 사복 경찰들이 급습하고, 두목들이 위협을 느껴 잠시 움찔하면 경찰은 짧은 성취감에 도취되었다. 하지만 평소에는 경찰을 대수롭지 않게 여겼다.

그러나 정글에도 나름대로의 도덕은 있었다. 경찰의 끄나풀이 아닌 이상 법을 지키고 본분에 충실한 주민은 절대 괴롭히지 않았다. 늙거나 약한 사람들에게도 그들만의 예절을 지켰다. 와달라 사람들은 상납금을 바치지 않고도 일종의 보호를 받았고, 폭력배들을 두려워할 필요가 조금도 없었다.

세월이 흐르면서 이들은 와달라를 장악하던 힘을 잃고 힘들게 살아갔다. 잘 가다듬었으면 사회에서 인정받을 수 있는 많은 재주를 갖고 있었지만, 그런 일은 끝내 일어나지 않았다. 기회만 주어졌다면 아마 사업가로 성공하거나 올림픽에 나가 메달을 딸 사람도 많았을 것이다.

달리트에게 미운 오리새끼와 빈정대는 형제들의 동화는 남다른 의미를 갖는다. 불평등한 카스트 제도에 갇혀 얼마나 많은 백조들이 스스로를 미운 오리새끼로 여기며 형벌 같은 삶을 살다 갔을까. 헤아릴 수 없이 많은 달리트들이 바바사헤브 암베드카르의 가르침에 감명을 받고, 자기 안에 숨은 백조를 찾아 나섰다. 그리고 다다의 선견지명 덕분에 우리 형제들도 백조를 찾아가는 그 찬란한 모험길에 오를 수 있었다.

꿈을 그려라 네 인생이 그려질 것이다

1940년대 말엽에 이르자 바바사헤브의 의견이 사회정치 분야 전반에 영향을 미치고 영감으로 작용했다. 그는 인도 헌법을 기초했고, 연방 내각에 참여했다. 온 나라가 한 아름의 영광을 안겨 주며 그동안 진 빚을 갚으려는 듯했다. 뭄바이에서도 와달라, 마이가온, 세우리, 마퉁가 노동촌 등이 바바사헤브 이념의 철옹성 같은 곳들이었다.

바바사헤브가 나레이 공원이나 캄가르 마이단에서 집회를 열면 와달라 사람들은 먼 길을 마다하지 않고 그의 연설을 들으러 달려갔다. 우리 동네도 그의 생각을 가장 적극적으로 받아들이는 지역 가운데 한 곳이었다. 그가 발행하는 〈바히슈크리트 바라트〉와 〈자나타〉 같은 격주간 신문의 수요는 대단했다. 토요일 저녁이면 모든 사람들이 아파 강갈레를 눈이 빠지게 기다렸다. 그는 자전거를 타고 다니면서 바바사헤브가 발행하는 〈프라부다 바라트〉를 한 부에 13파이사를 받고 팔았다. 골목마다, 광장마다, 사람들이 무리지어 신문에 실린 바바사헤브의 소식과 기사를 읽고 이야기를 나누는 것은 와달라에서 빼놓을 수 없는 풍경이었다.

암베드카르 박사의 감동적인 지도력은 수많은 지역 지도자와 활동가를 배출했다. 이 사람들에게는 깔끔한 옷차림과 뛰어난 웅변술이라는 두 가지 공통점이 있었다. 그들은 바바사헤브의 사상과 가르침을 설파했다. 대부분의 활동가들은 기본적인 교육밖에 받지 못했지만, 연설은 너무나 조리 있고 확신에 넘쳤다. 지역의 방언으로 말하는 그들의 연설을 통해 바바사헤브의 사상은 더 효과적으로 전달되었다. '작금의 인도 총리'라고 말할 것을 '작고한 인도 총리'라고 말해도 상관없었다. 그들의 연설을 들으러 모인 사람들은 표현의 정확함 따위는 따지지 않았고, 투박한 연사와 소박한 청중은 눈높이가 맞았다.

활동가들은 공인으로서의 정직함을 중시한 바바사헤브의 원칙에 따라 자기 주머니를 털어 활동 자금을 댔다. 물론 기부금을 받았다. 아무리 적은 액수라도 상관없었다. 4안나, 8안나도 마다하지 않았고, 돈을 절약하기 위해 어디든 걸어 다녔다.

다다는 읍슙 구루지의 활동을 도왔다. 다다가 기부금을 장부에 기록하는 모습을 어려서 늘 보고 자랐다. 1루피, 2루피는 물론이고, 그보다 적은 액수도 빼놓지 않았다. 다다는 마퉁가 노동촌과 그 주변의 달리트 집단거주 지역을 맡았다. 다다는 이타적인 사회 활동가의 전형이었다. 기금을 낭비하지 않으려고 와달라에서 마퉁가까지 5킬로미터에 가까운 거리를 걸어 다녔다. 행여라도 담배

살 돈이 없을 때는 기금에서 썼다가 나중에 채워 넣으면 되지 않느냐고 말했다가는 그 사람은 평생 먹을 욕을 한꺼번에 들었다.

바바사헤브의 생일과 대중 집회는 우리 집 달력에 중요하게 표시되었다. 바바사헤브의 생일이 되면 사람들은 축제에 걸맞게 제일 좋은 옷을 차려 입고 대대적인 행진을 벌였다. 바바사헤브의 커다란 사진을 실은 소달구지나 트럭이 선두에서 행진을 이끌었다. 폭죽을 터뜨리고 흥에 겨운 젊은이들은 레짐(종이 달린 작은 물건)을 흔들고, 하늘에는 형형색색의 기가 나부꼈다. 술에 취해 비틀대기라도 했다가는 두고두고 잊을 수 없을 정도의 뭇매를 맞았다. 전부 흰색으로 차려 입은 여성 활동가들도 행진의 중요한 일부였다.

선거도 무척 신나는 일이었다. 바바사헤브는 참정권에 대한 인식을 높였고, 배우지 못한 사람들도 투표용지에 엄지손가락을 찍어 자신의 권리를 행사했다. 처음에는 배가 달리트의 상징이었다. 그러다가 코끼리가 정당의 마스코트로 자리를 잡았다. 커다란 코끼리 모양을 들고 돌아다니는 것이 중요한 선거 유세였다. 구호는 단순했다. "여길 좀 보세요, 코끼리가 왔어요!" 아이들이 구호를 외치면서 뒤를 따라다녔기 때문에 그건 효과만점이었다. 선거철이 되면 아이들은 '누가 더 소리를 크게 지르나' 시합을 벌이며 즐거워했다.

집회가 열리기 전에는 노래를 불렀다. 사람들은 음유시인인 샤히르들이 더프라는 단순한 북 장단에 맞추어 부르는 투쟁가를 좋아했다. 세월이 흐르면서 그 자리를 악단이 대신하게 되었다. 이 악단은 대중적인 노래는 연주하지 않았다. 민요가 중심이 되었고,

구성진 가락에 바바사헤브의 삶과 철학을 담아 노래했다. 와달라에서 특히 인기가 좋은 건 "빔라오는 내 영혼의 동반자……"라는 가사로 시작되는 노래였다. 그 노래는 결혼식에서도 불렀고, 그때마다 사람들은 노래에 흠뻑 취했다.

 새로운 동네로 이사를 갔을 때 우리는 모두 다다르에 있는 츠하빌다스 학교에 다니고 있었다. 우리에게는 또 하나의 커다란 변화였다. 이때 우리는 서로 다른 두 개의 문화와 감정을 동시에 접하고 느끼면서 사는 법을 배웠다. 한편으로는 바바사헤브의 가르침을 따르는 격렬한 운동과 인간으로서의 존엄성을 쟁취하고 스스로의 정체성을 찾아가려는 투쟁을 경험했다. 그러면서 또 한편으로는 어엿한 하부 중산층으로서의 삶을 살았다. 그리고 사투리의 억양이 섞이지 않은 표준 마라티어로 말하는 법을 배웠다. 선생님들의 탁월한 실력과 이상주의는 우리를 압도했고, 학교 공부는 한없이 즐거운 경험이 되었다.
 우리가 알지 못하는 사이에 시각이 넓어졌다. 보이스카우트 활동도 하고, 처음으로 집에도 가져갈 수 있는 책을 샀다. 주로 바바사헤브의 책이었지만 다른 것도 있었다. 다다는 늘 공부에 도움이 되는 분위기를 만들려고 노력했다. 교육의 여신인 사라스바티의 그림을 벽에 걸었고, "평화가 있는 곳에 번영이 산다."는 글귀로 거실을 장식했다. 새 집에는 근사한 시설이 있었다. 스위치를 누르면 전깃불이 들어왔다. 자누 형은 발코니에 책상을 놓고, 밤늦도록 주변의 방해를 받지 않고 공부를 했다. 형의 책상을 밝히는 불빛은 멀리서도 보였다. 여기에 자극을 받은 다른 집 부모들은

"자다브네 자식들이 불을 끌 때까지 공부를 해야 한다."는 한 가지 원칙을 세웠다.

우리는 해마다 다다가 포트 트러스트에서 가져오는 낡은 코트로 카키색 반바지를 만들어 입었다. 하지만 학교에 입고 가는 옷과 집에서 입는 옷을 구분하는 호사를 누리지는 못했다. 바이와 다다는 옷을 사는 데는 돈을 아끼면서도 우리에게 늘 신발을 신겼다. 같이 학교를 다니는 아이들 중에 그만한 여유가 있는 아이는 매우 드물었다. 우리 부모님은 이것만큼은 절대로 양보하지 않았다.

바이는 근근한 살림을 꾸려 나가기 위해 열심히 채소와 과일을 팔았다. 새벽같이 일어나 비쿨라의 도매시장에서 물건을 떼다가 와달라의 중앙철도 작업장 근처에 좌판을 벌였다. 장부를 적고 월급날에 외상값을 받는 건 자누 형의 몫이었다.

다다르의 학교까지 3킬로미터가 넘는 길을 걸어가려면 일찍 일어나야 했다. 지각을 하면 회초리를 맞았다. 와달라에서 츠하빌다스 학교를 다니는 다른 아이들은 밀주업자나 가난한 집 아이들과 어울린다는 이유로 우리를 멀리했다. 물론 진짜 이유는 우리의 카스트였을 것이다. 가나파티 축제 기간에 그런 아이들의 집에 가면 집 밖에서 손을 쭉 뻗어 프라사드를 받았다. 사람들은 우리와 살이 닿지 않으려고 여간 조심하지 않았다. 하지만 이런 것에 아랑곳하지 않고 안으로 들여서 푸자 의식을 치르게 하는 집도 있었다.

1956년에 자누 형은 우수한 성적으로 대학입학시험을 통과했다. 그리고 바바사헤브가 다녔던 엘핀스톤 대학에 가기로 했다. 하마터면 형은 카키색 반바지를 입고 입학식에 참가한 최초의 학생이 될 뻔했다. 누군가가 지적한 것을 듣고 다다는 얼른 흰 면바지 네 벌을 사오면서도 셔츠를 사오는 것은 깜빡했다. 그 바람에 바지는 여유 있게 바꾸어 입었지만 한 벌뿐인 셔츠는 매일 빨아 입어야 했다.

엘핀스톤에 간 형은 행복하지 않았다. 다른 학생들, 특히 상층 카스트의 부유한 집 아이들이 무시하고 따돌린다는 느낌을 받았다. 형은 결국 암베드카르 박사가 세운 싯다르타 대학의 입학 허가를 받고, 정부 장학금까지 받았다. 한번은 장학금으로 책을 여러 권 샀다. 책을 가지고 집에 가면 장학금을 좋은 데 썼다며 칭찬을 들을 줄 알았다. 그런데 바이는 화를 냈다.

"이게 무슨 짓이니? 돈을 고스란히 집에 가져올 수도 있었잖니!"

싯다르타 대학에서 형은 자신이 나아갈 길을 찾았다. 토론을 벌이고, 모의국회 활동에도 참여했다. 모든 글과 연설의 주제는 늘 바바사헤브와 그의 달리트 운동이었다.

우리 형편에 형이 취미 활동을 하는 건 불가능했다. 그건 사치였을 것이다. 무슨 일이라도 해서 다다의 부담을 덜어 주어야 했다. 이건 신분 상승을 꿈꾸는 모든 달리트의 공통된 문제였다. 이 점을 깨달은 바바사헤브는 일과 공부를 병행해야 하는 사람들을 위해 뭄바이에 최초로 아침 대학을 개설했다.

자누 형은 아침에 일찍 수업을 듣고 낮에는 일을 할 수 있었다. 그는 세관에서 허가서 발급하는 일을 하게 되었다. 하루는 형의 빠른 일처리가 만족스러웠던 사람이 빈랑나무 열매 한 봉지를 주었다. 형은 바이가 좋아하는 거라 기쁜 마음으로 집에 가져왔다. 물론 바이는 좋아서 어쩔 줄 몰랐다. 그런데 다다는 불같이 화를 내며 그걸 휴지통에 던져 버렸다! 그 사건은 모두에게 영원히 지워지지 않는 교훈이 되었다.

기말고사를 앞두고 형은 휴가를 신청했다. 그게 거부되면 일을 그만두었다. 형은 일고여덟 개의 직장을 거친 후에야 대학을 졸업했다. 그리고 그렇게 어렵다는 공무원 시험에 합격해서 아이에이에스(IAS)에 들어갔다.

암베드카르 박사의 오랜 동료로 델리에 가 있었던 샤스트리 박사가 형의 합격 여부를 미리 알아보았다. 그는 형이 합격했다는 걸 알고는 "J. D. 자다브 아이에이에스 가다."라는 내용의 전보를 쳤다. 집배원은 동이 틀 때 전보를 가져왔다. 자누 형은 벌써 나갔고, 집에서 영어를 읽을 줄 아는 사람은 디나 형뿐이었다. 밤늦게까지 시험공부를 하다가 막 잠이 들었던 디나 형을 깨워 전보를 읽게 했다. 비몽사몽인 디나 형의 눈에 전보의 흐릿한 글자는 이렇게 보였다. "J. D. 자다브 이 세상에서 가다."

"자누 바우(남자 형제)가 죽었다!" 이렇게 비명을 지르고는 의식을 잃고 쓰러졌다. 난리법석이 일어났다. 이웃 사람들도 모여들었다. 아무도 영어를 몰랐기 때문에 전보는 다시 읽어 볼 생각도 하지 않았다. 전보는 생각만 해도 비통할 따름이었다.

그러다 타밀 나두 출신으로 이웃에 살고 있던 사람이 전보를 열심히 들여다보더니 소리를 쳤다.

"아이고, 이건 경사예요! 자누가 공무원 시험에 통과했대요."

비통하던 분위기는 금세 환희로 바뀌었다.

자누 형이 연수를 받기 위해 무수리로 떠나던 날, 뭄바이 중앙역은 포트 트러스트 촐에서 나온 사람들로 가득 찼다. 대부분이 달리트였지만, 다른 종교와 카스트인 사람들도 많았다. 꽃목걸이가 산더미처럼 쌓였다. 객실 한 칸을 꽃으로 장식했다. 사실 대부분은 아이에이에스가 무슨 뜻인지도 몰랐다. 그저 그게 대단한 일이라는 것만 알 뿐이었다. 모두가 자누 형의 성공을 진심으로 기뻐했다. 그가 모두의 꿈을 이루고 있었기 때문이다.

기차가 떠나기 직전에 다다가 자누 형을 옆으로 불러냈다. "아마 너는 기억을 못하겠지만……." 다다가 말을 끝마치기도 전에 형은 무슨 이야기인지 알았다. 오래전에 다다가 두 형을 데리고 바바사헤브 앞으로 나갔을 때 그는 이렇게 말했다고 한다. "아이들을 잘 가르치게." 다다는 바바사헤브의 말을 그대로 따랐고, 그 과정에서 바바사헤브가 달리트 추종자들을 향해 외친 "존경받고 힘 있는 자리에 오르라."는 충고가 열매를 맺었다.

자누가 공무원 시험에 합격했을 때, 다다는 뭄바이 포트 트러스트 4등급 직원이었다. 직원의 아들이 공무원 시험에 합격했다는 이야기를 듣고 회장이 다다를 불렀다. 다다는 디나 형을 데리고 갔다. 회장이 앉으라고 하자 디나 형은 그렇게 했지만, 다다는 극구 사양했다. 상관 앞에서 자리에 앉는 게 무례하다고 생각했기 때문이다. 회장이 "그렇다면 나도 일어서야겠다."고 말하자, 그제서야 겸연쩍은 표정으로 마지못해 자리에 앉았다.

"우리 회사 역사상 직원의 아들이 아이에이에스에 들어간 적은 한 번도 없습니다. 아들이 이렇게 큰 영광을 얻어 저도 기쁩니다."

"모두 회장님 같은 분들 덕분이죠. 그리고 바바사헤브의 가르침 하고요."

"아들에게 공부를 하라고 격려한 건 아버지일 테니, 당신의 공이죠. 아들이 성공하는 데 가장 큰 역할을 한 사람은 당신입니다. 포트 트러스트의 본보기로 삼기 위해 뭔가 선물을 드리고 싶군요."
"저한테 뭘 해주실 수 있겠어요. 자격이 안 되니 승진을 시켜 주실 수도 없고, 설사 그런다고 해도 그 일을 제대로 해내지 못할 겁니다."
"은퇴를 1년 늦추는 건 어떤가요?"
"이제 필요 없어요. 아들 둘이 직장에 다니게 되었으니까요. 나머지 둘도 곧 졸업을 할 거예요. 그러니 은퇴를 늦추면서까지 일을 하고 싶지 않습니다."
"그럼 원하는 걸 말씀하시면……."
"사헤브, 은퇴를 1년 늦추는 걸 다른 사람에게 허락해 주실 수는 없을까요…… 아이들이 아직 학교에 다녀서 일을 그만두면 아이들의 공부에 타격이 갈 사람에게요. 저보다 더 힘든 사람에게 혜택이 가게 해주세요."
회장은 말문이 막혔다. 그는 다다와 악수를 하며 이렇게 말했다.
"당신은 정말 훌륭한 분입니다."

자누 형이 취직해서 집을 떠났을 때, 남은 형제들도 저마다 세상으로의 발돋움을 하고 있었다. 디나 형은 싯다르타 대학에 다니면서 권투를 배웠다. 그런데 처음으로 출전한 학교 대항전에서 너무 버거운 상대를 만났다. 너무 세게 맞은 나머지 코뼈가 부러지고 입술이 찢어졌다. 형은 코가 삐뚤어졌다는 것보다 부모님이 보일 반응이 더 두려웠다. 하지만 예상과는 달리 다다는 오히려 형을 격려했다.

"신의 축제를 한 번 걸렀다고 신이 늙는 게 아니듯이, 씨름꾼은 한 번 졌다고 겁을 집어먹지 않아. 이런 상처는 오히려 훈장이지. 진짜 권투 선수라면 한 번 졌다고 은퇴를 해버리겠니? 그래, 오늘은 시합에서 졌지만 무슨 상관이냐. 이걸 도전으로 여겨서 앞으로 전진해야지. 네가 무엇을 이룰지 두고 보자꾸나."

디나 형은 참고 견뎌서 권투 선수로 성공했다.

의지의 사내

우리는 마라티 중학교에 다녔다. 영어는 중학교에 올라가야 배웠다. 하지만 나는 형과 누나들 덕분에 초등학교에 다닐 때부터 영어를 조금 할 줄 알았다. 어느 해 여름인가, 자누 형이 알파벳을 가르쳐 주며 자꾸 써보게 했다. 한 자 한 자 떠듬떠듬 읽어서 단어의 뜻을 파악하는 건 너무 어려웠지만, 그건 어느새 내가 시간 가는 줄 모르고 빠져드는 일종의 취미가 되었다.

어느 날 다다와 함께 역 근처로 뭘 사러 가게 되었다. 길 건너에 판츠실이라는 가게가 있었다. 간판에는 영어가 커다랗게 적혀 있고, 그 밑에 마라티어가 조그맣게 적혀 있었다. 그때 내 실력은 그 간판을 읽을 정도도 되지 못했다. 내가 안간힘을 쓰는 걸 보고 다다가 말했다.

"츠호투, 네가 저 영어 간판을 읽으면 아빠가 상을 주마."

나는 마라티어를 보았으면서도 알파벳을 가지고 씨름하는 시늉을 했다.

"판슈…… 판추시…… 쉬이이일. 판츠-시-이일."

나는 더듬거렸다. 다다는 내 실력에 기분이 좋아져서 이렇게 말했다.

"우리 츠호투 장하기도 하지. 똑똑한 내 아들. 가자. 아빠가 맛있는 라시(물에 요구르트를 넣고 저어서 만든 버터밀크 음료) 사줄게."

식당에 가서 커다란 잔에 담긴 시원한 음료를 받아 들었다. 한 모금을 넘기는데 목이 막혔다. 다다는 왜 그러냐고 자꾸 물었다. 결국 볼기가 얼얼해지도록 얻어맞을 각오를 하고 여차저차한 속임수였음을 자백했다. 그런데 다다는 웃음을 터뜨렸다. 영문을 알 수 없던 나는 다다만 쳐다보고 앉아 있었다. 잠시 후, 기어들어가는 목소리로 내가 물었다.

"다다, 제가 아빠를 속였잖아요. 화 안 나세요?"

다다는 또 웃더니 눈동자를 반짝이며 내 등을 힘껏 쳤다.

"너는 일류 사기꾼이야. 심지어 이 우스타드 바프까지 속여 넘겼잖니!"

그러고는 이렇게 덧붙였다.

"걱정할 것 없다. 다다는 혼내지 않을 거니까. 속였다고는 하지만 악의 없는 장난이었고, 그걸 자백했다는 건 양심이 있다는 증거잖니. 내 아들이 정직해서 다다는 기쁜걸. 상으로 네가 제일 좋아하는 난카타이를 사주어야겠다."

정직해서가 아니라 발각이 날까 두려워 자백했다는 말은 차마 할 수 없었다. 그 다음부터 다다는 나를 '일류 사기꾼'이라고 불렀다.

다다는 바바사헤브 암베드카르가 달리트에게서 일깨워 낸 자긍심과 자각의 본보기였다. 다다는 두려움을 버렸고, 우리를 용감하게 키웠다. 말로 하는 설교가 아니라 행동으로 모범을 보였다. 한번은 다다를 따라 허가서를 갱신하러 배급소에 갔다. 여기로 가라, 저리로 가라는 말 끝에 젊은 남녀 직원 앞에 도착했다. 다다와 나는 그 근처에 서서 이름이 불리기만을 기다렸다. 5분이 지났는데도 "최고의 공공 서비스를 제공하겠다."는 두 직원은 우리 같은 사람에게는 관심도 없었다. 둘은 서로 소곤거리느라 바빴고, 책상 밑에서 다리로 장난을 치고 있었다. 다다가 헛기침을 하자 남자는 흘깃 쳐다보았지만, 도티 차림의 사내에게는 신경 쓸 필요가 없다고 생각했는지 여자와 계속 시시덕댔다.

다다는 몹시 화가 나서 상급자의 사무실로 갔다. 그리고 사무실 밖에 서서 전 직원이 다 들을 수 있을 만큼 우렁찬 목소리로 말했다.

"사헤브, 여기는 연애 사무실인가 봅니다."

화들짝 놀란 상급자가 물었다.

"그게 무슨 소리요?"

다다는 자초지종을 설명했다. 전 직원이 보는 앞에서 다다에게 사과를 하던 그 남자와 여자의 표정은 결코 잊을 수 없을 것이다. 상급자도 미안해하며 직접 일을 처리해 주었다. 그곳을 나오면서 다다가 말했다.

"츠호투, 어느 누구도 두려워해서는 안 된다. 우리는 법을 지키는 시민이고, 어느 누구에게도 빚진 것이 없으니까."

내가 중학교에 다닐 때 다다는 항만 노선의 레아이 로드 역에 붙은 포트 트러스트 철도 승무원 실장을 맡고 있었다. 바이는 가끔 나에게 다다의 점심 심부름을 시켰다. 나는 혼자서 기차를 타고 두 역을 갈 수 있다는 사실에 기쁜 마음으로 심부름을 했다. 하지만 사실 내가 눈독을 들인 건 약간의 돈을 챙길 기회였다. 우리에게는 용돈이라는 게 없었기 때문이다.

하루는 평소처럼 다다의 점심 도시락을 가져가게 되었는데, 편도만 끊어서 집에 올 때는 남은 돈으로 사모사나 난카타이를 사먹을 작정이었다. 내가 표가 나게 즐거워했는지, 다다가 낌새를 알아차렸다.

"기차표 어디 있니?"

나는 주머니에서 표를 꺼냈다. 그걸 본 다다는 왜 돌아가는 표는 사지 않았냐고 물었다. 나는 아무렇지 않게 잊어버렸다고 대답했다. 하지만 다다는 이게 그리 호락호락 넘어갈 사안이 아니라는 표정을 짓고 있었다. 나는 발끈해서 말했다.

"지금 가서 살 거예요."

다다에게 도시락을 주고 일어났다. 집까지 걸어가며 군것질을 할 생각에 급히 승강장으로 갔다. 다다가 보고 있을지도 몰라서 일단 매표소 쪽으로 걸어갔다. 그리고 이쯤 되면 안 보일 거라는 확신이 들었을 때 선로로 뛰어내려 와달라행 기차들이 서 있는 반대편 승강장으로 건너갔다. 한 2분이나 지났을까, 무슨 마법이라도 부린 것처럼 다다가 내 앞에 나타났다.

"표 좀 보여 줘."

다다가 말했다.

나는 대답할 말이 없어서 겸연쩍게 웃었다. 다다는 나에게 표를 사주고 집으로 보냈다. 그날 저녁 다다가 집에 돌아온 후에 맞은 기억을 떠올리면 지금도 등줄기를 따라 짜르르 소름이 끼친다.

다다는 늘 우리의 공부에 신경을 썼다. 공부를 게을리 하거나 점수가 낮으면 지체 없이 매를 들었다. 좋은 성적표를 가져간다고 칭찬을 쏟아 내지는 않았지만, 그걸 볼 때면 얼굴이 환하게 밝아졌다. 한없이 깊은 애정과 자랑스러움으로 눈동자를 빛내는 그 모습을 보면 묵묵한 칭찬이어도 아무 상관없었다.

나는 1969년에 대학입학시험을 통과했다. 다다는 내 성적을 보고 기뻐서 어쩔 줄 몰랐다. 산스크리트어에서 우수한 성적으로 상을 탔다는 사실을 무엇보다 기뻐했다.

"브라만들은 그게 신의 언어라면서 우리한테 배우지 못하게 했지. 이제 본때를 봤을 게다."

다다는 그렇게 말하면서 축하의 의미로 내 등을 탁 쳤다.

다다는 당신의 일에 대단한 자부심을 가졌다. 1965년에 결혼한 자누 형은 다다가 일하는 사무실로 형수를 데려갔다. 다다는 모든 동료들에게 며느리를 인사시켰을 뿐만 아니라, 기차 승무원이 하는 일이 뭔지도 보여 주었다.

다다는 모든 것에 열의와 흥미를 가졌다. 한번은 남인도 출신인 코코넛 장수가 예리한 칼을 휘둘러 껍질을 벗기는 솜씨를 보고 몇 번이나 그걸 시도했다. 그리고 예상했던 일이 벌어졌다. 코코넛 대신 허벅지를 벴고, 그제야 칼을 내려놓았다.

다다는 1970년에 은퇴했다. 그리고 얼마 후 심장마비를 일으켰다. 그때까지도 다다는 싸고 독한 비디(싸구려 인도 담배, 손으로 잎을 말아 피우는 담배)를 피웠다. 의사는 담배를 끊으라고 충고했고, 다다는 사십 년 지기를 어떻게 버리냐고 했다. 의사는 정 그러면 필터가 있는 순한 담배로라도 바꾸라고 했다. 자누 형이 그 즉시 555스테이트익스프레스라는 담배를 한 보루 사왔다.

마침 마을분이 찾아와서 다다와 이야기를 하고 있었다. 다다는 담배 한 갑을 꺼내 포장을 벗기려고 했다. 한참을 만지작거리다가 결국 참을성을 잃고 와락 뜯어 버렸다. 당신도 한 대를 물고 친구에게도 권했다. 담배에 불을 붙이고 몇 모금 빨다가 다다는 실망한 듯 고개를 절레절레 저었다. 우리는 이해를 하지 못했다. 디나 형이 참지 못하고 물어보았다.

"다다, 이 담배는 영국 여왕의 지시로 만들어진 거예요. 그런데도 영 아니란 말씀인가요?"

그러자 너무나 다다다운 대답이 나왔다.

"영국 여왕 얘기는 할 것도 없다. 그분이 내 비디를 피워 봤다니? 아마 그랬더라면 이런 담배는 당장 내버렸을 게다."

은퇴한 다다는 시간이 남아 무료해했다. 글을 읽기도 쉽지 않았다. 평생 손을 써서 일했던 분이라 뭐든 '고치는' 걸 좋아했다. 멀쩡하게 잘 돌아가는 물건도 다다의 손을 피해 가지 못했다.

하루는 아침 일찍 다다가 나를 보고 말했다.

"츠호투, 이 시계 똑딱이는 소리가 너무 크지 않니."

다다의 속마음을 간파한 내가 말했다.

"잘 가기만 하는데요, 뭐. 똑딱 소리도 전이랑 똑같아요. 그래도 고치시겠다면 마음대로 하세요."

다다는 이미 그렇게 하기로 작정했기 때문에 은근히 놀리는 내 말투는 무시해 버렸다. 시계를 분해해서 한참 광을 내고 닦다가 다시 조립을 했다. 오래전에 시계 수리를 했다지만 손을 놓은 지 오래였고 시력도 예전 같지 않았다. 시계가 멈춘 것도 놀랄 일이 아니었다. 하지만 이 말을 하지 않고 넘어갈 수는 없었다.

"다다, 똑딱이던 시계 소리가 정말 안 들리게 됐네요!"
"사람들이 시계를 예전처럼 만들지 않아."

다다가 속상해하며 중얼거렸다. 그걸 보자 내 마음도 안 좋았다. 그 후로는 모두 다다의 '수리'를 좀 더 흔쾌히 받아들이게 되었다.

나이가 든 후로 다다는 예전만큼 화를 내지 않았다. 어쩌다 그런 경우에도 어렸을 때처럼 무섭지 않았다. 기껏해야 토라지는 정도였다. 다다는 시간을 엄격히 지켰는데, 예전에 시계 수리를 했기 때문이 아닐까 싶다. 심지어 밥을 먹고, 목욕을 하고, 차를 마시는 것마저도 시간을 지켰다. 시간이 어그러지면 언짢아하면서 아무하고도 말을 하지 않고 가만히 앉아 있었다. 누가 원인을 제공했든 다다의 마음을 풀어 주는 건 내 몫이었다. 아마 막내여서 그랬는지 다다와 내 사이는 좀 더 각별했다. 다다의 발을 만지며 용서를 비는 방법은 한 번도 실패한 적이 없었다. 다다는 나의 과장된 행동을 꿰뚫어 보고 금세 킬킬거리며 웃음을 터뜨렸다. 다다가 나를 '일류 사기꾼'이라고 부르면 화가 가셨다는 뜻이었다.

이렇게 다다와 나는 사이가 좋았고, 돌아가시기 얼마 전에는 특히 더 가까웠다. 아버지와 아들이라는 격식을 버리고 유난히 격의 없이, 심지어 버릇없이 굴 때도 있었다. 한번은 내가 말했다.

"다다가 가족계획 같은 걸 믿지 않아서 얼마나 다행이에요."

개인적인 삶에 불쑥 끼어드는 것 같은 이런 말이 언짢았던 다다가 묵직한 목소리로 물었다.

"그런 말은 뭐 하러 하니?"

"다다가 두셋만 낳고 그만두었으면 나는 태어나지도 못했을 거 아니에요!"

다다의 진지한 표정은 흔적도 없이 사라지고, 이가 다 빠진 입을 벌리고 껄껄 웃으면서 나를 사기꾼이라고 부르며 등을 찰싹 때렸다.

다다는 은퇴를 한 후로 종종 앓아눕기 시작했다. 병원에 입원해야 할 때면 다다는 늘 세인트조지 병원을 고집했다. 거기서는 심부름꾼부터 의사까지 모르는 사람이 없었다. 다다는 밝은 성품으로 모든 사람과 친구처럼 지냈고, 간호사들마다 별명을 붙여 주었다. 까무잡잡, 뚱땡이, 땅딸이라고 부르는데도 아무도 기분이 상한 것 같지 않았다.

한번은 까무잡잡이라는 별명을 갖게 된 간호사가 이렇게 받아쳤다.

"까맣기로는 할아버지도 만만치 않으세요."

"그건 맞는 말이야. 하지만 나는 자네처럼 반만 까맣다 말지는 않았다고. 내 까만색은 아주 순수하고 강하지. 물이 빠지면 돈을 환불해 줘야 해!"

다다가 말했다.

1972년에는 큰 수술을 받았다. 신장 하나를 제거했다. 병원으로 달려간 나는 간호사 대여섯 명이 다다를 둘러싸고 있는 모습에 깜짝 놀랐다. 알고 보니 간호사 한 명이 다다에게 마라티 민요를 불러 주고 있었다. 우리 다다의 매력은 그 정도였다.

결혼 전에 집에서 내 배필 이야기가 가끔 오갔다. 하지만 본격적으로 진행되지는 않았다. 다들 독립적인 내 기질을 알기 때문에 내가 알아서 할 거라고 생각했다. 하루는 친척분이 이렇게 말했다.
"우리 공동체의 가난한 집 딸과 결혼하도록 해라. 그러면 온 집안이 혜택을 볼 수 있잖니."
나는 대꾸를 할 필요도 없었다. 다다가 호통을 쳤다.
"자네, 참 똑똑하군! 남자가 다른 사람들 잘 되라고 결혼하나? 자네 말대로라면 한 집안은 잘 살 수 있겠지. 하지만 그러려면 모든 사람에게 혜택이 돌아가도록 과년한 딸들하고 전부 결혼을 해야 하지 않겠어? 가난하든 부자든, 평생을 함께할 동반자를 선택해야지."
이 논쟁은 한동안 계속되었다. 갑자기 다다가 방향을 바꾸더니 나에게 물었다.
"너는 네가 사회 활동가라고 생각하지? 그렇다면 청소부 카스트의 딸과 결혼하지 그러니?"
"다다, 결혼할 때는 사랑과 카스트 중에 뭘 선택해야 하나요?"
다다는 내 말에 일리가 있다고 인정했다.
"그래, 네 말이 맞다. 신중하게 생각하고 선택해. 서로 맞지 않는 사람과 살면서 맞춰 가기란 아주 힘들단다. 어떤 여자를 선택하든 카스트를 따지지는 말거라."

나는 정말로 카스트 문제는 신경도 쓰지 않았다. 내가 평생의 동반자로 선택한 바순다라는 우리보다 높은 카스트 출신이었다. 이 사실을 알았을 때 다다는 조금 언짢아했다.

"이 사람들, 지참금을 아끼려고 훌륭한 내 아들에게 딸을 시집 보내려는 거 아니야? 자기네 카스트끼리 결혼하면 그 돈을 내야 하니까."

나는 다다를 진정시켰다.

"그런 집안 아니에요. 설사 그렇다고 해도 무슨 상관이에요? 우리가 어디 지참금을 받을 사람들인가요?"

다다는 내 말을 인정하는 듯했다. 다다는 그저 우리가 서로 잘 맞는지 확인해 보고 싶어 했고, 그런 다음에는 기쁜 마음으로 결혼을 허락했다. 하지만 다른 사람들을 설득하기란 그렇게 쉽지 않았다. 바수의 어머니 인두바이는 특히 더 어려웠다.

"내 눈에 흙이 들어가기 전에는 어림없다. 낮은 카스트의 마하르하고 결혼하려면 집에서 나가."

인두바이는 기의 울부짖었다.

"하지만 그는 많이 배웠고, 무엇보다 좋은 사람이에요."

"이건 배운 것하고 아무 상관없다. 그래, 좋은 사람일지도 모르지. 하지만 그러면 뭐하니, 낮은 카스트인 걸. 네가 그 사람하고 결혼하면 우리 집안의 평판이며 사회적 지위는 땅바닥에 떨어질 거야."

그 일은 바수네 집에서의 언쟁으로 끝나지 않았다. 인도준비은 행에 다니던 나는 그날 사무실에서 회의를 하고 있었는데, 누가 찾아와 나를 당장 만나야겠다고 고집을 부린다는 전갈을 받았다.

기다리던 사람이 바수의 어머니라는 사실을 알고 나는 깜짝 놀랐다. 바수의 어머니는 내가 정신을 차릴 틈도 주지 않고 크고 분명한 목소리로 직장 동료들이 모두 보는 앞에서 나를 몰아붙였다. 무슨 말을 해도 진정시킬 수 없었고, 그러기는커녕 화만 더 돋울 뿐이었다.

"어떻게 해야 내 딸을 그만 만날 건가? 우리는 평판 좋고 보수적인 집안이야. 내 딸은 우리 카스트 출신과 결혼할 걸세. 앞으로 다시는 내 딸을 만나지 말게."

인두바이가 고함을 쳤다. 나는 놀랍고 민망한 마음에 입을 다물었고, 그건 사려 깊게 자리를 피해 준 동료들도 마찬가지였다.

"달리트치곤 훌륭하군. 교육도 잘 받고 좋은 직장도 갖고 있으니. 자네 부모님한테 달리트 신붓감을 찾아 달라고 하고, 내 딸은 내버려 두게."

그날 저녁 내가 아무 말도 없자 바수는 꼬치꼬치 캐물었고, 이유를 듣고는 사색이 되었다. 달리트와 결혼함으로써 카스트 제도에 뿌리를 박은 전통과 편견을 거부하는 것이 이 정도의 반향을 불러올 줄은 미처 생각지 못했다. 바수의 오빠들과 아버지는 어머니보다 훨씬 진보적이어서 설득을 할 수 있었다. 한없이 이야기를 하고 또 한 끝에 결국 그들의 지지를 얻어 냈다.

어떤 것으로도 우리의 마음을 돌릴 수 없다는 걸 깨달은 후에야 인두바이는 손을 들었다. 침묵으로 수락을 하긴 했지만, 못마땅한 기색이 역력했다. 줄곧 냉담했으며 결혼식 때는 중간에 나가 버렸다. 맞장구를 쳐주는 사람만 있으면 자기 딸의 인생은 이제 끝장이라는 말을 읊어 댔다. 근처 판잣집에 사는 몇 안 되는 달리트들이 인두바이가 낮은 카스트에 대해 갖고 있는 판단의 근거이자 기준이었다. 그곳에 사는 남자들은 술과 노름 중독인데다 아내를 때리는 경우도 부지기수였다. 그들은 가난의 늪에 빠졌고 무기력했다. 나라고 다를 게 뭐겠는가? 인두바이는 딸이 석 달도 되지 않아 집으로 돌아올 거라고 호언장담했다.

"교양 있는 집에서 자란 여자가 어떻게 하층 카스트 생활에 적응할 수 있겠어?"

몇 년이 지난 후에는 사위 중에서도 나를 제일 아꼈고, 투박한 사투리를 쓰는 우리 바이와도 몇 시간씩 이야기를 나누었다. 두 분 어머니는 요리법과 전통을 비교하고, 가족 행사가 있으면 민요를 함께 부른다. 카스트 이야기가 나오면 어색한 침묵이 감돌긴 하지만, 장모는 당신이 무지와 사회적인 편견의 피해자였음을 인정한다. 이제 장모가 우리 집과 얼마나 가까이 지내게 되었는지는 직접 보지 않고는 믿을 수 없을 정도다.

그때는 11월이었고, 우리는 한 달 안에 결혼하길 원했다. 바수와 내가 결혼식장으로 점찍은 바니타 사마지라는 곳은 엘리트들 사이에서 잘 알려진 도심의 예식장이었다. 가족과 친구들은 하나같이 그 예식장은 6개월 전부터 예약이 꽉 차기 때문에 자리를 구할 수 없을 거라고 입을 모았다.

"결혼 날짜는 언제인가요?"

바니타 사마지의 예약 담당 직원이 물었다.

"12월의 주말이면 아무 때나 괜찮습니다."

내가 대답했다.

"저희는 6개월 전부터만 예약을 받는데요. 일 년 하고도 한 달이나 일찍 오셨네요."

"아니오, 저희는 다음 달을 말하는 거예요. 올 12월이요."

내가 설명했다.

그러자 직원은 웃음을 터뜨렸고, 앞으로 5개월 동안 예약이 꽉 찼다고 말했다. 예약철을 보여 달라고 설득해 보았지만 직원은 그걸 가져올 생각도 하지 않았다. 한참을 옥신각신한 끝에 결국 12월 예약철을 펼쳤다. 대부분 빨간색으로 표시가 되어 있었지만, 두 주는 빈칸이었다.

어떻게 된 거냐는 표정으로 쳐다보자, 그 기간은 파우슈 달(힌두력에서 해가 북쪽으로 들어가서 겨울이 여름으로 돌아서는 무렵을 파우슈라고 하고, 서양력에서는 12~1월에 해당된다)의 불길한 때여서 결혼하기에 길일이 아니라는 설명을 했다. 나는 12월의 빈 토요일 중에서 제일 빠른 날짜로 예약을 하고 싶다고 말했다.

"그럴 수 없습니다. 어떻게 불길한 날에 결혼을 해요? 주례를 맡아 줄 사제가 없을 겁니다."

그는 충격을 받은 눈치였다. 그건 내가 알아서 할 문제고, 정 안 되면 사제 없이 결혼해도 상관없다고 그를 설득하기까지는 한참이 걸렸다. 나는 계약금을 내밀면서 접수증을 써달라고 했다.

"제 말 좀 들어보세요. 손님은 젊고, 하루빨리 결혼하고 싶은 마음은 저도 이해합니다. 하지만 어떻게 전통에 반하는 걸 하도록 그냥 내버려 두겠습니까. 제 말을 들으세요. 집에 가서 어른들과 상의를 하고, 그래도 정 해야겠다면 그때 접수를 받겠습니다. 이 기간에 식장을 예약할 사람은 아무도 없을 테니 그건 염려 마세요."

직원은 친절하게 말했다. 하지만 나는 짜증이 솟고 참을성은 바닥이 났다. 바수에게 남들이 불길하다는 날에 결혼해도 괜찮겠냐고 물었다. 바수는 걱정이 되긴 해도 내 뜻을 따르겠다고 했다.

"자요, 계약금입니다. 결혼은 우리가 하고, 우리는 미신 같은 건 믿지 않아요. 매일 매일이 우리에게는 길일입니다. 우리가 결혼하는 날은 더 엄청난 길일일 거예요. 왜냐하면 우리가 결혼하기로 선택한 날이니까요. 시간은 비어 있고 당신이 하는 일은 예약을 받는 것 아닙니까."

가차 없는 내 태도에 직원은 입을 다물지 못했다. 어쩔 수 없다는 듯이 고개를 끄덕이며 돈을 셌다. 그는 접수증을 써주기 전에 걱정스러운 눈빛으로 다시 한 번 물었다.

"후회 없으시죠? 사제를 구하지 못하거나 어른들의 반대로 환불을 하시려면 위약금으로 10퍼센트를 내야 합니다."

접수증을 받아들고 기쁜 마음으로 일어서려다 나는 문득 불길한 날에 결혼을 하면 무슨 일이 생긴다는 건지 궁금해졌다.

"그런데 어째서 이때는 아무도 결혼을 하지 않는 거죠?"

내가 물었지만 그 직원은 아무 말 없이 멍한 표정으로 쳐다볼 뿐이었다.

"이날을 선택했으니, 이제 저희한테 무슨 일이 일어나게 되는 건가요?"

바수도 물었다.

"그건 말해 줄 수 없어요."

직원은 맥없이 대답했다. 그러더니 나를 보며 날카롭게 되물었다.

"당신에게 설명해 주어야 무슨 소용 있겠어요? 벌써 마음을 정했는데."

나는 어깨를 한 번 들썩이고 직원에게 고맙다고 말했다. 그는 갈등을 하는 눈치였다. 결국 그가 입을 열었다.

"이봐요, 지금 접수증을 찢어 버린다면 계약금을 전부 내드리리다. 내가 여기서 16년을 일했는데, 파우슈 달에 결혼한 사람은 아무도 없었어요. 운명을 가지고 장난을 칠 생각이오?"

나는 그러니까 어떤 결과가 생기는지 말해 달라고 했다. 그는 표현을 신중하게 골라 쓰려고 노력하면서, 이때 결혼을 하면 신이 노해서 그 부부에게 저주를 내리고 가정에 불행이 닥칠 수도 있다고 했다.

"어떤 불행이요? 툭 터놓고 말씀해 주세요."

그는 어쩌면 우리가 마음을 돌릴지도 모른다고 생각했는지, 처음으로 조금 느긋한 표정이 되었다.

"파우슈 달에 하는 결혼은 파멸을 부르고, 부부 중 한 명이 몇 달 안에 죽을 수도 있다고들 하죠."

나는 혹시라도 바수가 불안해할까 봐 일부러 더 크게 웃으며, 그의 이야기를 미신으로 일축했다.

"그거야 말로 파우슈 달에 결혼해야 할 이유로군요. 누가 죽는지 한번 두고 보죠."

나는 거들먹거리며 비아냥대고는 그곳을 떠났다. 나중에야 우리를 걱정해서 그랬을 뿐인 직원에게 무례하게 군 것이 후회되었다.

우리는 1979년의 불길한 날에 바니타 사마지에서 결혼했지만,

지금까지 25년째 행복하게 잘 살고 있다. 그 이듬해에 아들 탄모이가 태어났다.

다다는 끊임없이 넓은 도량과 진보적인 태도를 보여 주었다. 우리 집 며느리들은 아무도 일을 하지 않았다. 형들이 반대한 건 아니지만, 그렇다고 적극적으로 지원하지도 않았다. 하지만 다다는 여자들이 독립적이어야 하며 원한다면 일을 할 수도 있다고 믿었고, 바순다라가 바바사헤브 암베드카르가 세운 싯다르타 대학에서 강의를 하게 되었다는 말을 들었을 때는 기뻐서 어쩔 줄 몰랐다.

나는 1981년에 인도 정부의 장학금을 받아 경제학 박사 과정을 밟기 위해 미국으로 떠났다. 이후 다다는 심장발작을 여러 번 일으켰다. 그러나 다다는 포기하지 않았다. 1984년에는 상태가 너무 심각해서 의사들도 길어야 몇 달일 거라고 단언했다. 모두가 시름에 잠겼다. 하지만 다다는 형에게 이렇게 말했다고 한다.
"츠호투가 돌아올 때까지는 안 죽을 거다"
디나 형이 미국으로 전화를 걸었고, 나는 당장 뭄바이로 달려왔다. 공항에서 곧장 병원으로 향했다. 하지만 당신의 상태가 위중해서 그 먼 길을 왔다고 하면 속상해할까 봐 인도준비은행에 일이 있어 온 것처럼 둘러댔다. 하지만 내 이야기는 설득력이 없었던 모양이다.
"너는 아직도 일류 사기꾼이로구나. 왜 온 게냐? 네가 학위를 받아서 돌아올 때까지 안 죽는데도. 가. 가서 공부를 다 마치고 와."

대학에서 나를 1985년도 최우수 해외유학생으로 선정했을 때는 무척 놀랍고 영광스러웠다. 아내와 아이들에게 이 소식을 전하기 위해 서둘러 집으로 가다가 문득 다다 생각이 났다. 정말로 이 상을 받아야 할 사람은 다다였다. 다다가 옆에 있기를 얼마나 간절히 원했는지, 등을 툭 치는 말 없는 그 칭찬이 얼마나 그리웠는지 모른다.

1986년에 박사학위를 받고 집으로 돌아갔다. 다다는 거의 그림자만 남은 상태였지만 정신은 어느 때 못지않게 또렷했다. 다다는 마지막 순간까지 또랑또랑한 총기로 사람들을 놀라게 했다.

다다는 내가 한 연구에 대해 물었다. 경제와 관련된 주제를 일반적인 용어로 알아듣게 설명하기란 거의 불가능했지만 최선을 다했다. 다다의 다음 질문은 "그걸로 보통 사람들을 어떻게 도울 수 있느냐"는 것이었다.

다다는 수많은 경제학자들이 간과하는 근본적인 문제를 정확히 짚어 냈다. 나는 말문이 막혔다. 다다는 그런 나에게 주의를 주었다.

"아무리 공부를 많이 하고 연구를 많이 해도 길거리의 사람들을 돕지 못한다면 전부 낭비일 뿐이다."

하루는 나를 불렀다. 표정이 엄숙했다.

"바바사헤브가 외국에서 학위를 받고 돌아왔을 때, 원한다면 정부의 어떤 자리도 차지할 수 있었어. 하지만 그는 우리 민중의 단합과 사회 개혁의 길을 선택했다. 너도 미국에서 학위를 받았지. 그런데 너는 왜 인도준비은행에서 일을 하는 거니?"

"바바사헤브는 특별했어요. 저는 평범한 사람일 뿐이에요."

"나는 그렇게 생각하지 않는다. 너처럼 많이 배운 젊은이가 정치를 하고 사람들에게 봉사해야 해."

결국 그 이야기를 마무리 지을 작정으로 나는 이렇게 말했다.

"요즘 정치하는 사람들 중에 민중에게 봉사하는 사람은 아무도 없어요. 그러던 시절은 지났어요. 요즘 정치판은 폭력배와 깡패들이 다 장악했어요."

다다는 절대로 포기하는 사람이 아니었다.

"잘됐구나, 너야말로 일류 사기꾼 아니니!"

거기에는 대꾸할 말을 찾을 수 없었다.

1988년에는 에티오피아에 가게 되었다. 인도준비은행에서 에티오피아 정부의 재정자문으로 발령을 냈다. 다다는 수많은 심장발작을 겪었지만, 그를 데려간 건 암이었다. 다다가 위중하다는 소식을 듣고 서둘러 뭄바이로 갔다. 치명적인 병과 싸우면서도 다다는 웃음을 잃지 않았다.

"미국이 네 피부를 희게 만들지 못하더니, 아프리카도 너를 까맣게 만들지 않았구나!"

그 말에는 웃지 않을 수 없었다.

"제 피부색이야 아버지 닮아서 그렇죠. 물 안 빠짐 절대 보장!"

다다는 1989년 1월 14일에 세인트조지 병원에서 눈을 감았다. 자식들이 전부 임종을 지켰다. 세상을 떠난 다다의 얼굴에 어린 평화로움과 만족스런 표정은 나도 저래야겠다는 생각이 들 정도였다. 장인어른은 이렇게 말했다.

"아버님은 마치 당신의 죽음을 선택하신 것 같군 그래. 오늘 같은 길일에 세상을 떠나는 것보다 더 상서로운 일도 없을 거야. 오늘이 마카르 산크란티, 힌두교의 정월 초하루잖나."*

다다가 들었으면 코웃음을 쳤을지도 모른다. 하지만 살고 싶은 동안에는 죽음에 맞서 싸우다가, 당신의 방식대로 죽음에 몸을 맡긴 건 분명했다. 다다는 결의와 용기라는 더없이 소중한 유산을 남겼다. 다다는 우리의 아버지였을 뿐만 아니라, 철학과 삶의 방식 그 자체였다. 살다가 힘이 필요한 순간이 닥치면, 우리는 우리 안에 간직한 다다를 찾아본다.

힌두력에서 대단히 상서로운 날로 여겨지는 마카르 산크란티는 해가 12궁의 열 번째 상징인 염소좌에 접어들어 북반구를 향한 여정을 시작하는 날이다. 12년마다 한 번씩 이때를 맞아 거행되는 순례축제인 쿰브멜라 때는 수백 만 명의 힌두교도들이 신성한 강물에 몸을 담그고 목욕을 한다.

어머니의 소박한 세상

바이는 나를 두르바라고 불렀다. 바이 말고는 나를 그렇게 부르는 사람이 없었다. 내가 태어났을 때는 바이가 과일과 채소 장사를 그만두어도 될 만큼 우리 집 형편이 많이 좋아졌을 때였다. 하지만 바이는 늘 그게 내 덕이라고 말했다.

"우리 두르바는 아주 특별한 아이지. 이 아이가 태어나면서 내가 과일 바구니를 머리에서 내려놓을 수 있었으니까."

그렇게 특별대우를 받다 보니 당연히 형제들 머리 꼭대기에 올라가려고 했다. 가끔 내가 잘못을 해서 다다나 할머니가 호통을 칠 때도 바이는 나를 두둔했다.

"두르바는 아직 애기잖아요. 뭘 그렇게 심하게 야단을 치세요. 어쩌다 한번 잘못을 하긴 했지만, 나에게는 특별한 자식이에요. 내 짐을 덜어 준 행운의 아이라고요."

어렸을 때는 바이가 항상 끝없는 일의 굴레에 묶여 있었던 기억이 난다. 바이의 하루는 우리가 일어나기 훨씬 전에 시작해서 밤늦게야 끝이 났다. 우리는 잠이 드는 마지막 순간까지 바이가 일하며 내는 소리를 듣곤 했다. 아무리 일찍 눈을 떠도 바이는 벌써 깨진 철 양동이로 만든 화덕 앞에 앉아 있었다. 천성이 부지런한 바이는 그 가장자리에 소똥과 진흙을 발랐다. 새벽 네 시에 화덕에 불을 피워서 차를 끓이고, 아침과 점심으로 먹을 바크리를 만들었다. 불이 잘 붙지 않아 연기가 뭉게뭉게 피어날 때도 있었다. 그러면 온 가족이 따끔거리는 눈을 깜빡이고 창자가 쏟아져 나올 듯이 기침을 하며 일어났지만, 바이는 어떻게 해서든 결국 화덕에 불을 피웠고, 우리는 하루도 빠짐없이 갓 구운 뜨거운 바크리를 먹고 학교에 갔다.

바이가 제일 좋아한 소일거리는 누구든 붙잡고 예전 이야기를 늘어놓는 것이었다. 가끔 아무도 들어 줄 사람이 없으면 혼잣말이라도 했다. 내가 태어날 때의 일화도 자주 이야기했다. 병원의 옆 침대에는 펀자브 여자가 있었다고 한다. 딸만 다섯인 그 여자는 아들을 낳고 싶었지만 또다시 딸 쌍둥이를 낳았다. 여자는 절망에 싸여 울부짖었다.

"남편이 나를 내쫓을 거예요."

그러고는 바이를 붙잡고 애원했다.

"이 아이들을 데려가시고, 돈은 달라는 대로 드릴 테니 당신 아들을 저에게 주세요."

그 여자는 바이를 조르고 또 졸랐다. 바이는 나만 보면 이 이야기를 하고는 나를 꼭 끌어안으며 다정하게 말했다.

"내 살덩이를 어떻게 내주겠니? 이 소누의 분신을."

금이라는 뜻의 소누는 바이의 이름이었고, 그렇다면 나는 그 금덩이에서 떨어져 나온 조각이었다. 그러다가도 내가 무슨 잘못을 하면 바이는 그 여자를 들먹였다.

"그 여자가 어디 사는지 알고 있으니까, 계속 이러면 너를 그 여자한테 보내 버리고 그 집 딸들을 데려올 테니 그런 줄 알아."

나는 바이가 정말로 나를 모르는 아줌마한테 보내 버릴까 봐 얼른 말을 들었다.

우리가 어렸을 때 바이는 신화에 나오는 크리슈나와 그의 순진한 동반자 펜디야(Pendya)의 이야기를 들려주었다. 노래를 적절히 섞어 가며 이야기를 실감나게 하는 데에는 바이를 따라올 사람이 없었다. 그래서 우리는 이야기를 더 해달라고 조르곤 했다.

그중에서 제일 감동적인 건 칠라야라는 아기 이야기였다. 삼신일체로 천상의 3대 신인 브라흐마와 비슈누와 시바는 찬구나의 믿음을 시험해 보고 싶었다. 그들은 사두로 변장하고 찬구나의 집을 찾았다. 그녀는 아기인 칠라야와 놀고 있었다. 그 모습은 행복의 상징처럼 보였다. 까맣고 예쁜 눈동자에 윤기가 흐르는 머리와 투명할 만큼 흰 피부에 드리운 머리카락의 그림자. 사랑스런 눈으로 아들을 바라보는 그녀에게서 모성애가 흘러넘쳤다. 찬구나는 사두들에게 공손히 절을 하고는 자신의 모든 것과 같은 어린 아들을 축복해 달라고 부탁했다.

사두들은 배가 너무 고프니 먹을 것을 준다면 큰 복을 받을 거라고 말했다. 찬구나는 공손히 절을 하며 배고픈 사두에게 음식을 바치는 것은 더 없는 영광이므로 뭐든 원하는 음식을 내오겠다고 대답했다. 사두들은 자신들의 허기는 한 가지 음식, 오로지 그 음식으로만 채울 수 있다고 말했다. 그러면서 찬구나가 그걸 바칠 수 있으리라고는 믿지 않는다고 덧붙였다. 찬구나는 말씀만 하시면 당장 준비하겠다고 약속했다. 사두들은 그녀에게 칠라야를 바치라고 했다.

이야기가 이 부분에 이르면 아무리 여러 번 들었어도 그리고 결과가 어떻게 된다는 걸 알고 있으면서도 모두들 속이 상하고 바짝 긴장되어 손톱을 깨물거나 부디 이야기가 행복하게 끝나기를 바라며 조바심을 쳤다. 하지만 바이는 우리의 마음을 헤아려 주지 않고, 그 부분을 길게 늘이며 반복했다.

"사두들은 아기의 머리를 절구에 넣고 갈게 했어……."

우리는 속이 뒤틀려서 비명을 질렀다. 바이는 이야기를 계속했다.

"그리고 또 한 가지 조건이 있었는데, 음식을 만드는 동안 눈물을 한 방울이라도 흘리면 그 희생이 모두 물거품이 된다는 거였어."

내 눈에서는 눈물이 줄줄 흘렀다. 그런 이야기는 이미 초월한 나이였던 자누 형은 계집애처럼 운다고 나를 놀렸다. 나는 형의 말에는 아랑곳하지 않고 바이의 어깨를 잡고 흔들며 이야기를 계속해 달라고 졸랐다.

"가슴이 무너질 것 같았지만 찬구나는 사두들이 하라는 대로 했어. 속으로 크리슈나 신의 이름을 끝없이 부르며 이 고통에서 구해 달라고 애원했지. 사두들에게 음식을 바치고 나면 목숨을 끊겠다고 결심했어. 칠라야 없이 무슨 낙으로 살아가겠어. 마음으로는 통곡했지만 눈물은 한 방울도 흘리지 않았어. 찬구나의 믿음을 확인한 사두들은 마당으로 나가 죽은 아들의 이름을 부르라고 했어. 찬구나는 가슴이 터져 나갈 것 같았지. 방금 전에 제 손으로 잔인하게 죽인 제 피와 살을 어떻게 부를 수 있겠어. 하지만 그래도 사두들이 시키는 대로 했어. 찬구나는 이렇게 외쳤어.

칠라야, 사랑하는 내 아가 칠라야.
이리 오렴 아가야, 가슴으로 부르는 소리에 대답하렴.
네 팔찌가 딸랑이던 소리가 귓가를 떠나지 않는데
나는 눈물 한 방울 흘릴 수 없구나.

아가, 칠라야, 돌아오렴.
내 아가, 내 팔은 너를 안고 싶어 저리고
내 가슴은 네게 젖을 물리고 싶어 쑤시는데……
내 아가, 내가 죽기 전에 이 어미에게 오렴.
고통받는 어미를 봐서라도, 칠라야.
아가, 칠라야, 돌아오렴.

딸랑이던 네 팔찌, 토닥이던 너의 발
까르륵거리던 그 웃음소리
저기 칠라야가 보이네.
뛰고 달리며
사랑스런 머리카락을 흩날리네.

그제야 나도 죽었다 살아난 듯이 안도의 숨을 내쉬었고, 바이는 나를 껴안고 숨이 넘어갈 지경이 될 때까지 간지럼을 태우면서 울보 물컹이라고 불렀다. 바이는 이 감동적인 노래를 부른다기보다 높낮이가 없는 톤으로 읊는 쪽에 가까웠다. 하지만 지금도 찬구 나의 이 노래를 부르던 바이를 생각하면 머리카락을 흩날리며 제 어머니에게 달려가는 어린 칠라야의 모습이 느린 동작으로 떠오른다.

세월이 흐르고 흘러 미국에서 공부를 하던 시절, 나는 집이 그리울 때마다 칠라야의 노래 또는 바이가 불러 주었던 자장가들을 바이의 사투리 그대로, 바이처럼 음정과 박자를 무시한 채 부르곤 했다. 그런 나를 보고 바수는 "어쩌면 그렇게 어머니랑 똑같이 음정과 박자를 무시할 수 있냐"고 놀리곤 했다. 그래도 그렇게 노래를 부르면 집과 가족의 온기가 나를 따뜻하게 감싸 주었다.

나는 바이가 노래와 이야기로 재창조해 낸 신화와 전설의 세계에 푹 빠졌다. 그리고 바이는 아예 그 세계 속에서 살았다. 바이는 이 지구를 신화에 등장하는 셰샤라는 뱀이 머리로 떠받치고 있다고 믿었다. 어디서 지진이 났다는 이야기가 들리면 바이는 지구의 무게가 너무 버거워진 뱀이 머리의 위치를 조정해서 그렇다고 말했다. 우리는 바이에게 실상을 설명해 주려는 노력을 결국 포기했다. 1969년에 닐 암스트롱이 달에 갔고, 우주에서 찍은 지구의 사진이 신문에 실렸다. 나는 그걸 바이에게 보여 주며 의기양양하게 말했다.

"봐요, 이게 지구 사진이란 말이에요. 바이가 말하던 셰샤가 대체 어디 있다는 거예요."

사진을 쳐다보던 바이는 이런 바보가 어디서 태어났냐는 듯한 눈빛을 나에게 보냈다. 그리고 한번 봐준다는 투로 말했다.

"두르바, 세샤 나그는 신이야. 너는 어쩜 그렇게 멍청할 수가 있니? 한낱 인간이 찍은 사진에 신의 모습이 잡힐 거라고 생각하는 거야?"

그날 나는 바이를 계몽하려는 어리석은 노력을 완전히 포기했다.

무슨 물건이라도 도착하면 바이는 그걸 묶었던 끈을 풀어서 정성스레 다시 타래를 지었다.

"나중에 쓸 일이 생길지도 모르잖니."

바이는 포트 트러스트에서 300루피 남짓한 연금을 받는다. 바이는 그걸 '염금'이라고 부른다. 이 '염금'을 가져다주는 집배원을 기다리는 것도 바이에게는 중요한 소일거리 가운데 하나다. 가계에 큰 도움이 되는 건 아니지만 바이에게는 무척 중요하다. 집배원이 하루라도 늦으면 안절부절못한다. 집배원이 연금을 가져오면 고작 50파이사를 준다. 바이는 그건 굉장히 넉넉한 사례라고 생각한다. 한번은 집배원이 안쓰러워서 길목을 지키고 있다가 10루피를 건네며 연금을 제날짜에 배달해 달라고 부탁했다. 그는 돈을 고맙게 받아 주머니에 넣고는 이렇게 말했다.

"이런 말씀드려서 죄송합니다만, 선생님이 주신 10루피는 할머니가 애정을 담뿍 담아서 주시는 50파이사와는 비교도 할 수 없답니다!"

바이는 다다를 '자다브'라고 불렀다. 남편을 성으로 부르는 걸 이상하게 여기는 사람이 많았기 때문에 다다는 종종 역정을 냈다.

"소니, 당신은 아직도 바보 멍청이야!"

다다가 화를 낼 때는 아무도, 심지어 바이조차 입도 뻥끗하지 못했다. 하지만 바이는 에둘러 하는 공격에 능했다. 자식들을 꾸짖을 때도 다다를 끼워 넣었다.

"콩 심은 데 콩 나지, 팥 나겠어?"

두 분의 애정은 잘레비를 먹는 모습에서 드러났다. 잘레비는 두 분이 제일 좋아하는 과자였다. 서로에게 하나라도 더 먹이려는 모습은 인생의 황혼녘에 무르익은 아름다운 사랑을 보는 것 같아서 참 정겨웠다.

다다와 바이는 의사에게 불만인 것 같으면서도 병원에 가는 걸 좋아했다. 의사가 식이요법을 처방하면 다다는 그걸 지켰다. 겉으로는 가여운 의사를 가지고 장난을 쳤지만, 속으로는 그를 신뢰했다. 바이는 정반대였다. 세상의 의사란 의사는 전부 당신의 바보 같은 자식들을 꼬드기고 속여서 말도 안 되게 비싼 진료비를 받아낸다고 철석같이 믿었다. 그래도 몇 년에 한 번씩 병원에 입원해서 모든 친척들에게 문병을 오게 만들어 소원했던 관계를 정리하는 기회로 삼았다.

바이의 생각을 가늠하기는 쉽지 않았다. 이 책이 마라티어로 출간되었을 때 〈타임스 오브 인디아〉에 기사가 실렸다. 나는 함께 실린 다다의 사진이 너무 반갑고 자랑스러워서 바이에게 보여 주었다. 이런 반응을 보이리라곤 상상도 하지 못했다.

"나한테 네 아버지 얘기는 하지도 마라. 어찌나 까맣고 못생겼는지!"

또 한번은 영어 주간지인 〈더 위크〉의 기자가 인터뷰를 하러 집으로 찾아왔다. 그는 바이와도 이야기를 나누고 싶어 했다. 기자는 마라티어를 하지 못했기 때문에 내가 통역을 해야만 했다.

"다다를 한마디로 표현하신다면요?"

기자가 물었다.

"말할 것도 없이 까맸지만, 좋은 사람이었어요."

바이가 대답했다.

기자는 "피부가 검지만 잘생겼다."라고 썼다. 그리고 다음 질문을 했다.

"남편 분과 살면서 가장 좋았던 점은 뭐죠?"

"그는 술을 입에도 대지 않고, 나를 한 번도 학대하지 않았어요. 가장 좋았던 건 나를 때리려고 손을 쳐든 적이 한 번도 없다는 거예요."

그 세대 여성들의 소박한 기대를 그대로 대변해 주는 이야기였다.

다다가 세상을 떠난 후 바이는 부쩍 늙었다. 바이는 까마귀에게 먹이를 주며 말을 거는 걸 좋아했다. 색깔 말고는 까마귀와 다다가 비슷한 점이라곤 없었지만, 바이는 다다가 까마귀가 되어 당신을 만나러 온다는 믿음을 버리지 않았다. 매일 밥을 먹기 전에 부랴부랴 까마귀가 먹을 부스러기를 주러 나가서 이렇게 중얼거리곤 했다. "자다브가 온 것 같으네."

아마 바이는 그 새들하고도 가끔씩 말다툼을 벌이지 않을까 싶다.

| 에필로그 |

    판다르푸르의 이름 높은 사원에 있는 비토바 신당을 처음 찾았을 때, 나를 맞기 위해 사원의 관계자들이 총출동했다. 나는 이른바 VIP였고, 사원의 높으신 분들이 앞 다투어 나를 환영했다. 하지만 사원이 가까워지기 시작하자 나는 신경이 곤두서면서 손바닥이 땀으로 축축해졌다.
    어쨌거나 나는 불가촉천민이었다. 사원출입이 금지되었던 카스트 출신이었다. 불가촉천민은 하다못해 그림자도 사원에 드리울 수 없었다. 그런데 그날 나는 힌두 사원 권력의 심장부와 같은 비토바 신당에 사제들의 환영을 받으며 들어갔다.
    나에게는 엄청난 의미가 있는 일이었다. 인정하긴 죽기보다 싫었지만 그게 사실이었다. 불가촉천민은 대대로 비토바 신을 섬겼지만, 전생에 지은 죄가 크기 때문에 이번 생에서 굴욕과 냉대를 감수하는 벌을 받는다고 했다. 자신이 저지른 죄의 대가로 상층 카스트들의 처분을 달게 받아야 했다. 불가촉천민은 비토바 신이 유일한 희망이라고 믿었다. 비토바 신만이 고통스런 생사의 수레바퀴에서 자신을 구원해 줄 거라고 믿었다.

사원의 운영회장과 대사제가 나를 맞이했다. 사제들은 저마다 말을 걸며 내 관심을 끌려고 했다. 하나같이 내 푸자를 맡고 싶어 했다. 그들은 내가 만트라를 외우며 제를 올리게 도와주는 이른바 영매 같은 존재였다. 눈물을 참기도, 그걸 닦아 내기도 힘들었다. 내가 있을 곳이 아니라는 뼈아픈 깨달음에 가슴이 조여 왔다. 나는 있으나마나한, 천하에 쓸모없는 불가촉천민이었다. 주머니에서 빳빳한 100루피 다발을 꺼내어 사제들에게 나누어 주기 시작했다. 한껏 내밀어 갈구하는 가족민의 손바닥에 누르듯 쥐어 주기 시작했다. 그들은 먹이를 노리는 매처럼 달려들었다.

지성소에 들어간 나는 거의 기계적으로 푸자 의식을 올렸다. 혼자 비토바 신 앞에 서서 신의 눈을 마주 보고 싶은 마음뿐이었다. 내가 사원을 찾은 건 그때가 처음이었다. 겸허한 마음이 들었다. 나는 해냈다. 카스트의 경계를 넘었다. 제도를 눌러 이겼다. 상층 카스트의 사제들이 비굴하게도 내가 올리는 푸자 의식을 도와주고 있었다! 나는 가장 낮은 곳에서 가장 높은 곳으로 도약했다. 그런데도 왜 흐느껴 울고 있는 건지 나 자신도 이해할 수 없었다.

그때 사원 바깥에 있는 커다란 돌이 눈에 들어왔다. 나도 모르는 사이에 사제들 옆을 떠나 그 돌을 향해 뛰듯이 걸어갔다. 나는 돌을 힘껏 끌어안고, 그 앞에 무릎을 꿇고 매달렸다. 울퉁불퉁한 돌 표면에 손바닥은 멍이 들고, 지나던 사람들이 깜짝 놀라 입을 벌리고 쳐다보았다.

이건 불가촉천민이 접근할 수 있는 한계를 표시하는 경계석이었다. 불가촉천민의 조상들과 그들의 비참한 삶을 떠올렸다. 여기에 이르기까지 그들이 맨발로 걸어 넘은 그 높은 산과 머나먼 여정을 생각했다.

그들은 물집이 잡힌 발과 갈증에 타들어가는 목, 허기진 배를 부여잡고 신의 영광을 노래하며, 성스러운 경전을 가득 담아 묵직하게 장식한 꽃수레를 어깨에 짊어지고 여기까지 왔다. 이곳에 그들의 구세주인 비토바 신이 있었다. 그런데 사원 앞에 이르면 신은 그들이 닿을 수 없는 곳에 들어앉아 있었다.

그 먼 길을 걸어 사원에 도착했는데, 그 앞에 이르면 신도들은 물과 기름처럼 분리되었다. 가촉민은 사원에 들어갈 수 있지만, 불가촉천민에게는 이 돌이 전부였다. 그들의 돌은 울퉁불퉁한 모습으로 사원에서 멀리 떨어져 외톨이처럼 서 있었다. 그들에게는 이 돌이 비토바 신이 되었다. 값비싼 장신구로 치장한 사원 안의 신상과는 조금도 닮지 않은, 거칠고 비바람에 시달린 비토바 신.

그 돌을 부둥켜안자 깊은 한숨이 나왔다. 내 조상들이 그랬던 것처럼 그 돌을 부여안고 그들이 감수해야 했던 것들을 느껴 보려고 했다. 그러자 문득 내가 누구를 위해 울었는지 알 수 있었.

어깨에서 무거운 짐을 내려놓은 것처럼 깊은 평온이 차올랐다. 신성(神性)은 가장 작은 티끌에서도 찾을 수 있다. 장신구로 치장한 신성과 투박한 돌은 하나이며, 똑같이 보편적인 신성을 상징한다. 나의 낮은 카스트를 끊임없이 일깨우던 것들은 더 이상 나를 흔들지 못했다.

아들 탄모이를 데리고 어릴 때 살았던 와달라에 가보는 게 내 오랜 바람이었는데, 최근에야 어느새 성인이 되어 버린 아들과 그 뜻을 이루었다. 아들과 함께 내가 살던 동네를 찾았다. 허름한 포트 트러스트 학교에도 가보고 기차역에도 들렀다.

대학에 다닐 때 몇 시간씩 죽치고 앉아 열띤 토론을 벌이곤 했던 와달라 역전 식당에 아들을 데리고 갔다. 너무나 오랜만에 나를 본 식당 주인아저씨는 잠시 시간을 내서 이야기를 나누다가 이렇게 외쳤다.

"어이구, 이제 거물이 된 게로구나!"

"예전 친구들한테야 똑같은 사람이죠."

이 말을 들은 아저씨는 호탕하게 웃었다. 입 속에서 금니 하나가 여전히 반짝이는 걸 보니 기분이 좋았다.

"이제는 예전 같지 않아. 너희들이 여기 올 때가 좋았는데."

그건 예상 밖이었다. 나는 우리가 달갑지 않은 손님일 거라고 생각했다. 차를 반 잔씩만 시켜 놓고 몇 시간이나 앉아 있었으니까. 하지만 아저씨 생각은 달랐다.

"너희들 이야기를 들으면서 새롭고 흥미로운 소식들을 접하곤 했지. 지금은 술꾼들이나 와서 귀찮게 구는 게 전부란다."

와달라, 포트 트러스트의 직원용 숙소, 그리고 안토프 힐을 천천히 거닐며 내 어린 시절의 편린들을 탄모이에게 보여 주었다. 어느새 날이 저물었다. 사람들이 몰려 나오고 더러움이 우리를 에워싸는 듯했다. 시뻘겋게 충혈된 눈으로 혼잣말을 웅얼거리며 비틀거리는 사람들도 적지 않았다. 그중에는 두목도 많을지 모른다. 하지만 내 눈은 어린 두르바의 모습을 찾으려는 듯, 연신 아이들 주변을 맴돌았다.

| 그리고 손녀가 덧붙이는 말 |

　아버지가 내 이야기를 써보라고 했을 때, 나는 회의적이었다. 스무 살짜리에게 삶의 기로가 되었던 경험이 있어 봐야 얼마나 될 것인가. 그런데 많았다. 잠시 숨을 돌리고 곰곰이 생각해 보니 무척 많았다.
　존스홉킨스 대학의 3학년 과정이 정신없이 막바지로 치닫는 지금, 시간이 쏜살같다거나 나이 드는 게 금방이라는 진부한 표현이 절로 떠오른다. SAT(미국의 대학입학자격시험)를 보던 고등학교 시절이 거짓말 하나도 안 보태고 정말 눈 깜빡하기 전 같은데, 벌써 MCAT(미국의 의과대학 입학시험)를 볼 때가 되었다니! 하키 선수로 다른 팀과 몸싸움을 하던 열다섯 살 시절, 지금은 내가 왜 그랬는지 이해할 수 없지만, 꽃미남 밴드의 콘서트에 가서 목이 쉬어라 소리를 질렀던 열 살 시절, 암과 에이즈 치료법을 개발해서 세계를 정복하고 노벨상을 타겠다고 결심했던 고작 다섯 살 때의 내 모습이 눈에 선하다. 그러고 보면 달라진 게 그리 많은 것 같지는 않다.

본격적으로 이야기를 하기 전에 먼저 내 소개를 간단히 하는 게 순서일 것 같다. 나는 1985년에 하고 많은 곳 중에서도 하필 '인디아'에서 태어났다. 당시 부모님이 인디애나 대학에 다니고 계셨다. 우리를 가족 중심의 환경에서 키우고 싶었던 부모님은 내가 두 살 때 인도로 돌아갔다. 그리고 10년쯤 지나 아버지가 워싱턴의 국제통화기금에서 일을 하게 되었고, 나는 메릴랜드에서 중고등학교를 다녔다. 어려서부터 의사가 되고 싶었기 때문에 존스홉킨스 대학에 진학한 건 당연한 선택이었다. 그렇게 보면 지금까지 나는 별 무리 없이 순탄한 삶을 살았다고 할 수 있다.

뭄바이에서의 삶은 근사했다. 미리 말하지만, 애완용 호랑이는 키우지 못했다. 전기는 들어왔다. 그리고 절절 끓는 석탄 위를 걷는 법은 모른다. 그러니 가르쳐 달라고 하지 말기 바란다. 하지만 그 도시에서 가장 평화로운 커피숍이 있는 최고의 서점은 알려 줄 수 있다. 살사부터 정통 힙합까지 온갖 음악이 나오는 인기 절정의 나이트클럽과 여러 가지 언어로 상연되는 연극을 소개해 줄 수도 있다. 이 세상 어디에 가난과 부패에서 온전히 자유로운 곳이 있겠는가. 그러므로 뭄바이도 여느 대도시의 삶과 크게 다르지 않다. 그리고 이 세상 모든 아이들처럼 나 역시 초등학교 1학년 때부터 공부와 운동에 바쁜 나날을 보냈으며, 6000만 친척들과 얽힌 생활 속에 빠져 지냈다. 장담하건대, 족보를 아주 깊이 파고들면 인도 사람들은 전부 친척이다. 나는 늘 온 집안의 아기였고, 나보다 나이가 많은 모든 사람에게서 특별대우를 받았다. 물론 지금은 열다섯 명쯤 되는 조카들과 그 관심을 놓고 경쟁하는 처지가 되었지만. 우리 집안을 보면 아버지 쪽은 불교를 믿고, 어머니 쪽은 힌두교를 믿는다. 자다브 가문의 행사가 열리면 불교식으로 팔리어 진언을 외우고 명상을 한다. 어머니 쪽은 이보다 경쾌해서 할아버지와 할머니, 삼촌과 숙모, 사촌과 조카까지 한 마흔 명쯤이 모여 심벌즈 같은 것을 두드리며 마라티어로 노래를 부른다.

내가 달리트라는 사실을 안 건 열두 살 때였다. 나는 그게 무슨 뜻인지 몰랐고, 어떤 묘한 이유로 내가 친구들과 다르다는 건지 알 수 없었다. 6학년 때 선생님 한 분이 내 이름을 보더니 이렇게 물었다. "네 아버지가 나렌드라 자다브 박사시니? 그 달리트 학자?" 나는 아버지가 자랑스러웠지만, 선생님이 왜 구태여 그런 꼬리표를 붙였는지 어리둥절했다. 왜 그냥 학자라고 하지 않고, 굳이 달리트라는 꼬리표를 붙인 걸까? 나는 순진하게도 아버지에게 이유를 물어보았다. 언젠가 이 질문이 나오리라는 걸 예상하고 있었던 아버지는 나를 앉혀 놓고 우리 조상이 겪은 고난과 암베드카르 박사의 노력에 대해 설명했다.

나는 뭄바이에서 이름 있는 학교에 다녔다. 예수회에서 운영하는 사립학교였는데, 다양한 종교와 출신의 여자 아이들이 다녔다. 그곳에서 나는 수줍음 많고 숫기 없는 꼬마에서 자신 있고 당당한 여자로 자라났다. 네 살 때가 기억난다. 할로윈 의상 경연대회가 있었다. 나는 거기에 참가해서 뽐내고 싶었는데, 엄마는 옷을 만드는 걸 미루고 미루다가 막판에야 서둘러(나는 엄마의 이런 점을 쏙 빼닮았다) 볼품없는 해바라기 의상을 부랴부랴 만들었다. 우승은 멋진 공주 의상을 입고 나온 짜증나는 여자 아이에게 돌아갔

다. 나는 화가 나서 펄펄 뛰며 위로 차원에서 안겨 주는 미적지근한 상에 만족하길 거부했다. 나는 의기양양하게 무대를 돌며 15분간의 명성을 누리고 싶었다! 아버지는 나에게서 당신과 똑같은 야심을 발견하곤 어처구니없을 만큼 즐거워했다. 지금도 아버지는 내가 위대한 꿈을 이루리란 걸, '아버지의 자랑스러운 딸'이라는 걸 그때 처음 깨달았다고 이야기한다. 그러나 동전에도 양면이 있듯이 아버지는 내가 모든 면에서 최고가 되고 탁월한 성적을 내길 기대한다. (아버지, 그 이야기는 일단 존스홉킨스 대학에서 고등유기화학 수업을 한번 들어 보신 다음에 다시 하면 안 될까요?)

우리 부모님께 정말 감사하는 건 한 번도 내가 원치 않는 걸 강요하지 않았다는 점이다. 어렸을 때 내 주변에는 인도 전통춤을 배우는 친구들이 많았다. 나는 이걸 단호히 거부하고 오빠처럼 달리기를 하고 싶어 했다. 부모님은 카타크와 바라트나티암 같은 전통춤을 가르치는 곳으로 나를 끌고 가는 대신, 길 건너 축구장에서 달리기를 배울 수 있게 격려해 주었다. 나는 매일 오빠와 달리기를 했고, 학교 운동회가 열렸을 때는 오빠가 시합 준비를 도와주었다. 그게 3학년 때의 일인데, 나는 거기서 내 인생 최고의 교훈을 얻었다. 내가 참가한 100미터 단거리 시합이 시작되기 직전이었고, 나는 여덟 살 아이가 느낄 수 있는 가장 큰 긴장감을 느끼며 서 있었다. 관람석에서 손을 흔들며 응원하는 어머니와 아버지가 보였다. 나는 내가 1등을 할 수 있다는 걸 알았다. 그 시합을 위해 얼마나 열심히 연습을 했는지 모른다. 출발을 알리는 총성이 울리고, 여덟 명의 여자 아이가 자리를 박차고 달려 나갔다. 나는 곧 선두로 나섰고, 내 다리가 움직일 수 있는 한도 안에서 최대한 빨리 달렸다. 어머니와 아버지에게 웃어 주려고 관람석을 보며 손을 흔들었다. 하지만 그것 때문에 집중력을 잃었고, 결국 뒤처지고 말았다. 비록 1등은 하지 못했지만 나에게 집중력의 중요함을 가르쳐 준 소중한 시합이었다. 승자가 되기 위해서는 노력과 능력이 필요하지만, 집중력이 없으면 아무 소용이 없다는 걸 그때 깨달았다.

존스홉킨스 대학의 모든 학부생처럼 나도 공부하고 밥 먹고 수업 듣고 잠깐 눈을 붙이는 쳇바퀴 같은 생활을 하기 때문에, 시간 관념 같은 게 없다. 대학의 좋은 점은 내가 달리트라는 사실을 일깨워 줄 것이 없고, 그걸 일깨워 줄 이유도 없다는 것이다. 내가 활동하는 여학생 모임에는 인도 출신이 거의 없고, 내가 어느 카스트에 속하며 왜 그런지에 대한 이야기는 오가지 않는다. 그저 존스홉킨스 대학에 다니는 많은 인도 학생들과 똑같은 음식, 음악과 문화를 공유하는 인도인이라는 사실에 만족할 뿐이다. 얼마 전에는 대학 남아시아협회의 부회장을 맡아 연례 가을 문화제를 개최했다. 이 축제의 장점은 모든 인종이 아무런 제약 없이 참가해서 함께 즐긴다는 데 있다. 아시아계, 라틴계, 백인과 흑인이 모두 발리우드의 노래에 맞추어 춤을 추고 몸을 흔든다. 카스트는 전혀 문제가 되지 않는다. 여기서 문제되는 게 있다면, 차라리 인종이다. 여러 인종을 상대로 벌이는 잔인한 증오 범죄 소식이 끊이지 않고, 9·11 사태 이후로는 더 극성이다. 그런 소식을 접하다 보면 우리가 살아가는 지금 이 세계의 중요한 문제가 바로 그것이라는 생각이 든다. 국제 사회가 주목해야 하는 것은 인종 간 갈등이고,

최근에 구자라트에서 일어난 종교 폭동 같은 카스트와 부족 간의 폭력은 예외적인 사례이다.

  우리 조상들은 달리트라는 멍에를 안고 살았으며, 심지어 인도가 독립한 후에도 천한 일을 감수해야 했다. 나는 카스트와 종교 때문에 굽실거리지 않는다. 나에게는 더 큰 문제와 꿈과 야망이 있다. 우리 조상들이 기울인 노력의 미덕은 그것이 헛되지 않았다는 데 있다. 나는 지금 내가 누릴 수 있는 최고의 교육을 받고 있다. 조상들이 나에게 원했던 것이 바로 이것, 교육이었다. 그들은 교육이 인도의 카스트 문제를 해결할 유일한 길이라고 믿었다. 내가 다른 사람들에게 인간으로 대접받는 것도 그들의 노력이 맺은 또 하나의 결실이다. 나는 열악한 시설과 열등한 교육에 감지덕지하는 달리트가 아니라, 세계를 제패하겠다는 어릴 적 꿈을 이룰 수 있는 동등한 기회를 누리며 제 힘으로 인생을 개척하는 여자로 인정받는다.

  어렸을 때 나는 작고 사소한 것에 관심을 갖곤 했다. 그래서 우리 가족들에게 이런 질문을 자주 던졌다. "자동차에 제일 먼지 탄 사람이 누구게?" "버터를 제일 먼저 먹은 사람이 누구게?" 하지만 지금은 훨씬 의미 있고 중요한 질문을 던진다. "우리 집에서 제일 먼저 카스트 차별에 저항한 사람이 누구게?" 대답은 쉽다. 우리 할아버지다. 할아버지는 당신의 삶을 상층 카스트들의 처분에 내맡기지 않았다. 당신의 운명을 직접 개척했다. 그리고 자녀들을 주변에서 찾을 수 있는 최고의 학교에 입학시킴으로써 그걸 이루어 냈다. 지금 그분의 자녀들은 어떻게 보면 이중적인 삶을 살고 있다. 우리 아버지만 보더라도, 외국의 고위 관리들을 일상적으로 만나면서도 가난했던 시절의 망령은 아직도 아버지를 따라다닌다. 국제통화기금에서 일하면서 한 나라의 운명이 좌우되는 결정을 내리지만, 고향에 가면 아직도 미국이라는 나라가 어디에 있는지 모르는 어머니가 계시다. 그러나 우리 세대는 이 모든 것으로부터 자유롭다. 우리 할아버지와 암베드카르 박사의 노력이 우리 세대에 이르러 결실을 맺었다. 나는 달리트를 나타내는 어떤 표식도 달고 있지 않으며, 내 또래와 다르다고 생각할 아무런 이유가 없다. 우리 조상들은 내가 이 세상 모든 소녀들과 똑같이 살아갈 수 있도록 만들기 위해 피땀을 흘렸다. 나는 그들이 나를 위해 밝힌 횃불을 받아 들었고, 이제 나를 막을 수 있는 건 아무것도 없다.

― 아푸르바 자다브